Elissa Al-Chokhachy

Der Tod meines Kindes und das Leben danach

Elissa Al-Chokhachy

Der Tod meines Kindes & das Leben danach

Wunderbare Zeichen der Hoffnung

Aus dem Amerikanischen von Susanne Lück

SILBERSCHNUR VERLAG

Titel der Originalausgabe: »Our Children Live On: Miraculous Moments for the Bereaved«; Llewellyn Publications, Woodburry, USA

ISBN: 978-3-89845-441-4

1. Auflage 2014

Übersetzung: Susanne Lück
Gestaltung & Satz: XPresentation, Güllesheim; unter Verwendung eines Motivs von © MariStep, www.shutterstock.com
Umschlaggestaltung: XPresentation, Güllesheim; unter Verwendung eines Motivs von © seqoya, www.fotolia.de und © Jag_cz, www.shutterstock.com
Druck: Finidr, s.r.o. Cesky Tesin

Verlag »Die Silberschnur« GmbH · Steinstr. 1 · 56593 Güllesheim
www.silberschnur.de · E-Mail: info@silberschnur.de

Inhalt

Danksagung

Ich möchte all denen meine tiefe Dankbarkeit ausdrücken, die ihre Erfahrungen und Erlebnisse so bereitwillig mit mir geteilt und diese Anthologie erst möglich gemacht haben. Eure großartigen Berichte sollen vielen Menschen Hoffnung und Heilung bringen.

Dank gebührt auch all meinen lieben Freunden, meiner Familie und meinen Mitarbeiterinnen, die mich auf dem Weg zu diesem Buch so liebevoll und kompetent unterstützt haben. Besonders danke ich meiner Lektorin und Freundin Lori Monaco und meiner guten Freundin Brianne Duff, die den Geschichten zu wahrem Glanz verholfen haben.

Ich danke auch all den Engeln, derer wir auf diesen Seiten gedenken. Ihr seid unsere Lehrer und Führer. Danke, dass ihr uns den Weg weist.

Vor allem aber gilt mein aufrichtiger Dank unserem Schöpfer für die Möglichkeit, auf diese Weise helfen zu können.

Einführung

> Weil er an Wunder glaubt,
> geschehen auch Wunder.
>
> Paulo Coelho

Schon immer haben die Menschen versucht, ein mögliches Leben nach dem Tod zu ergründen. Ob es um die eigene Sterblichkeit geht oder um den Verlust eines geliebten Menschen – wir möchten wissen, ob und wie sich unser Leben fortsetzt. Werden wir unsere Verstorbenen wiedersehen? Als erfahrene Hospizschwester durfte ich mich um die Pflege hunderter sterbender Patienten kümmern und natürlich auch um ihre Angehörigen. In einer der sicher schwersten Zeiten ihres Lebens waren sie es, die mich viel über das Leben gelehrt haben. Diese Menschen brauchen mehr als jeder andere die Gewissheit, dass es ein Leben nach dem Tod gibt. Meiner eigenen Erfahrung nach kann ich diese Frage ohne Zögern bejahen.

Ein unerwarteter Besuch meines mir sehr nahestehenden Cousins Steffan zwei Wochen nach seinem Tod hat mich absolut überzeugt, dass das Leben ewig währt. Als Kinder lebten mein Bruder und ich neun Jahre lang bei unserer Tante, unserem Onkel und sechs Cousins und Cousinen in Knoxville, Tennessee. Viele Jahre später, als ich dreiundzwanzig war, kam unser ältester Cousin Steffan im Alter von neunundzwanzig Jahren bei einem tragischen Autounfall ums Leben. Es war schrecklich. Zwei Wochen danach besuchte mich Steffan in den frühen Morgenstunden. Wie in einem Traum erlebte ich Farben, deren Intensität die Realität weit überstieg. Alle Gefühle erlebte ich deutlich verstärkt. Ich sah Steffan ganz gesund, glücklicher und friedvoller, als er zu seinen Lebzeiten je gewesen war. Ich durfte ihn sogar umarmen. Dieses Erlebnis heilte mich in meiner Trauer wie durch ein Wunder, denn ich wusste nun, dass mein Cousin am Leben war und dass es ihm gut ging. Ich wünschte mir nichts sehnlicher, als dass alle anderen dieselbe Sicherheit erfahren dürften.

Es gibt unzählige Erfahrungen, die den Mythos widerlegen, der Tod sei das endgültige Ende unserer Existenz. Menschen, die sich dem Tod nähern, sehen häufig verstorbene Angehörige oder Freunde im Zimmer, die ihnen während ihrer letzten Tage oder Stunden Gesellschaft leisten. Hinterbliebene treten mit ihnen nahestehenden Verstorbenen in Kontakt und kommunizieren mit ihnen. Die außergewöhnlichste Bestätigung aber kommt von denen, die selbst eine Nahtoderfahrung hatten. Manchmal sind sie in der Lage zu beschreiben, was in ihrem Körper während der Wiederbelebung geschah. Manchmal können sie sogar berichten, was ihnen auf der anderen Seite widerfuhr, als ihre Seele den irdischen Körper verließ. In diesem Buch finden sich alle drei Arten. Es ist eine großartige Quelle der Hoffnung für alle, die den Verlust eines Kindes erleben mussten. Aber auch allen anderen Menschen, die je jemanden verloren haben oder die sich inständig fragen, ob es ein Leben nach dem Tod geben kann, wird es Trost und Gewissheit spenden.

Mir als Hospizschwester und Autorin ist es ein wahres Herzensanliegen, den Sterbenden und Trauernden Trost, Hoffnung und Heilung zuteilwerden zu lassen. Meine ersten zwei Bilderbücher sollten Kindern und den mit ihnen betrauten Erwachsenen helfen, mit Verlust und Trauer fertigzuwerden. Doch schon seit meinen ersten Jahren in der Hospizarbeit ließ mich der Gedanke an eine Anthologie wie diese nicht mehr los. Menschen, die dem Tod oder dem Verlust eines geliebten Menschen entgegensehen, brauchen die überzeugende Kraft wahrer, lebensbejahender Geschichten –

und eine entsprechende Sammlung gab es damals noch nicht. Jahrelang sammelte ich also, wo immer ich war, Betroffenenberichte für mein drittes Buch *Miraculous Moments*. Ich bin dankbar, dass diese Kollektion von Schwestern, Pflegern, Therapeuten, Geistlichen, Hospizarbeitern und Hinterbliebenen so gut aufgenommen wurde. Heute kommt es in Trauer-Selbsthilfegruppen regelmäßig zum Einsatz. Da das Originalmanuskript mit den Jahren so angewachsen war, habe ich es in zwei Bücher aufgeteilt. Das vorliegende Buch ist quasi zum zweiten Band geworden – etwa ein Drittel der Berichte darin stammen noch vom großen Originalmanuskript.

Diese Anthologie soll besonders all denen Hoffnung und Heilung bringen, die ein Kind, Enkelkind oder einen anderen jungen Menschen verloren haben. Diese Menschen brauchen die Hoffnung und Gewissheit, dass ihr Kind weiterlebt. Der Verlust eines Kindes ist wahrhaft unfassbar. Wie sollen Eltern und Großeltern weiterleben, wenn all ihre Hoffnungen, Träume und Pläne für ihr Kind oder Enkelkind so plötzlich vernichtet wurden? Ob das Kind im Mutterleib, bei der Geburt oder danach gestorben ist: Der Verlust bleibt unvorstellbar. Kinder sollen doch ihre Großeltern und Eltern überleben, so haben wir alle es als natürlichen Weg des Lebens kennengelernt. Wenn nun aber dieser Zyklus der Natur unterbrochen wird? Wer zurückbleibt, muss einen Weg finden, um herzzerreißenden Kummer, Schmerz und Verlust zu überstehen.

Trauernde Eltern und Großeltern haben oft ein großes Bedürfnis danach, über ihre verstorbenen Kinder oder Enkel zu sprechen, und doch klammern die meisten Mitmenschen das Thema ebenso wohlmeinend wie irregeleitet komplett aus. Sehr viele Menschen fühlen sich unwohl dabei, über verstorbene Kinder zu sprechen, und sind eher peinlich berührt von deutlichen Bezeigungen von Trauer und Schmerz. Doch gerade die Tränen helfen den Menschen oft, mit Schmerz und Verlust umzugehen. Der Wert eines offenen Ohrs kann ebenso kaum überschätzt werden.

Ich erinnere mich an eine junge Mutter, die mir erzählte, wie hart es war, wenn sie gefragt wurde, wie viele Kinder sie habe. Wenn sie "zwei" zur Antwort gab, hatte sie das Gefühl, sie verleugne die Existenz und Bedeutung ihres dritten Kindes, das fünf Jahre zuvor im Alter von zwei Jahren verstorben war. Antwortete sie aber "drei", wurde sie unweigerlich gefragt, wo denn ihr Sohn war oder wie es ihm ging. Und sobald sie zugab, dass er an einem Gehirntumor gestorben war, kam das Gespräch zu einem peinlichen Stillstand. Mittlerweile antwortet sie auf diese Frage: "Ich habe zwei Kinder und einen Engel." Auf diese Weise zollt sie ihrem Sohn Anerkennung und gibt den Fragenden selbst die Möglichkeit, weiter nachzufragen, wenn sie möchten.

Die fürchterlichen Folgen eines verstorbenen Kindes können ein Leben lang anhalten. Dabei macht die anhaltende Unterstützung von Familie, Freunden, Seelsorgern, Ärzten, Trauergruppen und Organisationen, die sich mit dem Verlust eines Kindes auskennen, oft den entscheidenden Unterschied. Wenn wir Wege finden, um das Kind weiterhin anzuerkennen und zu achten, dann haben wir die Chance, dem Kind ein bleibendes Vermächtnis zu schaffen, so dass es nie in Vergessenheit gerät. Es ist auch wichtig, die spirituellen Dimensionen der Beziehung zu dem Kind zu erkennen. Viele Hinterbliebene berichten von transzendentalen Erlebnissen vor oder nach dem Tod ihres geliebten Kindes. Diese Erfahrungen sind echt, sie haben Gültigkeit und bringen Trauernden wahre Heilung. Die Erkenntnis, dass ein Verstorbener noch immer am eigenen Leben teilhat, kann das Verlustgefühl in eine Erfahrung liebender Präsenz verwandeln.

Trauernde Eltern sehen ihre verstorbenen Kinder oft in ihren Träumen und manchmal in Visionen; fast immer erscheinen ihnen die Kinder dabei glücklich, gesund und unversehrt. Manche Eltern werden unsichtbar umarmt, hören die Stimme ihres Kindes oder spüren einfach auf tröstliche Weise seine Anwesenheit. Anderen fallen prächtige Schmetterlinge in der Nähe auf oder Regenbögen, die an entscheidenden Punkten ihrer Trauerarbeit erscheinen. Transzendentale Momente dieser Art sind sehr verbreitet – spürbare Zeichen der Hoffnung für die Hinterbliebenen.

Dieses Buch enthält zweiundachtzig aufrichtige Berichte von trauernden Müttern, Vätern, Großeltern, Angehörigen, Freunden, Ärzten oder Pflegepersonen. Ihre Geschichten von Liebe, Verlust und Heilung sind in neun Kapitel unterteilt - je nach der Art der Hoffnungszeichen, die sie erfahren haben. Da wir alle die Welt durch unsere Sinne erfahren, gibt es genau wie im ersten Buch *Miraculous Moments* auch hier Kapitel zu Visionen, Klängen, Düften, Berührungen und erahnter Präsenz. Da so viele Hinterbliebene den Verstorbenen im Traum begegnen, ist auch ein Kapitel über Träume vertreten. Und es gibt Kapitel über Engel, spirituelle Zeichen und Nahtod-Erfahrungen von Kindern. Manche dieser Geschichten handeln natürlich von mehreren solcher Erfahrungen und hätten in mehr als nur ein Kapitel gepasst. Aber jede Geschichte ist wahr. Einige Namen wurden geändert, um die Privatsphäre der Betroffenen zu schützen. Und obwohl die meisten Geschichten aus der Feder derer stammen, die sie selbst erlebt haben, habe ich beim Formulieren und dem stilistischen Feinschliff der Berichte doch oft geholfen.

Trauerarbeit kann ein lebenslanger Prozess sein. Jeder Mensch erlebt ihn anders und auf einzigartige Weise. Manche der Mitwirkenden an diesem Buch zeigen anderen offen ihren Kummer, andere behalten diese privaten Gefühle lieber für sich. Manchen hilft es, die Verbindung zu ihren Gefühlen zu suchen, andere brauchen gerade die Distanz. Es gibt Menschen, die den Verlust allein durch ihren Glauben bewältigt haben. Solche spirituellen Erlebnisse, wie sie hier gesammelt sind, mit anderen zu teilen, kann Trauernden Hoffnung und Bestätigung verschaffen. Der Tod ist nicht das Ende. Er ist einfach die Tür zu unserer spirituellen Heimstatt, in der wir alle wieder vereint sein werden.

Ich berichte den Menschen überall von meinen lebensbestätigenden Erfahrungen mit Verstorbenen. Tief in meinem Herzen weiß ich, dass die Kinder, die diese Welt so viel früher wieder verlassen haben, als wir es geplant hatten, an einem anderen Ort wohlauf sind und dass sie in Zeiten der Not unsere Nähe suchen.

Sie hören unsere Gedanken und Gebete und senden uns wunderbare Zeichen der Hoffnung. Sie möchten, dass wir glücklich sind. Diese Kinder sind unsere Schutzengel, Lehrer und Katalysatoren für unser spirituelles Wachstum, während wir um den Sinn dessen ringen, was so sinn- und zwecklos scheint. Auch wenn unsere Kinder nicht körperlich anwesend sind, können sie doch im Geiste bei uns sein, so dass wir nie wirklich allein bleiben. Durch die Segnungen des Glaubens, des Gebets und der liebevollen Unterstützung unserer geliebten verlorenen Menschen finden wir den Weg zu einem neuen Anfang.

Mögen die Engel, die wir auf diesen Seiten ehren, all jenen Hoffnung, Heilung und Trost bringen, die ihrer bedürfen. Mögen ihre mutigen Reisen ins Jenseits uns den Weg weisen. Möge Gott, der Schöpfer allen Lebens, die Herzen derer heilen, die leiden. Vergesst niemals, dass das Leben und die Liebe ewig währen und dass ihr eines Tages eure Kinder wiedersehen werdet. Mögt ihr bis zu diesem Tag Gottes Segen, Heil und Frieden erfahren.

1. Visionen

Und als ich dort stand,
sah ich mehr, als ich sagen kann,
und verstand mehr, als ich sah;
denn ich sah auf geheiligte Weise
die Form aller Dinge im Geist
und die Form aller Formen, die
zusammenleben müssen als eins.

Black Elk, heiliger Medizinmann der Lakota

Es gibt Mysterien, die nicht auf wissenschaftliche Weise erklärt werden können. Eines dieser Mysterien ist die Gabe des Sehens, die Sterbenden und Hinterbliebenen zuteilwird. In den letzten Wochen und Tagen ihres Lebens haben Sterbende oft Visionen von geliebten Angehörigen, die bereits verstorben sind. Sie sprechen davon, dass andere bei ihnen im Zimmer sind; sie sprechen von Geistern, spirituellen Erscheinungen oder auch von verstorbenen Haustieren. Manche berichten, sie hätten "das Licht" gesehen oder sie träten bald eine Reise an, oft die Heimreise. Vielleicht haben sie auch schon eine Ahnung davon erfahren, wann sie sterben werden.

Angehörige, die unheilbar kranke Menschen dabei beobachten, wie sie mit unsichtbaren Besuchern sprechen, schreiben dieses Verhalten meist einer steigenden Verwirrung durch Medikamente zu. Doch Sterbende können tatsächlich Dinge wahrnehmen, die anderen verborgen bleiben. Drei der Begebenheiten in diesem Buch beschreiben solche Erscheinungen in den letzten Tagen eines Menschenlebens. Wir können teilhaben an dem inspirierenden letzten Bild, das ein erwachsener Sohn vor sich sieht. Die Traumvision eines Teenagers wenige Monate vor seinem Tod miterleben. Uns von der Erscheinung eines kleinen Enkels am Sterbebett seiner Großmutter ebenso trösten lassen wie seine Mutter.

Auch die Trauernden haben Visionen von Verstorbenen. Die geliebten Menschen wieder völlig geheilt und glücklich zu sehen, kann Balsam für ihre leidende Seele sein. Die restlichen neun Geschichten in diesem Kapitel befassen sich mit dieser Art Vision. Stellen wir uns nur die Freude vor, ein zuvor schwerbehindertes Kind auf einmal völlig befreit tanzen zu sehen. Hoffen wir mit der Mutter, deren Sohn ihr erzählt, er habe gerade sein Lieblingsvideospiel mit seinem Jahre zuvor verstorbenen Bruder gespielt. Andere Begebenheiten berichten von Hilfe bei der Namensgebung eines Kindes, beim Auffinden verschwundener Haustiere und sogar beim Verhindern eines Raubüberfalls. Wie erstaunlich, dass solche Hilfe und solcher Trost für Sterbende und für Trauernde gleichermaßen möglich sind!

Das Geschenk meines Sohnes

Nancie Feld

1996 ist lange her, aber ich erinnere mich noch sehr genau an das entsetzliche Gefühl, meinen 14-jährigen Sohn Ryan an einen bösartigen Hirntumor zu verlieren. Ich erinnere mich auch an die Euphorie, ihn nach seinem Tod wiederzusehen, und an die Wunder, deren Zeugen wir in dieser ganzen Zeit wurden. An seinem 13. Geburtstag im Oktober 1994 hatte man bei Ryan ein Medulloblastom diagnostiziert.

Eines Morgens im Frühherbst 1995 wachte Ryan auf und erzählte mir von einem sonderbaren Traum. Er sagte, er habe geträumt, wir seien in verschiedenen Flügen unterwegs.

"Flüge, Ryan?"

"Ja, so wie getrennt auf Urlaub."

"Ach so."

Er fuhr fort. "Ja, und ich war traurig, weil du nicht mit mir fliegen konntest. Aber als ich nach der Landung aus dem Flugzeug stieg, haben sich alle gefreut und alle kannten meinen Namen und riefen nach mir: 'Ryan, Ryan!'"

"Wie sah es denn dort aus?", fragte ich.

"Es war sehr schön. Alles war so sauber und die Farben waren so ... hell!"

"Wo warst du denn deiner Meinung nach?", fragte ich und erwartete halb, er würde "im Himmel" sagen. Stattdessen aber antwortete er: "Keine Ahnung. Ich glaube, es war Disney World oder so!" Da verstand ich, dass mein Sohn seiner neuen Heimat einen Besuch abgestattet hatte. Einer Heimat, die ich zu dieser Zeit noch nicht besuchen durfte.

Ich bemühte mich, das Leben meines Kindes so normal wie nur möglich zu gestalten. Als Ryan im November ins Einkaufscenter wollte, gab ich ihm die nötigen Medikamente, schaltete seinen mobilen Schmerzmittelregler ein und wuchtete seinen Rollstuhl in den Kofferraum. In Ryans wie sich herausstellen sollte letzter Adventszeit schob ich ihn durch die Geschäfte und dachte daran, wie ich ihn viele Jahre zuvor als knuddeliges Kleinkind im Kinderwagen herumgeschoben hatte. Ryan döste während unseres Abenteuers immer wieder weg. Doch als wir an seinem Lieblingsladen ankamen, dem Discovery Store, setzte er sich gerade auf und wollte mitten hinein ins Gewühl. Er hatte ein lebhaftes Interesse an dem Wissen und der Kunst der amerikanischen Ureinwohner entwickelt und hatte bald ein Paar Traumfänger-Ohrringe für mich als Weihnachtsgeschenk entdeckt. Der überfüllte Laden setzte aber seinen schwindenden Kräften zu, also beschlossen wir, an einem anderen Tag wiederzukommen. Ich war gerührt, dass er von allen Dingen dort ausgerechnet Ohrringe für mich ausgewählt hatte.

Ich ging an diesem Abend beruhigt schlafen, da ich wusste, dass mein Freund Doug bei Ryan im Zimmer übernachtete. Ich hatte außerdem noch immer das Babyphon an, so dass ich keinen Notfall verschlafen konnte. Sehr früh am nächsten Morgen erwachte ich von einem ruhigen, gedämpften Gespräch. Es klang, als unterhielte sich Ryan leise mit Doug. Ich ging nach unten und hielt vor Ryans Zimmer an. Durch die Tür konnte ich Ryan aufrecht auf dem Bett sitzen sehen, die Arme hinter dem Kopf verschränkt. Sein abgemagertes rechtes Bein lag über dem linken Knie und wippte auf und ab. Es war klar, dass Ryan sich angeregt mit jemandem unterhielt. Aber außer Doug, der auf dem Sofa lag und fest schlief, konnte ich niemanden sehen. Ich hätte Ryan normalerweise gefragt, mit wem er da sprach, aber irgendwie verstand ich, dass ich mich hier nicht einmischen durfte.

Einige Zeit danach wurde mir in einem schmerzhaften Schub heftiger Erkenntnis klar, wie schmal und mager Ryan geworden war, vor allem in der letzten Woche. Dass ich meinem Kind, das ich so liebte, nicht helfen konnte, überwältigte mich und brachte mich zum Weinen, obwohl ich mich für meine Schwäche entschuldigte. Ich sagte immer wieder: "Es tut mir so leid, Baby, so leid ..." Dann ließ ich mich auf sein Bett fallen und nahm ihn in den Arm.

"Keine Angst, Mom", sagte er zu mir. "Es dauert nicht mehr lange. Ich muss nicht mehr lange leiden, haben sie gesagt."

"Hat wer gesagt?", fragte ich überrascht.

"Nicht wichtig", murmelte er leise. "Ich mache mir nur Sorgen darum, wer sich um dich kümmern wird." Zwei Tage darauf, am 12. Januar 1996 um 5.53 Uhr, verließ mein Sohn diese Welt, so wie er es vorhergesagt hatte.

Minuten vor seinem Dahinscheiden bemerkte ich, dass Ryan versuchte, sich aufzurichten. Bis dahin hatte er nur noch minimal auf Ansprache reagiert. Ich weiß noch, dass ich sagte: "Was, Baby? Was ist los?"

Da schlang Ryan ein letztes Mal die Arme um mich. "Ich liebe dich auch, Ryan", sagte ich und bemerkte noch gar nichts. Doch die Freunde und Angehörigen, die sich zum letzten Abschied im Zimmer versammelt hatten, schnappten hörbar nach Luft. Viele begannen zu weinen oder zu beten, als seien sie Zeuge eines Wunders geworden. Später erfuhr ich, dass Ryan, als er sich aufsetzen wollte, vorn an seinem T-Shirt hochgezogen worden war, als habe eine unsichtbare Kraft ihm beim Abschied von mir geholfen.

Am nächsten Morgen erwachte ich in Stille. Keine sirrenden Klänge, kein elektronisches Piepen von Ryans Geräten. Auch kein Fernsehen und keine Stimmen. Ich lag allein auf dem Sofa, als mein Blick zum Couchtisch schweifte. Dort lagen Süßigkeiten aus einer Schale verstreut, auch ein paar Bonbonpapiere. Doug kam die Treppe herunter und ich fragte ihn: "Hast du gestern Abend Süßigkeiten gegessen?"

Er antwortete: "Nein, niemand hat das. Alle sind gegangen, nachdem du eingeschlafen warst."

"Von wem sind dann die hier?", fragte ich und zeigte auf den Couchtisch.

"Ich weiß nicht", sagte er. "Gestern Abend, als ich dich zugedeckt habe, lagen sie noch nicht da." Wir starrten beide auf die Bonbonpapiere und sagten dann gleichzeitig: "Das sind alles Ryans Lieblingssorten." Ein Lächeln erhellte unsere Gesichter, verschwand aber wieder, als uns einfiel, dass Ryan mit seiner Magensonde ja nicht einmal mehr in der Lage gewesen war, die Süßigkeiten zu naschen.

Einige Monate später besuchte mich Ryan im Traum. In dem Traum war ich in einer wunderschönen Berglandschaft mit schneebedeckten Gipfeln unterwegs. Überall standen Bäume, übergroße Kiefern. Ich wandte mich nach links und sah einige Picknicktische mit Teenagern auf den Bänken. Einige der jungen Leute waren in Gespräche vertieft, andere alberten herum. Es schien, als warteten sie alle auf jemanden oder etwas.

Ich weiß noch, dass ein kleiner Sonnenstrahl die Szene erhellte. Er brach sich in einem Ohrring, den Ryan sich noch hatte stechen lassen, um etwas für Teenager Typisches zu tun. Ich sah Ryan dort auf einem Picknicktisch sitzen, mit den Füßen auf der Bank. Er ließ den Kopf hängen und sah traurig aus. Ich ging auf ihn zu. Da stand er auf, wandte sich um und sah mich. Er sagte nichts, lächelte nur glücklich. Wir liefen aufeinander zu, umarmten und küssten uns. Ich sagte: "Ryan, ich hab dich so lieb. Ich vermisse dich so." Er drückte mich ganz fest.

Dann hörte ich: "Mom, wach auf, Mom! Komm schon, wach auf!" Ich war nicht ganz sicher, ob ich dem Befehl gehorchen wollte. Aber Ryans Stimme überzeugte mich. Ich öffnete die Augen und sah erst nur verschwommene Umrisse um mich herum. Ich rieb mir die Augen, blinzelte – und da saß Ryan neben mir auf dem Bett. Er lächelte und sah völlig gesund aus. Er sagte: "Mom, ich weiß, dass du weißt, dass es mir gut geht. Aber ich wollte dir das auch zeigen." Wir sprachen noch eine Weile miteinander, bis ich wieder vom Schlaf übermannt wurde. Am nächsten Morgen wachte ich ganz aufgeregt und fast erleichtert auf. Ich wusste, ich brauchte mir um meinen Sohn keine Sorgen mehr zu machen.

Viele Monate danach kam eine Patientin in unsere Praxis, in der ich als Arzthelferin arbeite. Sie hatte eine kleine Schachtel in der Hand. "Ich musste einfach auf dem Weg anhalten und Ihnen das hier kaufen", sagte sie. "Ich weiß doch, dass Ihnen der erste Muttertag ohne Ihren Sohn bevorsteht." Mir zitterten die Hände, als ich das Geschenk annahm; und ich konnte die Tränen nicht zurückhalten, als ich es auspackte. In dem Päckchen lagen genau die Traumfänger-Ohrringe, die Ryan an seinem letzten Weihnachten für mich ausgesucht hatte!

Mit diesem kleinen Wunder ließ mich mein Sohn wissen: "Mom, ich passe noch immer auf dich auf." Ryan wollte mir diese Ohrringe zu Weihnachten schenken, doch seine Gesundheit hatte ihn im Stich gelassen, bevor er zurückfahren und sie hätte kaufen können. Ich hatte sie schon ganz vergessen, aber niemals werde ich eine der wunderbaren Botschaften meines Kindes vergessen. Tief in meinem Herzen trage ich die Erinnerungen, die mir durch jeden Tag dieses Lebens helfen werden, bis einmal die Zeit kommt, zu der mich Ryan zu Hause willkommen heißt.

Nancie Feld, Mutter und Ehefrau, arbeitet als Arzthelferin in Round Rock, Texas. Handarbeit, Haustiere und ihre Enkelin Lola halten sie stets auf dem Weg der Liebe, des Lachens und des festen Glaubens, dass sie eines Tages wieder mit ihrem Sohn vereint sein wird.

Namensgebung

Georgia Bourne

Mein Bruder starb, als ich fünfzehn war. Er war der wichtigste Mensch in meinem Leben; ich himmelte ihn regelrecht an. Er brachte mich immer zum Lachen - keine leichte Aufgabe zu dieser Zeit. Seine goldblonden Locken machten alle Mädchen verrückt, ihm selbst waren sie allerdings eher peinlich. Sein voller Name war James George Bourne, aber jeder nannte ihn Jimmy. Er war in Plymouth, Massachusetts, geboren und kam als Adoptionskind in meine Familie, als ich dreizehn war. Er kam als wunderschönes Neugeborenes zu uns und machte uns allen riesengroße Freude. Eigentlich brachte er sein ganzes Leben lang allen Menschen große Freude. Er hatte solch ein fröhliches Lachen und trug stets ein Lächeln auf seinem sommersprossigen Gesicht. Seine tiefblauen Augen leuchteten voller Begeisterung.

Mein Vater fand Jimmys leblosen Körper ganz allein auf dem Dachboden. Es war ein ungeheurer Schock, ihn dort mit einer Schlinge um den Hals zu finden. All die drängenden Fragen nach dem Warum beschäftigen unsere Familie bis zum heutigen Tag. Mein Bruder hatte jeden Grund zu leben. Warum musste er sterben? Er hatte Sportjournalist werden wollen, und bis heute kann ich kein Spiel ansehen, keine Kommentatorenstimme aus dem Off anhören, ohne an Jimmy zu denken. Er hätte seine Sache hervorragend gemacht, das weiß ich. Er wäre eine Legende geworden wie Sam Cohen vom *Boston Herald American* oder wie der Boston-Celtics-Manager Red Auerbach. Beide waren Freunde der Familie.

Jimmys Tod war ein enormer Verlust für uns alle. Ich hatte Jimmy als kleinen Bruder gekannt, als Freund und als Vertrauten.

Wenn mich heute jemand auf ihn anspricht, betone ich immer, wie lieb ich ihn hatte. Jimmy hat mich tief in meinem verwundeten Herzen berührt; er war es, der mich immer wieder aufrichtete.

Der wahnsinnige Schmerz und die innere Verzweiflung, die mich nach seinem Tod erfassten, zwangen mich dazu, mich Schritt für Schritt mit meinem eigenen Schicksal zu konfrontieren und den langsamen, schmerzvollen Weg der Genesung von den zahlreichen Verlusten meines Lebens einzuschlagen.

Acht Jahre später sahen Jimmy und ich uns wieder. Ich befand mich in der frühen Phase meiner Schwangerschaft, und meine Gynäkologin hatte mir gerade gezeigt, dass ich ein Mädchen bekommen würde. Die Suche nach einem passenden Namen für die Kleine erwies sich als schwierig: Wochenlang wälzte ich Unterlagen unserer Familiengeschichte, sprach unzählige Vornamen probeweise laut vor mich hin - ohne Erfolg. Kein Name schien der richtige zu sein, nicht einmal annähernd.

Eines Abends war ich so besonders frustriert von der scheinbar endlosen Suche nach einem Namen für mein Kind, dass ich schließlich mit dem Gedanken ins Bett ging, meine Tochter würde ihren Namen eben selbst mitbringen müssen, wenn sie auf die Welt kam. In dieser Nacht fand ein einmaliges, lebensveränderndes Ereignis statt, an das ich bis heute in Ehrfurcht denke. Ich wachte auf, und mein hübscher kleiner Bruder stand mit seiner blonden Lockenpracht vor mir!

"Bist du schon aufgeregt?", fragte Jimmy mich. Er meinte die bevorstehende Geburt.

"Ja, ich kann es kaum erwarten!", antwortete ich und erwiderte sein Lächeln.

"Hast du schon einen Namen für sie?", fragte er.

"Nein", gab ich zu. "Ich habe überall gesucht und noch nicht den richtigen gefunden."

Auf einmal bemerkte ich, dass ich mich telepathisch mit Jimmy verständigte. Und diese Unterhaltung schien mir völlig normal zu sein; es fühlte sich überhaupt nicht an wie ein Traum. Es kam mir vor, als würden wir so lässig und selbstverständlich wie früher miteinander plaudern.

"Gefällt dir der Name Maggie?", wollte Jimmy wissen und wartete gespannt auf meine Reaktion.

Ich strahlte ihn voller Begeisterung an: "Ja! Der gefällt mir. Sehr sogar!"

Mit seinem typischen liebenswerten Grinsen erwiderte Jimmy: "Tja, dann soll sie so heißen: Maggie."

Ich war erleichtert, wurde aber gleichzeitig von einer bittersüßen Erkenntnis überwältigt: "Es gibt nur eins, was ich bedaure", sagte ich. "Du wirst sie nie kennenlernen."

Geduldig und wissend lächelte mein Bruder mir zu und sagte ganz ruhig: "Aber ich kenne sie doch schon. *Sie ist Maggie*."

Einmal noch trafen sich unsere Blicke, dann war er verschwunden. Ich war noch ganz überwältigt von diesem unerwarteten Wiedersehen. Dann glitt ich wieder zurück in meine Gegenwart. Wo auch immer wir vorher gewesen waren, es war kein Traum gewesen. Ich hatte das nicht im Schlaf geträumt. Als das erste Tageslicht am Fenster dämmerte, war ich nicht ein bisschen verschlafen oder benebelt. Ich fühlte mich ganz klar. Erfüllt von einer spirituellen Gewissheit, die mich in den Tag hineintrug. Der Vorname meiner Tochter stand fest. Von diesem Augenblick an war sie meine Maggie, Maggie Leigh. Ich finde den Namen noch immer perfekt. Sie ist die beste Maggie, die man sich nur denken kann.

Jimmys Besuch war völlig real gewesen, als hätten wir einfach beieinander gestanden und uns unterhalten. Das Gespräch kam mir fast noch wirklicher vor. So als sei es ein Vorgeschmack auf das gewesen, was uns alle auf unserer unvermeidlichen Heimreise erwartet. Ich bin mir vollkommen sicher, dass mein Bruder mir bei Maggies Erziehung auf jedem Schritt beigestanden hat und dass er bei mir ist, sobald ich nur ihren Namen sage. Ich freue mich auf meine eigene Heimreise, nachdem ich auf dieser Erde so große Freude erfahren durfte und nachdem ich meine Tochter in dem Wissen aufziehen konnte, dass die Hand meines Bruders beständig schützend über ihr wacht. Manche nennen das den himmlischen Segen - zu Recht!

Maggies Mutter Georgia Bourne arbeitet als Operationsschwester in Cape Cod. Sie ist außerdem zertifizierte Traumatherapeutin mit dem Schwerpunkt Augenbewegungsdesensibilisierung und -verarbeitung (EMDR). Sie ist froh darüber, ihren Patienten zu einem hohen Grad geistiger Gesundheit, Ganzheitlichkeit und Selbstverwirklichung verhelfen zu können.

Peters Abschiedsgeschenk

Frank A. Butler

Unser erstgeborenes Kind und einziger Sohn Peter Arthur Butler war vom Augenblick seiner Geburt am 17. August 1955 an ein wahrer Charmeur. Er war ein liebes Kind, niemals schwierig und immer an seiner Umgebung und anderen Menschen interessiert. Peter war ein intelligenter Junge mit rascher Auffassungsgabe, hatte aber an der Schule keinen Spaß, bis er 1970 auf die Harley School in Rochester wechselte. Ich war in diesem Jahr an einem Weiterbildungsprogramm für Kodak Park Works beschäftigt. In der freundlichen und anregenden Atmosphäre von Harley mit seinen engagierten Lehrkräften und kleinen Klassengruppen blühte Peter förmlich auf.

Als wir 1971 wieder zurück nach Massachusetts zogen, besuchte Peter erst die Dummer Academy in Byfield und wechselte von dort zum Earlham College, einer hervorragenden kleinen Quäkerschule in Richmond, Indiana. In Earlham begegnete er der lebhaften und liebenswerten jungen Tania Armstrong, und die beiden heirateten kurz nach ihrem College-Abschluss.

Peter fand eine Stelle beim Chemiekonzern W. R. Grace und absolvierte sein erstes Betriebsausbildungsjahr am Firmensitz in Cambridge, Massachusetts. Danach war er in Wisconsin und Illinois beschäftigt. In Chicago machte er auch seinen Betriebswirt an der Keller Wirtschaftsfachschule für Graduierte. Mitte der 1980er-Jahre wurde Peter befördert und konnte zum Firmensitz in Cambridge zurückkehren. Obwohl Tania nun ihre Familie in Indiana zurücklassen musste, freuten die beiden sich doch ebenso wie meine Frau und ich über die Beförderung und den Umzug in unsere Nähe. Kurz nach ihrer Ankunft diagnostizierte man bei Peter die Hodgkinsche Krankheit: Lymphdrüsenkrebs. Peter war dreißig Jahre alt. Sein Arzt in Chicago hatte die ersten Symptome übersehen. Und als Peters Hausarzt in Massachusetts dann das Problem erkannte, war die Krankheit bereits bis ins Stadium II fortgeschritten, hatte also schon zwei oder mehr Lymphknotenregionen befallen. Die Heilungschancen betrugen weniger als 50 Prozent. Peter, Tania und unsere ganze Familie waren fassungslos angesichts dieser Nachricht.

Man unterzog Peter der Standardbehandlung mit Chemo- und Strahlentherapie. Als Remission eintrat, schöpften wir alle die Hoffnung, Peter sei nun geheilt. Das entsprach leider nicht den Tatsachen - der Krebs kam zurück. Diesmal entschied man sich für eine autologe Knochenmarktransplantation. Die schmerzhafte Prozedur zog sich quälend in die Länge, aber wenigstens schien Peter gut darauf anzusprechen. Nach etlichen Wochen voller Gebete und Atemanhalten waren wir sicher, wir würden bald Zeugen einer wahrhaften Wiedergeburt, als Peter aus dem Sterilraum zurückkehrte.

In den folgenden Wochen hob sich unsere Stimmung mit jedem neuen "ersten Mal", dass Peter eine alltägliche Verrichtung erfolgreich bewältigte. Nach einem halben Jahr konnte er seine Arbeit wieder aufnehmen. Als Produktmanager für Dachmaterialen bei Grace musste er bis Saudi-Arabien reisen. Er nahm auch die alten Freizeitaktivitäten mit Tania und mit ihrem sechsjährigen Sohn Jamie wieder auf: Tennis, Wandern, Camping, Radtouren und Kurzurlaube in unserem gemeinsamen Ferienhaus auf Peaks Island vor der Küste von Maine.

Unser Sohn liebte Musik. Seine Mutter Ruth ist eine gute Violinistin und war zu ihrer Zeit erste Geige im Highschool-Orchester. Von ihr hatte Peter sein tiefes Interesse für die Musik - klassische und Big-Band-Stücke hatten Peters gesamte Kindheit auf unserem Plattenspieler begleitet. Ihm gefiel fast jede Musikrichtung, und er besaß eine ausgezeichnete Anlage sowie eine ansehnliche Platten- und CD-Sammlung. Ruth und ich erinnern uns noch gut an unseren ersten Besuch bei Peter und Tania nach Jamies Geburt und daran, wie vorsichtig Peter den winzigen Säugling zwischen den Lautsprechern hingelegt hatte, so dass er in den vollen Genuss des Stereoeffekts kam.

Im Sommer 1995 kehrten Peters Symptome zurück. Nachdem sich Peter allen, selbst den extremsten Behandlungsmethoden unterzogen hatte, die medizinisch anerkannt sind, konnte ihm keiner seiner Ärzte aus der Brigham-Klinik, dem Dana-Farber-Krebsinstitut und dem Deaconess Medical Center in Boston mehr erprobte Vorgehensweisen vorschlagen. Stattdessen bot man ihm die Teilnahme an einer experimentellen Behandlung mit monoklonalen Antikörpern an. Dazu gehörte eine wöchentliche Infusion mit nachfolgender Computertomografie, um den Fortschritt der Antikörper bei ihrem Angriff auf die Krebszellen zu überwachen. Tania hatte einen Vollzeitjob als Grundschullehrerin, und Ruth und ich waren beide schon in Rente und lebten nur dreißig Kilometer von Peter entfernt. Natürlich boten wir an, Peter jede Woche in die Klink nach Boston zu fahren.

Am 27. Oktober 1995, einem Freitag, schreckte Peter sehr früh aus einem verstörenden Traum auf. Tania rief uns an und fragte, ob wir schon früher kommen könnten, damit Peter nicht allein wäre, wenn sie mit Jamie zur Schule fuhr. Bei unserer Ankunft umarmten Ruth und ich Peter fest von beiden Seiten. Er strahlte uns an und sagte: "Was für eine schöne Doppelumarmung!"

Peter hatte an dem Morgen keinen Appetit und nahm nichts zu sich, bevor wir nach Boston aufbrachen. Man merkte es ihm zwar nicht an, aber er muss auch an Atemnot gelitten haben. Denn zum ersten Mal bat Peter uns, sicherheitshalber seinen tragbaren Sauerstofftank mitzunehmen. Die Schwestern und Pfleger erwarteten Peter schon für seine CT, als wir die Klinik betraten. Ruth und ich setzten uns in den Wartebereich.

Schon nach kurzer Zeit erschien der MTRA und teilte uns mit, dass Peter uns bei sich haben wollte. Er wollte mit der CT nicht ohne uns fortfahren. Wir gingen zu ihm und hielten ihn an den

Händen. Während des Scans sprach Peter ruhig mit uns, unter anderem darüber, dass guten Menschen manchmal schlimme Dinge widerfuhren, dass er aber nie aufgeben würde. Ruth und ich standen rechts und links von ihm, hielten unseren Sohn an den Händen und hörten ihm zu. Wir ahnten nicht, dass er im Sterben lag.

Nach der Computertomografie gingen wir drei weiter zum Infusionsbereich, wo das sehr freundliche und professionelle Pflegepersonal den Patienten Blut abnahm, um ihren Fortschritt vor der nächsten Infusion zu messen. Aus irgendeinem unerfindlichen Grund gelang es ihnen an diesem Tag trotz mehrfacher schmerzhafter Versuche nicht, Peter Blut abzunehmen. Mittags brachte man ihm eine warme Mahlzeit, aber er wollte noch immer nichts essen. Er teilte seinen Ärzten, Schwestern und Ruth und mir nur ganz ruhig mit, dass er sich schwindelig und verwirrt fühlte. Daher wollte man ihn noch eine Weile länger ausruhen lassen, bevor ein weiterer Versuch mit der Spritze oder Infusion unternommen wurde.

Normalerweise hätten wir alle drei noch rechtzeitig zu Hause ankommen sollen, um dort gemeinsam spät zu Mittag zu essen. Doch diesmal zog sich der Nachmittag hin, ohne dass wir irgendetwas tun konnten. Wir blieben die ganze Zeit bei Peter. Schließlich beschloss man, Peter in die Notaufnahme der Brigham-Klinik einzuweisen, wo er getestet und beobachtet werden sollte, um herauszufinden, was mit ihm los war. Obwohl der Weg nicht weit war, wurde Peter liegend im Krankenwagen dorthin transportiert.

Als wir aber in der Notaufnahme ankamen, verweigerte Peter dort klar und entschieden jede weitere Untersuchung. Zum Glück traf seine Onkologin, die nach all den Jahren der Behandlung zu einer guten Freundin geworden war, rechtzeitig ein, um ihn vor den Mühlen der Krankenhausbürokratie zu bewahren. Voller Takt und Mitgefühl ließ sie Peter in einen kleinen privaten Untersuchungsraum verlegen. Dort vertraute Peter ihr an, dass er im Sterben lag und nur noch nach Hause wollte. Die Ärztin erwiderte: “Ich denke nicht, dass du stirbst, Peter, aber die Patienten wissen das oft selbst am besten.”

Peter dankte seiner Ärztin für alles, was sie für ihn getan hatte, und bat sie, auch dem Pflegepersonal seinen Dank auszusprechen. Dann sagte er, er wolle nicht unhöflich sein, aber er müsse sie bitten zu gehen und ihn so schnell wie möglich nach Hause bringen zu lassen. Die Ärztin beruhigte ihn, er sei niemals unhöflich gewesen und ging hinaus, um alles Nötige zu veranlassen. Danach waren Ruth und ich allein mit unserem Sohn. Kurze Zeit blieb er ganz still und schien sich zu entspannen. Dann bat er uns, das Rückenteil der Untersuchungsliege aufzustellen, damit er sich aufsetzen konnte.

Als wir ihn aufgerichtet hatten, öffnete Peter die Augen weit und ein entrücktes Lächeln erhellte sein ganzes Gesicht. Und dann ließ er uns an einer unglaublichen Erfahrung teilhaben, von der man gar nicht genau berichten kann. Es gibt einfach keine Worte, die diesen Moment und alles, was er für mich und Ruth bedeutet, beschreiben könnten. Ich will versuchen, es mit Peters eigenen Worten zu beschreiben:

"Cool ... das ist ja so cool - das Licht ist so *hell* und die Farben sind so *wunderschön*", sagte Peter.

Ruth fragte, ob er so etwas wie ein Feuerwerk sähe, aber Peter antwortete: "Nein, viel schöner, Mom. Und die Musik ist so *herrlich*."

Er sah mich mit seinem gewinnenden Lächeln an und sagte: "Du hattest Recht, Dad ... Mom, wenn du das sehen könntest - es ist wunderbar. All diese Farben ... unglaublich, ich hab ja so ein Glück. Das ist so cool, so wunderschön! Jetzt öffnet sich die Tür ... und da sind Menschen, die mich begrüßen, Freunde."

Ich fragte, ob Peters Großeltern auch da seien. Er antwortete: "Ja, aber noch viele mehr, so viele mehr. Hier sind Fenster, schöne Fenster ... und eine Tür. Wo ist Jamie? Ich wünschte, Jamie könnte das sehen. Wo sind Tania und Jamie? Bitte sagt Tanias Eltern, wie stolz ich auf sie bin. Sagt es ihnen unbedingt!" Zu dieser Zeit gab es noch keine Handys. Jamie war in der Schule und Tania war auch noch nicht zu Hause. Sie hatte unsere Bitte auf dem Anrufbeantworter, so schnell wie möglich ins Krankenhaus zu kommen, noch nicht abhören können. Wir versicherten Peter, dass sie sicher bald kämen.

Peter lächelte wieder ganz verzaubert und sagte etwas, das wir nicht verstanden ... etwas über Kristalle, vielleicht im Zusammenhang mit den Fenstern, die er beschrieben hatte. Wieder sagte er: "Das ist *so* cool!" Dann fielen ihm noch einige praktische Dinge ein, etwa dass er alle Papiere geordnet hatte und alles Wichtige auf seinem Computer unter "Erbe" abgespeichert hatte. So verblieb Peter mit uns noch etwa zwanzig Minuten in unserer Realität - seine Augen waren weit geöffnet und starr auf irgendetwas gerichtet. Wieder fragte er, wo Jamie und Tania seien. Dann sagte er: "Die Tür schließt sich ... Es ist so traurig. So traurig."

Ruth und ich waren wie gelähmt von der Erkenntnis, dass unser Sohn vor unseren Augen starb. Dennoch fühlten wir uns auch sehr geehrt und inspiriert von den Visionen, an denen er uns hatte teilhaben lassen. Ein paar Mal dachten wir, er hätte aufgehört zu atmen, aber dann fragte er doch wieder nach Jamie und Tania, wie spät es war und wo sie steckten. Als Jamie und Tania schließlich kamen, war es kurz vor 19 Uhr. Auf der Stelle wurde Peter wieder ganz wach. Jamie kletterte auf die Untersuchungsliege zu Peter, und Tania nahm sie beide in den Arm.

Ungefähr eine Viertelstunde lang sprach Peter ganz klar und verständlich mit Jamie. Er sagte ihm, wie sehr er wünschte, dass er weiter immer für ihn da sein könnte und wie traurig er war, dass das nicht mehr möglich war. Peter ermahnte Jamie, dass er immer um Hilfe bitten solle, wenn er welche bräuchte, und dass immer jemand da sein würde, um ihm zu helfen: Mommy, Oma und Opa. Unser Sohn wollte unserem Enkel unbedingt klarmachen, dass er niemals allein sein würde. Jamie lag ganz still bei ihm und lauschte auf die letzten Ratschläge und Trostworte seines Vaters.

Dann kam der Krankenwagen und brachte Peter nach Hause. Als er in seinem eigenen Zimmer lag, traten wir alle an sein Bett. Jamie und Tania umarmten Peter, massierten und streichelten ihm den Rücken. Wir alle sagten Peter, wie sehr wir ihn liebten. Jeder von uns küsste Peter noch einmal, dann sagten wir alle gute Nacht. Peter dämmerte weg und erwachte nie wieder voll in dieser Welt. Aber er hinterließ uns einen kurzen Einblick in eine andere und größere Welt.

Der Samstag begann mit stürmischem Regen. Kurz vor Peters Tod, als wir uns noch einmal um ihn versammelt hatten, setzte ein heftiges Gewitter ein. Es kam uns vor, als brüllte der Himmel mit unserer Trauer und unserem Verlust auf. Bei Sonnenuntergang teilten sich die Wolken nach Westen hin und gaben den Blick auf einen spektakulären Sonnenuntergang frei - mit einem so hell leuchtenden Regenbogen, wie wir es hier im Nordosten der USA noch nie gesehen hatten. Wir waren überwältigt von der Majestät dieses Naturschauspiels, das fünf bis zehn Minuten anhielt und uns wie eine Segnung vorkam, eine Erinnerung an Gottes Versprechen an uns alle.

Frank A. Butler war vor seinem Ruhestand Geschäftsführer der Eastman Gelatine Corporation. Er hat mit seiner Frau Ruth zwei Töchter und drei Enkelkinder. Frank ist noch immer aktiv in kirchlichen und Wohlfahrtsorganisationen.

Die blaue Jacke

Elissa Al-Chokhachy

Im Lauf der Jahre haben mir sehr viele Menschen voller Enthusiasmus von den Zeichen der Hoffnung berichtet, die sie von verstorbenen Angehörigen und Freunden erhalten haben. Andere wiederum berichteten vom Fehlen solcher Zeichen. Dabei frage ich mich immer ein wenig, ob es die entsprechenden Zeichen vielleicht doch gegeben hat, sie aber zu gegebener Zeit nicht als solche erkannt wurden. Geliebte Menschen müssen nicht immer auf die Art und Weise mit uns kommunizieren, die wir von ihnen erwarten oder die wir uns vorstellen. Die folgende Erfahrung, von der mir eine Nonne berichtete, zeigt ohne Zweifel, dass sich göttliche Botschaften derer, die uns nahestehen, jederzeit ereignen können.

Als Schwester Theresa zwölf Jahre alt war, bekam ihre Mutter die Zwillinge Emily und Emilio. Kurz vor dem dritten Geburtstag ihrer kleinen Geschwister bekamen die beiden passende blaue Schneeanzüge mit der Post geschickt. Theresa fragte, ob die Zwillinge ihre neuen Schneeanzüge am nächsten Tag zur Messe tragen dürften, aber ihre Mutter sagte, es sei dafür draußen zu warm. Vier Tage später wurde Emilio plötzlich sehr krank und starb unerwartet an einer schweren Atemwegsinfektion. Seine Familie betrauerte den frühzeitigen Tod des kleinen Jungen heftig. In den Jahren darauf sagte die Mutter immer wieder reumütig: "Warum habe ich die beiden nur ihre Schneeanzüge nicht tragen lassen?" Danach verschob die Familie nie wieder etwas. Sie hatten auf die schlimmste Weise erfahren müssen, dass es nicht immer ein Morgen gab.

Schwester Theresa trat später in ein Kloster ein und diente Gott auf vielfältige Weise, vor allem durch ihre Arbeit in den ärmlichen

Vierteln einer Großstadt. Eines Samstagabends viele Jahre danach entging sie auf dem Heimweg an einer schlecht beleuchteten Kreuzung nur knapp einem Raubüberfall. Sie war mit ihrem Wagen ganz allein auf der Straße und hatte eben vor dem Linksabbiegen die Geschwindigkeit gedrosselt, als drei Männer Anfang zwanzig ihr Auto umringten. Der Mann rechts öffnete die Beifahrertür, woraufhin die Innenbeleuchtung im Wagen anging. "Wir tun Ihnen nichts", knurrte der Mann. "Wir wollen nur das Auto." Als Schwester Theresa auf der Fahrerseite aussteigen wollte, griff der Mann links neben ihr an ihr vorbei, um die hintere Tür zu öffnen. Dann hielt er inne und rief den anderen zu: "Hey Leute, lasst die hier in Ruhe. Die hat ein Kind!" "Wo?", rief der Mann rechts ungläubig.

"Na da hinten, in der blauen Jacke", antwortete der erste und deutete auf den Rücksitz. Auf der Stelle ließen die drei Männer von Schwester Theresas Wagen ab und verschwanden so rasch, wie sie erschienen waren. Schwester Theresa wagte nicht, sich umzudrehen. Starr vor Schreck fuhr sie rasch davon in dem Wissen, dass es wesentlich schlimmer hätte ausgehen können. Man hätte sie verletzen oder zumindest ihr Auto stehlen können; sie auf jeden Fall in einer gefährlichen Umgebung nachts allein zurückgelassen. Sie spürte großen Trost durch das Wissen, dass ihr kleiner Bruder als Engel im Geiste für sie da gewesen und ihr fünfunddreißig Jahre nach seinem Tod rettend beigestanden hatte.

Schwester Theresa hatte sich immer gewünscht, dass ihr kleiner Bruder mit ihr hätte aufwachsen dürfen und dass er noch die Gelegenheit gehabt hätte, seinen blauen Schneeanzug zu tragen. So war es zwar nicht gekommen, zumindest nicht so, wie sie es sich vorgestellt hatte. Aber Schwester Theresa ist dankbar für alle Gaben, die Gott ihr gewährt – ganz besonders für das Erscheinen ihres kleinen Bruders in der Stunde der Not.

Die Ballettschuhe

Joan Enriquez

Unsere schöne, blonde, blauäugige Tochter Angela Monica wurde als jüngstes unserer fünf Kinder geboren. Wir waren sehr glücklich über ein zweites Mädchen, nachdem auf die Geburt unserer ältesten Tochter schon drei Jungen gefolgt waren. Schon bald nach Angies Geburt wurde klar, dass etwas mit ihr nicht stimmte. Es brach uns fast das Herz, als wir erfuhren, dass Angie schwerbehindert war und neben vielen anderen Störungen unter unkontrollierbaren Krampfanfällen litt. Trotz all unserer Bemühungen, ihr die bestmögliche medizinische Pflege und Erziehung zukommen zu lassen, kam unsere Kleine nie über einen Entwicklungsstand von sechs Monaten hinaus. Ihre Geschwister hatten sie sehr lieb. Immer wieder ermutigten sie sie und waren entzückt über jede ihrer Leistungen, egal wie klein. Sie lernten sogar, Angie richtig zu versorgen, wenn sie Krampfanfälle hatte. Angie konnte niemals stehen, laufen oder sprechen. Aber für jedes Familienmitglied formte sie einen eigenen und ganz speziellen Laut.

Durch ihr sanftes Wesen und die endlose Geduld, mit der sie ihr Leiden ertrug, brachte Angie unserer Familie sehr viel Gutes. Sie liebte uns alle bedingungslos, und wir liebten sie nicht trotz ihrer Einschränkungen, sondern genau dafür, welcher Mensch sie war. Wegen Angie gingen wir freundlicher miteinander um, denn erhobene Stimmen im Haus erschreckten sie.

Die Medikamente, die Angie über Jahre hinweg verabreicht bekam, um ihre Krampfanfälle unter Kontrolle zu bekommen, schadeten ihrem Körper. Ihre Gesundheit stand immer auf der Kippe, und tief in meinem Herzen wusste ich im letzten Jahr ihres Lebens bereits, dass wir sie bald verlieren würden. Es tat so weh, zusehen zu müssen, wie es ihr Tag für Tag schlechter ging. Wir hätten sie so gerne länger bei uns gehabt. Wenn ich Angie auf dem Schoß oder auf dem Arm hielt, sah sie mich oft ganz unverwandt an. Dann hatte ich das Gefühl, sie versuche, sich mein Gesicht gut einzuprägen, damit sie es nicht vergaß, wenn sie uns verließ.

An Angies zehntem Geburtstag am 2. Dezember schenkte ihr ihre große Schwester Maryellen ein Paar Ballettschuhe aus weichem schwarzem Leder. Sie sagte zu Angie, dass jedes kleine Mädchen ihr eigenes Paar Tanzschuhe haben sollte. Über das kommende Weihnachtsfest wurde Angie sehr krank, und zum Jahresende war es klar, dass wir sie ins Krankenhaus bringen mussten. Kaum waren wir im Krankenhaus angekommen, hörte Angie auf zu atmen. Sie wurde wiederbelebt, und ihr Kinderarzt versuchte die ganze Nacht über, sie zu stabilisieren. Aber ich wusste, dass Gott sie zu sich rief. Während der Arzt sich mit ihr beschäftigte, öffnete sie auf einmal die Augen weiter und sah klarer in die Ferne, als ich es je bei ihr erlebt hatte. Ich wusste, dass sie über diese Welt hinaus einen anderen und schöneren Ort erblickt hatte. Bald darauf starb sie.

Wir bestatteten Angie in ihren neuen Ballettschuhen und dem gerüschten Kinderkleid, das ich ihr zu Weihnachten gekauft hatte. Ein paar Tage nach der Beerdigung hatte ich in völlig wachem Zustand eine Vision meiner Tochter. Es war ein enormer Trost für mich, Angie in der idyllischsten Blumenwiese, die man sich nur vorstellen kann, tanzen zu sehen in ihrem hübschen neuen Kleid und ihren Ballettschuhen, wie sie es zu Lebzeiten nie gekonnt hatte. Die Blumen auf der Wiese leuchteten in lebhafteren Farben und dufteten süßer, als ich es je zuvor erlebt hatte. Angie war so fröhlich und glücklich, wie jedes Mädchen es sein sollte, und sie war völlig frei von Schmerzen und jeder Behinderung. Ich hatte das Gefühl, ich solle erfahren, dass ich mich auf der Erde gut um sie gekümmert hatte und dass ich sie nun ohne Bedenken Gottes Fürsorge überlassen konnte. Es ist unglaublich schwer für eine Mutter, ihr Kind zu verlieren. Aber ich weiß jetzt, dass meine Tochter Angie im Himmel auf mich wartet. Eines Tages wird sie über diese wunderschöne Blumenwiese auf mich zukommen und in meine Arme tanzen.

Joan Enriquez lebt als Bibliothekarin im Ruhestand mit ihrem Ehemann Armando in Kingston, Massachusetts. Die beiden sind seit achtundvierzig Jahren verheiratet, haben vier Kinder und acht Enkel. Joan hat Freude an Armandos mexikanischer Küche, am Lesen, am Stricken, an Wasseraerobic und an gemeinsam mit Familie und Freunden verbrachter Zeit.

Familie für die Ewigkeit

Nancy Cloutier

"Der Himmel und die Erde sind nicht weit genug voneinander entfernt, um die Herzen zu trennen, die der Herr verbunden hat." Dieses Zitat des katholischen Ordensgründers und Kirchenlehrers Franz von Sales hat mir immer sehr gefallen. Ich wurde katholisch erzogen und schon früh an seine Texte herangeführt, die mir aufklärerisch und trostreich zugleich vorkamen. Ich hatte noch keine Ahnung, wie oft mir gerade dieses Zitat viele Jahre später noch Trost spenden sollte.

Ich wuchs als jüngstes von vier Kindern in den Sechzigerjahren auf einer Farm in Iowa auf. Meine Mutter war irischer Abstammung, mein Vater kam aus Deutschland. Sie beide waren fleißige und auf ihre Weise sehr liebevolle Menschen. Mom zeigte uns ihre Zuneigung viel offener, umarmte und küsste uns ständig, während Dad unsere stürmischen Annäherungen oft unterband. Wir wussten natürlich, dass Dad uns seine Liebe zeigte, indem er für unsere Familie sorgte, aber ich kann mich nicht erinnern, dass er je zu einem von uns Kindern gesagt hätte "Ich hab dich lieb" oder uns je von sich aus umarmt hätte. So war er einfach nicht.

Von meinen Eltern lernte ich, pragmatisch mit dem Leben umzugehen, es aber auch voller Freude anzunehmen. Meine Mutter glaubte fest an Gott und übertrug ihr Bedürfnis, ihm und anderen zu dienen, auf uns Kinder. Auch mein Vater war gläubig, wenn auch auf skeptischere Weise. Er fügte sich in Moms striktes Regime, uns Kinder ausnahmslos jeden Sonntag in die heilige Messe zu schicken und jede Nacht einen Rosenkranz beten zu lassen – ganz besonders im Mai und im Oktober, den Monaten, die der Gottesmutter

Maria gewidmet sind. Obwohl meine Mutter eigentlich streng darauf bestand, dass keiner von uns je die Sonntagsmesse versäumte, weiß ich noch, dass mein Vater es manchmal schaffte, während der Pflanz- oder Erntezeit eine Ausnahme für sich zu erwirken. Meine Geschwister und ich dachten darüber nicht viel nach. Erst Jahre später wurde uns klar, dass Dad hin und wieder einfach Abstand von "all dem Kirchenkram" brauchte.

Ich ging aufs College und entschied mich für das Hauptfach Sozialpädagogik. Nach meinem Abschluss fing ich als Sozialarbeiterin in der pädiatrischen Onkologie eines Krankenhauses an. Die Kinderkrebsstation jagte mir anfangs gehörig Respekt ein, doch schon bald hatte ich meine kleinen Patienten und ihre Familien so liebgewonnen, dass ich zu einem Teil ihres Lebens wurde.

In den nächsten Jahren arbeitete ich eng mit den Schwestern, Pflegern und Ärzten zusammen. Wir halfen den Kindern und ihren Familien dabei, sich an ihre Diagnosen zu gewöhnen und mit den Folgen der verschiedenen Behandlungsmethoden umzugehen. Und wenn diese Behandlungen versagten, dann halfen wir ihnen beim Abschiednehmen. Es war eine wahre Ehre und ein Segen für mich, die Menschen in dieser für sie so schweren Zeit begleiten zu dürfen. Erst später wurde mir klar, wie viel ich von ihnen gelernt hatte, wenn es um den Umgang mit Verlust, unerwartetem Tod und Trauer ging. Ich bin ihnen allen zutiefst zu Dank verpflichtet.

In dieser Zeit begegnete ich dem Mann, den ich heiratete. Michael war alleinerziehender Vater eines kleinen Jungen namens Tyler, und als wir heirateten, wussten wir beide, dass wir uns mehr Kinder wünschten. Leider endete meine erste Schwangerschaft mit einer Fehlgeburt, doch kurz darauf kam unser Sohn Zachary zur Welt. Während meiner Schwangerschaft verstarb meine Mutter völlig unerwartet an einem Herzinfarkt. Ich war schwer getroffen von diesem Verlust und vermisste sie wirklich sehr. Meine Mutter und ich hatten uns immer nahegestanden, und ich hatte gehofft, ich könne mich bei der Erziehung meiner Kinder auf ihre mütterliche Weisheit und Hilfe verlassen. Die Fehlgeburt und der Tod meiner

Mutter leiteten eine ganze Serie von Verlusten für unsere junge Familie ein.

Sieben Monate nach dem Tod meiner Mutter und nur einen Monat nach Zacharys Geburt erlitt mein Vater einen schweren Schlaganfall. Er war vierundachtzig Jahre alt. Die Ärzte und Pfleger seiner Reha-Klinik empfahlen ihm ein Pflegeheim, aber meine Geschwister und ich wussten, dass er dort jeden Lebenswillen verlieren würde.

Zum Glück entschied man nach einem Monat in der Reha-Klinik, dass mein Vater nach Hause zurückkehren und dort unter dauerhafter Betreuung leben könne. Wir wohnten eineinhalb Fahrtstunden von Dad entfernt, und ich hatte zwei kleine Kinder zu versorgen - ich wusste, ich würde mich nicht 24 Stunden um meinen Vater kümmern können, wie er es sich wünschte. Aber mit Gottes Hilfe gelang es mir, sehr zuverlässige und liebenswürdige Pflegerinnen für Dad zu finden.

Als sich das Leben für uns in seinen neuen Rhythmus zu fügen begann, wurde ich schwanger mit unserem dritten Sohn Brandon. Wir freuten uns sehr, dass uns Gott nach so schlimmen Verlusten nun neues Leben schenkte. Alles lief gut - bis zwei Monate vor Brandons Geburt. Dann erfuhr Michael, dass die Fabrik, in der er arbeitete, ein halbes Jahr später schließen und er seine Stelle verlieren würde. Ich machte mir große Sorgen, denn wir waren erst ein Jahr zuvor in ein neues, größeres Haus gezogen. Ich erwartete ein weiteres Kind und ich hatte selbst keine Arbeit mit Verdienst. Wie sollten wir finanziell über die Runden kommen?

Zum Glück legten sich diese Sorgen bald, als meinem Mann Arbeit bei einer großen Firma in Florida angeboten wurde. Ich war natürlich nicht glücklich, dass ich meinen Vater zurücklassen sollte, obwohl es ihm zu dieser Zeit wieder gut genug ging, dass er zu Hause leben konnte. Ich hatte zudem Iowa noch nie verlassen und war nervös, wie sich unser neues Leben so tief im Süden wohl gestalten würde. Doch als der Winter mit viel Schnee einsetzte, bekam ich immer mehr das Gefühl, dass Florida vielleicht genau die neue

Chance für uns bedeutete, die wir brauchten. Wir zogen im Februar um, als Zachary gerade zwei Jahre und Brandon fünf Monate alt war. Tyler mit seinen zehn Jahren freute sich richtig auf seine neue Schule - das Leben sah gut für uns aus.

Wir richteten uns in unserem neuen Haus und neuem Leben in Florida gut ein. Ich spürte und genoss die Gnade, die uns mit unserer gesunden Familie und unserem wundervollen, warmen neuen Heim beschieden war. Wie in Florida üblich, gehörte zu unserem neuen Haus auch ein Swimmingpool. Darüber war ich nicht so froh. Mein Mann und Tyler waren begeistert von dem erfrischenden Wasser, aber wir hatten zwei Kleinkinder, die noch nicht schwimmen konnten. Andererseits war es wirklich schwer, ein Haus ohne Pool zu finden. Daher stellte ich für unser neues Haus nur die Bedingung, dass wir den Swimmingpool so schnell wie möglich einzäunen würden. Von einem Nachbarn hatte ich erfahren, dass Tod durch Ertrinken die häufigste Todesursache bei Kleinkindern dort war. Als die Einzäunung um den Pool stand, ließ meine Sorge etwas nach, aber ich war dennoch weiter auf der Hut.

Die Zeit verging, und unsere drei Jungs gediehen prächtig unter der Sonne Floridas. Unser Jüngster war ein lieber und hübscher kleiner Kerl. Brandon war äußerlich ein dunklerer Typ als seine Brüder mit glattem braunen Haar und glänzend braunen Augen, aus denen der Schalk blitzte. Auch wenn er etwas dünner und schmaler gebaut war als seine Brüder, erinnere ich mich doch noch gut an seine langen, muskulösen Beine, auf denen er den lieben langen Tag umherjagte.

Unser Leben war erfüllt. Wir erlebten als Familie viele wunderschöne Momente, an die wir uns gern erinnern. Und dann ließ ein verheerendes Ereignis mit einem Schlag alles anders werden: der unerwartete Tod meines nicht einmal zweijährigen Sohns Brandon. An einem eigentlich ganz normalen Samstagmorgen war ich mit dem Hausputz und der Wäsche beschäftigt. Mein Mann arbeitete draußen im Garten, und unsere beiden Jüngsten waren bei ihm. Irgendwann machte sich Brandon, wie Zweijährige es nun einmal tun, auf eigene Faust auf Entdeckungstour. Ein paar Minuten später bemerkte mein Mann, dass er nicht mehr da war, und suchte nach ihm. Ich erinnere mich heute noch genau an den panischen Schrei meines Mannes, ich solle den Krankenwagen rufen. Und noch genauso lebhaft steht vor meinem inneren Auge das Bild, wie er Brandons leblosen, bläulichen Körper vom Pool ins Haus trägt. Erst mein Mann und dann die Rettungssanitäter versuchten, Brandon wiederzubeleben - aber ich wusste schon, bevor sie ihn in Krankenhaus brachten, dass es zu spät war.

Michael und ich sind an dem Verlust beinahe zerbrochen. Wir wussten kaum, wie wir uns durch die Tage nach dem Unfall schleppen sollten. Hätte ich nicht meinen Glauben gehabt und wären mir die Bedürfnisse meiner anderen zwei Söhne nicht bewusst gewesen, hätte ich mich wohl unter der Bettdecke verkrochen und wäre nie wieder herausgekommen. Es war, als hätte ich mich in einen finsteren Abgrund verirrt und könnte den Weg hinaus nie mehr wiederfinden. In gewisser Hinsicht wollte ich das wohl auch gar nicht. Egal, wohin ich meinen Blick richtete, überall erinnerte mich etwas an unser einst so schönes Familienleben, das nun für immer verloren schien. Von meinem Beruf her wusste ich natürlich schon, was zum Trauerprozess gehört und welche innere Arbeit uns noch bevorstand. Aber die trauernde Mutter in mir wollte einfach nichts anderes als mit ihrem Kind zu sterben. Der furchtbare Gedanke, dass Brandon ganz allein war, als er starb, verfolgte mich bis in meine Träume.

Mit der Zeit waren Michael und ich wieder besser in der Lage, unseren üblichen Tagesverrichtungen nachzugehen. Noch immer war der Schmerz heftig und unleugbar, aber wir wussten auch, dass wir für unsere beiden anderen Kinder da sein mussten. Wir durften über unserem Schmerz nicht den Segen vergessen, dass wir Zachary und Tyler hatten.

Ein Segen ganz anderer Art erreichte mich mit einem Anruf von meinem Vater ein paar Wochen nach Brandons Tod. Dad wollte mir unbedingt etwas erzählen, aber er war unsicher, wie ich es aufnehmen würde. Er hatte ein wenig Sorge, ich könnte ihn für verrückt halten. Ich drängte ihn, es mir doch bitte zu sagen.

Dad erklärte, dass er am Abend zuvor im Bett gelegen hatte. Er hatte noch nicht geschlafen, war aber schon in Ruhestimmung. Er hatte eben sein Abendgebet beendet, als auf einmal ein helles Licht am Fußende seines Bettes erschien. Und in diesem Licht sah er meine Mutter stehen, die Brandon im Arm hielt. Neben Mom und Brandon stand auch mein Neffe Danny, der einige Jahre zuvor mit zwölf Jahren verstorben war. Sie alle trugen lockere weiße Gewänder, und sie alle lächelten oder lachten fröhlich.

Mein Vater war sehr schwerhörig und berichtete, er hätte nicht verstehen können, was sie sagten. Aber ihn überkam ein Gefühl von vollendetem Glück und Frieden. Er spürte keinerlei Furcht oder Verwirrung. Auch habe, so sagte mein Vater, meine Mutter wieder jung ausgesehen, wie zu der Zeit, als die beiden geheiratet hatten. Um die drei herum hätten Farben so hell und intensiv geleuchtet, wie mein Dad es noch nie erlebt hatte. Er war am nächsten Morgen noch immer ganz erfüllt von diesem friedlichen Glücksgefühl und musste mich gleich anrufen und mir von seiner Vision berichten. Er war überzeugt, dass die drei im Himmel waren und dass sich meine Mutter dort um Danny und Brandon kümmerte.

Ich weinte vor Erleichterung und Freude darüber, dass sie alle beisammen waren. Wenn meine eigene Mutter sich um meinen kleinen Jungen kümmerte, dann war es gut. Ich hätte niemandem meine Kinder lieber anvertraut als ihrer liebevollen Fürsorge. Ich kann kaum beschreiben, welch tiefer Friede mich überkam, als mein Vater mir diese Vision schilderte. Als ich Michael davon erzählte, fragten wir uns beide, warum ausgerechnet mein Dad, der spirituellen Erscheinungen von uns allen am skeptischsten gegenübergestanden hatte, die drei Verstorbenen hatte sehen können. Aber es machte andererseits die Vision umso glaubwürdiger – wenn sogar Dad so fest daran glaubte, dann musste es wahr sein! Gott wusste genau, wie er uns am besten den Glauben zurückgeben und Trost für unseren Verlust spenden konnte.

Nach dieser Erfahrung erlebten Michael und ich einen echten Wendepunkt in unserer Trauer. Obwohl Brandons Verlust nicht weniger schmerzte, waren wir uns nun sicher, dass er im Himmel war und wir ihn dort eines Tages wiedersehen würden. Ich gebe zu, ich hätte Brandon sehr gern auch selbst in einer Vision erlebt, aber aus welchem Grund auch immer - für mich sollte das nicht sein. Ich bete bis heute um ein Zeichen von ihm.

Zachary hingegen hatte im Alter von sechs Jahren das Glück, seinem kleinen Bruder wiederzubegegnen. Am Tag danach erzählte Zachary mir davon, während er sich für die Badewanne fertig machte. Erst fragte er mich, ob ich weinen müsste, wenn er mir etwas von Brandon erzählte. Ich verneinte, und Zachary berichtete von seinem Erlebnis. In der Nacht davor hatte ein helles Licht vor seiner Zimmertür Zachary aufgeweckt. Neugierig geworden ging er ins Wohnzimmer und sah dort Brandon auf dem Boden vor dem Fernseher sitzen. Ihn umgab ein sehr heller Lichtschein. Als Zachary eintrat, sah Brandon ihn an und sagte: "Hi Zachy." So hatte Brandon Zacharys Namen immer ausgesprochen. Er spielte das Videospiel, das die beiden immer am liebsten miteinander gespielt hatten. Zachary sagte, Brandon habe ihm versichert, dass alles in Ordnung sei.

Zachary schlief im Wohnzimmer auf dem Sofa ein, wo ich ihn am nächsten Morgen fand. Ich hatte natürlich wissen wollen, was er dort machte, aber am Morgen hatte Zachary es mir noch nicht sagen wollen. Sein Verhalten war den ganzen Tag über merkwürdig gewesen, und jetzt, da er mir von Brandons Besuch bei ihm erzählt hatte, wusste ich auch, warum. Ich fragte Zachary, wie er sich bei der Begegnung mit Brandon gefühlt habe. Er sagte, er habe zuerst ein wenig Angst gehabt, aber als Brandon dann gemeint habe, alles sei in Ordnung, sei er beruhigt gewesen. Ich wunderte mich noch, dass Zachary mich nach so einem aufregenden Erlebnis nicht gleich aufgeweckt hatte, aber Zachary erklärte, er habe sich danach nur noch sehr müde gefühlt und sei auf der Stelle auf dem Sofa eingeschlafen.

In den Jahren nach Brandons Tod ist unsere Familie durch viele emotionale und spirituelle Höhen und Tiefen gegangen. Unser ältester Sohn Tyler wurde zeitweise depressiv. Er glaubte, wenn er an dem Morgen von Brandons Tod nur zu Hause gewesen wäre, hätte er das Unglück irgendwie verhindern können. Zum Glück kämpfte er sich tapfer durch diese schwere Zeit und ist daraus als tief spiritueller Mensch hervorgegangen.

Am schwersten hatte vermutlich Zachary mit Brandons Tod zu kämpfen. Er war damals dreieinhalb Jahre alt und musste mit viel Wut in sich zurechtkommen, die er oft auf mich projizierte. Durch meine Ausbildung konnte ich gut verstehen, dass er mich als sicheres Ziel für diese starken Emotionen betrachtete - ich bin seine Mutter und liebe ihn rückhaltlos, egal was er tut. Dennoch waren seine Attacken für mich schwer zu ertragen, als nach Brandons Tod nur Zachary und ich tagsüber allein zu Haus waren. Mein tiefer Kummer drängte mich dazu, ihn noch enger an mich zu ziehen, aber Zachary wies all meine Versuche von sich und wehrte mich sogar körperlich ab. Wir suchten ihm schließlich eine Therapie, die ihm und uns sehr weiterhalf. Mittlerweile kann Zachary wieder über Brandon sprechen, ohne darunter zu leiden.

Wir bekamen nach Brandon noch einen weiteren Sohn, den wir Ryan nannten. Er sieht Brandon sehr ähnlich, obwohl sie sehr unterschiedliche Persönlichkeiten haben. Es erstaunt mich noch immer, welch enorme Heilwirkung ein einziger kleiner Junge auf eine Familie haben kann. Natürlich könnte Ryan Brandon niemals ersetzen, aber er ist ohne Frage ein wundervoller Familienzuwachs.

Viele Eltern, die ein Kind verloren haben, befürchten, dass die Erinnerung an ihr Kind mit seinem Tod verloren gehen könnte. Wir versuchen, die Erinnerung an Brandon in der Familie sehr aktiv am Leben zu halten. Wir sprechen oft über ihn und erinnern uns gemeinsam an kleine Anekdoten oder Erlebnisse mit ihm. Wir feiern jedes Jahr seinen Geburtstag mit seiner Lieblingsschokoladentorte. Wir denken laut darüber nach, in welcher Klasse er jetzt wäre und was ihn wohl interessiert hätte.

Wir haben Ryan viel von seinem großen Bruder erzählt und ihm Fotos und Videos von Brandon gezeigt. Heute sind wir stolz, dass unsere Jungen ihre Gedanken und Gefühle zu Brandon ganz offen mit uns und anderen teilen können. Es war ein wirklich langer und schwerer Weg zur Heilung, aber wie bei gebrochenen Knochen glaube ich, dass wir dadurch nur noch stärker zusammengewachsen sind. Ich bin überzeugt, dass Familie etwas ist, das ewig währt.

Nancy Cloutier lebt mit ihrem Mann und den drei Söhnen, die am Leben sind, in Fort Myers, Florida. Sie hofft, dass durch ihre Geschichte auch viele andere Hoffnung schöpfen und letztlich Frieden finden können.

Kinder aus dem Jenseits

Doreen Neilley

Sechs Jahre nachdem mein Bruder bei einem Autounfall in Kanada gestorben war, verlor ich meinen einzigen Sohn Dean bei einem Autounfall in Australien, wo wir zu dieser Zeit lebten. Der Schmerz dieses geballten Verlusts war unerträglich. Im folgendem Jahr zogen mein Mann, meine Tochter und ich mit unseren zwei Hunden wieder nach Kanada zurück. Als unser Rhodesian Ridgeback Shaka ein paar Monate später verschwand, machte ich mich drei Tage lang auf die Suche nach ihm. Am dritten Abend erschien mir mein Sohn, als ich gerade am Computer saß, um einen Hundentlaufen-Flyer für Shaka zu entwerfen. Es war unglaublich! Gerade versuchte ich noch, ein passendes Foto von Shaka aufzutreiben, da kam er und sagte, ich müsste mir die Mühe nicht mehr machen. Jemand habe Shaka erschossen und seine Leiche am Fluss in der Nähe unseres Hauses versteckt. Und tatsächlich, genau da fand ich unseren toten Hund! Es fühlte sich vollkommen surreal an. Ich war natürlich traurig, dass Shaka tot war, aber gleichzeitig war ich froh, dass ich meinen Sohn gesehen hatte. Dean hatte nicht nur meine Suche beendet, sondern mich auch wirklich getröstet.

Kurz darauf schafften wir uns einen neuen Hund an, den wir Bear nannten. Er war ein lebhafter Mischling aus weißem Labrador und Husky, der für sein Leben gern durch unsere ländliche Nachbarschaft rannte. Im folgenden Winter verschwand Bear ebenfalls. Mit schwerem Herzen machte ich mich wieder auf die Suche, hatte aber keinen Erfolg. Dann erschien mir wieder Dean, diesmal trug er den riesengroßen Bear scheinbar mühelos auf dem Arm. Ich traute meinen Augen kaum, aber das Bild war klar: Bear wedelte freudig und leckte Dean dankbar durchs Gesicht. Dean erklärte mir, Bear sei ins Eis eingebrochen und in den See gefallen. Er sagte, dass alles in Ordnung sei, und wir würden uns eines Tages wiedersehen. Nach dieser Botschaft stellte ich meine Suche ein. Dean hatte mir mit Bear Ruhe und Frieden geschenkt.

Als schließlich mein Enkel Dakota mit nur sechs Monaten an AIDS starb, wäre ich an diesem erneuten Verlust beinahe zerbrochen. Ich musste mich aber zusammenreißen, wenigstens lange genug, um meiner Tochter zu helfen, die dringend meine Unterstützung brauchte. Als ich wieder nach Hause kam, hörte ich gar nicht mehr auf zu weinen und forderte Gott immer wieder mit der Frage heraus, warum er den Frauen in unserer Familie nicht ihre Söhne ließ. Ich weiß noch, wie ich im Bett lag und mich fragte, wie es meinem Enkel wohl ging. Hatte Dakota jemanden, der auf ihn achtgab?

In diesem Moment erschienen mir mein Sohn und mein Bruder Seite an Seite. Sie lächelten und trugen Dakota zwischen sich auf dem Arm. Wie aus einem Mund versicherten sie mir: "Es ist in Ordnung, wir passen auf ihn auf." Ich war so dankbar und so erleichtert, weil ich jetzt wusste, dass die drei beisammen waren und Dakota nicht allein geblieben war. Mittlerweile stelle ich mir vor, dass Gott eben eine sehr wichtige Aufgabe für sie alle hatte. Seither hatte ich keine ähnlichen Visionen mehr, aber ich weiß jetzt auch, dass es ihnen allen gut geht. Eines Tages, wenn mein Mann und ich wieder mit den drei Jungen vereint sind, dann werden unsere Hunde dort auch schon auf uns warten.

Doreen Neilley wurde im kanadischen Edmonton, Alberta, geboren. Nach acht Jahren Brieffreundschaft heiratete sie ihren Mann und zog mit ihm nach Australien. Doreen und ihr Mann wohnen inzwischen wieder in Alberta, wo auch ihre Tochter und ihre Enkelin leben.

Mein sehnlichster Wunsch

Beverly F. Walker

Meine Welt brach an dem Tag zusammen, an dem mein Sohn Don Jr. am Steuer einschlief, als er in North Carolina unterwegs war. Wir mussten uns der schrecklichen Aufgabe unterziehen, seinen achtundzwanzig Jahre junge Leichnam in seinen Heimatstaat Tennessee zurückzubringen und dort zu bestatten. Auch Donnies Katze Audrey holten wir zu uns. Das grau getigerte Tier bedeutete unserer Familie viel, da Donnie sie sehr geliebt hatte.

Meinem Sohn und mir gefielen Raubvögel sehr gut, besonders Rotschwanzbussarde. Einmal hatten wir auf einem gemeinsamen Spaziergang ein Paar von diesen majestätischen Vögeln aus der Nähe gesehen. Es erstaunte mich nicht einmal sonderlich, als genau diese Vögel nach seinem Tod plötzlich immer dann auftauchten, wenn ich dringend ein Zeichen brauchte. Ich erkannte sie als Botschaft Gottes, mit der er mir mitteilen wollte, dass es Donnie bei ihm gut ging. Die vielen Bussardfedern, die ich seitdem immer wieder fand, betrachtete ich als greifbare Zeichen der Hoffnung von meinem Sohn.

Dennoch wünschte ich mir besonders in den frühen Trauerjahren sehnlichst eine Begegnung mit Donnie. In meiner Not las ich zahlreiche Bücher von anerkannten Medien und Experten für außersinnliche Wahrnehmung, und ich war tief überzeugt, eine solche Vision von Donnie wäre möglich. Gleichzeitig befürchtete ich, ich könnte, wenn es tatsächlich so weit sei, nicht damit umgehen und würde zusammenbrechen.

Mit den Jahren durchlebte ich den Schock, das Ableugnen und die Wut über das, was geschehen war. Nach sieben Jahren wurde mir schließlich klar, dass ich überleben und am Ende als besserer Mensch aus dieser furchtbaren Erfahrung hervorgehen würde. Ich lernte auch, meinen Sohn auf neue und spirituelle Weise mit mir zu nehmen. Mir wurde klar, dass Donnie immer bei mir gewesen war, in all den Jahren der Bussardsichtungen und Federfunde.

Im neunten Jahr meiner Trauerreise erlebte ich endlich wieder mehr gute Tage als schlechte, wie es der Lauf der Zeit schließlich mit sich bringt. Und dann, an einem ganz normalen Abend zu Hause, als ich mich fast schon mit Donnies Verlust arrangiert hatte, passierte es. Ich hatte den ganzen Tag noch nicht an Donnie gedacht, auch nicht geweint. Als das Essen fertig war, wollte ich meinen Mann zum Abendessen rufen. Gerade als ich mich umwandte, sah ich auf der Lehne des Sessels zu meiner Rechten Donnies Katze Audrey sitzen. Und in dem Moment, als ich Audrey ansah, sah ich auch meinen Sohn! Er grinste breit übers ganze Gesicht. Ich sah seinen Oberkörper über Audrey schweben, und er hatte die Hand ausgestreckt, um seine Katze zu streicheln. Obwohl er ganz verwaschen und vernebelt wirkte, erkannte ich doch, dass mein Sohn dieselbe braune Patchwork-Weste trug, die er auch auf einem Foto anhat, das noch immer auf meiner Küchenfensterbank steht. Ich spürte sofort, dass mein Sohn absoluten Frieden ausstrahlte. Sobald ich meinen Mann rief, sprang Audrey aber vom Sessel und lief zum Tisch. Die Vision verschwand. Und obwohl sie vielleicht nur etwa drei Minuten gedauert hatte, wusste ich doch, dass ich gerade etwas wahrhaft Sensationelles hatte erleben dürfen. Alles, was ich in dem Moment bewerkstelligen konnte, war, mich hinzusetzen und alles auf mich wirken zu lassen. Laut brachte ich nur ein "Cool!" heraus.

Es dauerte mehr als zehn Minuten, bis ich meinem Mann erzählen konnte, was mir gerade begegnet war. Erst musste ich mich selbst überzeugen, dass alles, was ich mit eigenen Augen gesehen hatte, die Wirklichkeit war und nicht meine Fantasie. Als ich es ihm erzählte, freute sich mein Mann mit mir, dass unser Sohn ein so klares Zeichen geschickt hatte. Es war ihm gelungen, sich mir und seiner Katze zu offenbaren und uns alle wissen zu lassen, wie gut es ihm ging. Ich bin nicht sicher, ob Donnie an diesem Tag einen Weg durch das Portal gefunden hatte oder ob es mir irgendwie selbst gelungen war hindurchzublicken, obwohl ich in dem Moment nicht einmal meditierte oder betete. Wahrscheinlich hatte einfach nur Gott es genau zu diesem Zeitpunkt möglich gemacht. Letzten Endes macht es doch keinen Unterschied, wie es geschehen ist. Ich bin einfach nur dankbar für das Wunder, das mir zuteilwurde, und für die bestätigenden Zeichen, die mein Mann und ich bis heute von unserem Sohn erhalten. Sie sind der beste Beweis dafür, dass unsere Liebe zu Donnie weiterlebt.

Beverly F. Walker lebt in Greenbrier, Tennessee. Sie ist Autorin und hat schon Kurzgeschichten in der Sammlung "Hühnersuppe für die Seele" veröffentlicht, darunter auch vier Geschichten in der Ausgabe über Trauer und Genesung. Beverly gestaltet gern Klebealben, fotografiert gern und verbringt sehr viel Zeit mit ihren Enkelkindern.

Joey

Elissa Al-Chokhachy

Nie werde ich mein Gespräch mit Mary vergessen, der Ehefrau eines unserer Hospizpatienten. Als wir am Sterbebett ihres Mannes beisammensaßen, erkundigte ich mich behutsam nach ihrer spirituellen Überzeugung und ob sie an ein Leben nach dem Tod glaube. Mary bejahte die Frage und erzählte mir dann von der lebensverändernden Erfahrung, die ihre Überzeugung gefestigt hatte.

Viele Jahre zuvor hatte sich in ihrem Haus eine schreckliche Tragödie ereignet. Zwei ihrer Söhne hatten heimlich das Jagdgewehr ihres Vaters aus dem Schrank genommen. Sie wussten nicht, dass die Waffe geladen war. Als der ältere von beiden das Gewehr im Scherz auf seinen Bruder richtete und abdrückte, war der fünfjährige Joey auf der Stelle tot. Die Familie wurde von unermesslicher Verzweiflung, Angst, Trauer und Reue gequält. Jahrelang verfolgte sie der sinnlose Tod des kleinen Joey, besonders natürlich Joeys schuldbeladenen älteren Bruder.

Als Marys Mutter Jahre später im Sterben lag, verriet sie ihr, dass Joey ganz nah bei ihr war, er stünde direkt am Fußende des Bettes. Ihr Enkel sehe glücklich aus und strahle unter seiner Baseballkappe hervor. Mary fühlte sich unendlich erleichtert, als sie nun endlich bestätigt sah, dass ihr Sohn tatsächlich weiterlebte und sich wohlfühlte. Aufgeregt berichtete sie ihrem Pfarrer davon. Der Geistliche war ihr jedoch keine große Hilfe. “Ignorieren Sie das, was Ihre Mutter sagt”, riet er ihr. “Sie halluziniert von dem Morphium, das sie bekommt.”

“Nein, Hochwürden, Sie irren sich”, widersprach Mary. “Meine Mutter nimmt gar kein Morphium. Sie bekommt schon seit einiger

Zeit keine Medikamente mehr." Tief in ihrem Herzen war sich Mary ohnehin sicher. Joey lebte, und seine Großmutter hatte ihn am Sterbebett sehen dürfen. Es war eine solche Erleichterung zu wissen, dass ihre eigene Mutter sich nun um ihren kleinen Sohn kümmern konnte. Der Schöpfer sorgt bei den Hinterbliebenen wirklich gut für Trost, Hoffnung und Frieden.

Anas Abschied

Kristie Cullum

Im Frühjahr 1995 begegnete ich bei meiner Arbeit als Hospizschwester in San Antonio, Texas, einem Kind namens Ana. Sie war zweieinhalb Jahre alt und hatte große schokoladenbraune Augen, einen dichten dunklen Haarschopf und ein ansteckendes Lächeln. Ana lebte in einem katholischen Heim für Kinder mit AIDS. Als Ana erst ein halbes Jahr alt war, hatte ihre Mutter sie dorthin gebracht, weil sie selbst zu krank war, um für die Kleine zu sorgen. Drei Monate später war Anas Mutter an AIDS gestorben.

Das Heim teilte Ana Schwester Mary Claire als Pflegemutter zu. Schwester Mary Claire war achtundsechzig, besaß aber noch immer die Energie einer jungen Frau. Sie war Ana sehr liebevoll zugetan und entschlossen, ihrer Pflegetochter möglichst lange zu einem möglichst normalen Leben zu verhelfen. Als ich Ana traf, hatte das Endstadium ihrer Krankheit sie bereits eingeholt und das Hospiz war zur Unterstützung verständigt worden. Ana bekam ihre Nahrung durch eine Magensonde. Sie konnte nicht mehr laufen, sprechen oder sich auch nur umdrehen. Aber sie konnte noch lächeln und lachen, und beides tat sie oft und gern. Trotz all ihrer Einschränkungen war Ana ein glückliches, zufriedenes und zärtliches Kind. Sie sah gern den anderen Kindern im Heim zu und quietschte vor Vergnügen, wenn sie an ihr vorbeisausten. Oft sagten Schwester Mary Claire und ich zueinander, dass Ana jetzt mit den anderen rennen würde, wenn sie es nur könnte. Als ich mich eines Tages der Tür näherte, konnte ich schon von draußen Lachen und Fußgetrappel hören. Ich sah durchs Fenster und entdeckte Mary Claire, wie sie mit Ana im Arm die anderen Kinder durchs Haus jagte. Ana lachte so sehr, dass es ihr buchstäblich den Atem verschlug. Es war eine tolle Szene.

Ana liebte Musik und ließ sich unheimlich gern etwas vorsingen. Wenn wir für sie sangen, dann beobachtete Ana unsere Gesichter so genau, als ob sie versuche herauszufinden, wie uns das gelang. Wenn ihr ein Lied besonders gefiel, dann lächelte sie auf ihre gewinnende Art und schwenkte die Arme. Zur Weihnachtszeit stellten wir fest, dass ihr Lieblingslied "*Deck the Halls*" war - besonders der Refrain mit "Fa-la-la-la-la". Noch im Februar sangen wir ihr dieses Lied vor, um ihr ein Lächeln zu entlocken.

Mit der Zeit wuchsen mir Ana und Schwester Mary Claire sehr ans Herz. Der bloße Gedanke, dass dieses Kind sterben musste und nicht einmal eine Mutter hatte, in deren Armen es Trost finden konnte, trieb meinen Mutterinstinkt auf Hochtouren. Ich nahm Ana in mein Herz auf. Ein Jahr und zwei Monate, nachdem ich sie kennengelernt hatte, verstarb Ana spät in der Nacht. Für uns alle, die sie liebgewonnen hatten, war es eine hochemotionale Zeit. Als ich nach Hause fuhr, weinte ich hemmungslos meinen Frust über diese scheußlich unfaire Krankheit heraus. Ich schluchzte laut, dass Ana um eine normale Kindheit und ein normales Leben betrogen worden war; dass sie niemals hatte laufen oder sprechen oder unbeschwert spielen können. Ich weinte um den Verlust einer so lieben kleinen Seele. Ich weinte mich schließlich in den Schlaf.

Ein paar Stunden später wachte ich von etwas auf. Ich öffnete die Augen und sah am Fenster das erste frühe Morgenlicht heraufdämmern ... und am Fußende meines Bettes stand Ana! Ich stützte mich auf den Ellbogen und stieß nur überrascht hervor: "Ana! Du kannst ja stehen!" Sie stand ganz ruhig da und lächelte mich auf ihre besondere Art an. Dann hob sie die rechte Hand, winkte mir zu, drehte sich um und lief davon. Ich konnte mich minutenlang nicht bewegen. Ich starrte nur die Stelle an, an der sie gestanden hatte. Mein Verstand versuchte, die Situation zu verarbeiten. War sie gerade hier gewesen? War das nur ein Traum? Eine Vision? Wieder begann ich zu weinen, aber diesmal vor Erleichterung und

Glück. Ich glaube fest daran, dass Ana zurückgekommen war, um mir mitzuteilen, dass es ihr gut ging. Sie hatte sich von mir verabschiedet und mir gesagt, ich solle sie gehen lassen. Ich fühlte mich so getröstet und so von innerem Frieden erfüllt, dass ich es kaum beschreiben kann.

Seit Ana gestorben ist, sind viereinhalb Jahre vergangen. Schwester Mary Claire arbeitete noch zwei Jahre in dem Heim, bevor sie in den Ruhestand ging und nach Michigan zu ihrer Familie umzog. Ich arbeite noch immer als Hospizschwester. Diese Arbeit kann emotional sehr anstrengend sein. Das werden alle bestätigen, die mich kennen. Sie werden aber auch sagen, dass mein ewiges Mantra lautet *Gib mir Kraft*. Und Begegnungen wie solche mit Ana sind es, die mir die Kraft verleihen, meine Arbeit fortzusetzen.

Kristie Cullum übernahm die pädiatrische Pflegeleitung im Houston Hospice Schmetterlingsprogramm und fährt immer wieder nach Afrika, um dort mit Kindern zu arbeiten, die AIDS haben. Kristie ist Trägerin des Good-Samaritan-Foundation-Preises für herausragende Leistungen in der Pflege. Kristie ist verheiratet, hat zwei erwachsene Kinder und einen süßen Enkel namens Devin.

Daniels Wunder

Kim Pokroy

Als ich mein erstes Kind geboren hatte und mich täglich aufs Neue Hals über Kopf in das kleine Wesen verliebte, hätte ich mir nie träumen lassen, dass man mir Daniel einmal nehmen könnte. In den ersten Lebensmonaten war mein entzückender blonder und blauäugiger Sohn ein gesundes Kind. Ich war fest davon überzeugt, nichts könnte uns mehr trennen. Ich war zum ersten Mal Mutter geworden und träumte davon, meinen Jungen zur Schule gehen, Fußball spielen und eines Tages heiraten zu sehen. Doch für uns sollten sich diese Träume nicht bewahrheiten.

Nach seiner Geburt schien Daniel ein ganz gesundes Baby zu sein. Doch als er ungefähr ein halbes Jahr alt war, zeigte sich, dass er sich nicht aufsetzen und die Körperspannung nicht so halten konnte wie andere Kinder seines Alters. Nach Monaten der Ungewissheit und nach zahllosen Tests diagnostizierte man schließlich das Tay-Sachs-Syndrom, eine unaufhaltsam fortschreitende genetische Stoffwechselstörung, die nach kurzer Lebenszeit unweigerlich zum Tod führt. Mein Mann Jerome und ich sahen uns völlig unvorbereitet dem unvorstellbar grausamem Verlust unseres Kindes gegenüber. Wir waren wie gelähmt, aber auch wütend.

Vor unserer Entscheidung, ein Kind zu bekommen, hatten uns Jerome und ich einer genetischen Voruntersuchung unterzogen, wie es viele jüdische Paare tun. Wir ließen feststellen, ob wir Träger des Tay-Sachs-Gens waren, da bei aschkenasischen Juden ein erhöhtes Risiko besteht. Damit ein Kind von der Erbkrankheit betroffen werden kann, müssen beide Elternteile das Gen in sich tragen. Da die Untersuchungsergebnisse kein Risiko gezeigt hatten, fühlten wir uns mit unserer Familiengründung sicher. Was wir noch nicht wussten: Im Labor hatte man einen Fehler gemacht und ein falsches negatives Resultat übermittelt. Wir waren doch beide Träger des Tay-Sachs-Gens.

In Daniels folgendem Lebensjahr musste ich beobachten, wie sein Körper langsam verfiel und schließlich ganz zu versagen begann. Das Ende seines Lebens näherte sich. Ich fühlte mich so hilflos als Mutter - ich konnte nichts tun, außer es meinem Sohn so bequem wie irgend möglich zu machen und ihn aus ganzem Herzen weiterzulieben. Jerome war toll, und meine ganze Familie war auch eine enorme Hilfe. Die besten Ärzte und Schwestern kümmerten sich um Daniel - aber niemand konnte ihn retten, es gibt keine Heilung.

Wie konnte das Leben meines Babys nur fast schon vorüber sein, nachdem es gerade erst begonnen hatte? Wie sollte ich ohne mein Kind weiterleben? Ein paar Tage vor Daniels Tod verfiel ich in Panik. Haltlos schrie ich meinen Mann an, dass ich Daniel nicht aus den Armen geben würde, ihn niemals loslassen könnte. Ich würde den Schmerz einfach nicht überleben. In meinem Bauch war er gewachsen. Ich hatte ihn geboren, hatte ihn gestillt und in den Armen gehalten. Er war einfach ein Teil von mir. Ich liebte mein Kind viel mehr, als ich es je mit Worten beschreiben konnte. Niemals würde ich es loslassen können ... niemals!

Mein liebevoller Ehemann versuchte immer wieder, mich zu beruhigen, mir zu sagen, dass Daniels versagender Körper nichts weiter war als eine Hülle, in der unser Sohn gewohnt hatte, und dass die Hülle nichts bedeutete. Daniels Seele - die Liebe im Innern der Hülle - würde sich vom Körper trennen und direkt in den Himmel kommen. Der Himmel aber wäre ein wunderschöner, friedlicher und gesunder Ort, an dem Daniel so gut aufgehoben wäre! Und eines Tage würden wir dort wieder zusammen vereint sein. Ich wollte Jerome ja glauben - aber es fiel mir schwer. Die Vorstellung vom ewigen Leben war für mich schwer zu begreifen.

Die letzten neun Monate seines jungen Lebens über war Daniel vollständig gelähmt. Er konnte keinen Muskel aus freien Stücken bewegen, konnte weder sitzen noch lächeln noch schlucken, lachen oder sprechen. Und doch ließ mich unser kleiner Junge in den letzten Augenblicken seines Lebens ein Wunder erleben, das mein Leben veränderte.

Minuten vor seinem Tod am 15. Oktober 1998 lag unser zweiundzwanzig Monate junger Sohn zwischen mir und seinem Vater auf unserem Bett. Um uns herum waren Daniels Großeltern, seine Onkel und die Hospizschwestern. Auf einmal hob Daniel seine rechte Hand hoch in die Luft und streckte seinen rechen Arm vor sich aus, *als wolle er nach jemandem greifen*. Ein paar Augenblicke lang hielt er seinen Arm so, dann ließ er ihn langsam wieder neben sich sinken. Daniel wandte den Kopf nach rechts, um mich anzusehen. Er sah mir direkt in die Augen. Er lächelte und drückte mir die Hand, was er schon seit Monaten nicht mehr hatte tun können. In diesem Moment wusste ich, dass es ihm gut gehen würde. Dass er nicht allein blieb, wenn er diese Erde verließ. Danach tat Daniel seinen letzten Atemzug - und starb.

Daniel hatte mir gezeigt, dass er sich wieder bewegen konnte, kurz bevor seine Seele den kranken Körper verließ. Es war ein echtes Wunder! Wären die anderen nicht dabei gewesen, hätte mir das sicher niemand geglaubt. Aber wir alle hatten erschrocken nach Luft geschnappt, als wir Daniel den Arm heben sahen. Jerome umarmte mich und schluchzte: "Das hat er für dich getan, Kim."

Durch meine Tränen und meinen Abschiedsschmerz hindurch fand ich Worte des Dankes an Daniel für dieses Wunder. Ich war zutiefst froh, dass meine Eltern dabei sein konnten. Sie hatten ihren Enkel sehr geliebt. Vierundzwanzig Stunden am Tag hatten Mom und Dad Daniel abwechselnd zwischen seinen Krampfanfällen gehalten, hatten ihm Sauerstoff verabreicht und ihn mit Liebe überschüttet. Es war ein Segen, dass wir ihren Beistand hatten.

Wenn ich mich an diese schrecklichen letzten Tage erinnere, glaube ich inzwischen, dass mein Sohn von meinem Schmerz und meiner Verwirrung wusste. Sein Wunder half mir dabei, seinen Verlust zu überleben. Er hat mich gelehrt, dass die Menschen, die wir lieben, nicht auf ewig verschwinden, wenn sie sterben. So wie Daniel lassen sie einfach ihre sterbliche Hülle zurück und werden zu Engeln. Ich weiß jetzt genau, dass Daniel an einem besseren Ort ist. Ich glaube, er ist glücklich und wacht über unsere Familie. Ich möchte dieses Erlebnis mit anderen Menschen teilen, damit auch sie an Wunder und an die unermessliche Kraft der Liebe zu glauben lernen.

Daniels zweites Wunder ereignete sich am Muttertag 1999. Es sprach zu mir durch eine liebe Freundin, die ich ein Jahr zuvor bei der Tay-Sachs-Konferenz in New York kennengelernt hatte. Während der schmerzhaftesten Zeit unseres Lebens fand ich sofort eine Verbindung zu dieser schönen spirituellen Japanerin namens Chie Sasaki. Wir erlitten das gleiche Schicksal: Unsere einzigen Kinder und erstgeborenen Söhne hatten das Tay-Sachs-Syndrom.

Als ich Chie begegnete, war Daniel sechzehn Monate alt und ich hatte schwer mit seinem fortschreitenden körperlichen Verfall zu kämpfen. Chie trauerte um ihren jüngst verstorbenen Sohn Yasuhiro, den sie an dieselbe furchtbare Krankheit verloren hatte. Yasuhiro war zum Zeitpunkt seines Todes fünf Jahre alt gewesen. Nachdem Chie den unvorstellbaren Verlust eines Kindes an Tay-Sachs gerade selbst durchgemacht hatte, konnte Chie mir besser helfen als andere Menschen. Je kränker Daniel wurde, desto öfter telefonierten wir miteinander. Chie begleitete mich durch jeden Schritt dieses Prozesses. Einmal kam sie sogar ganze vier Wochen lang zu uns nach Hause, um uns bei Daniels Pflege zu helfen. Jerome und ich sind ihr für ihre Güte, Großzügigkeit, Stärke und Freundschaft zu großem Dank verpflichtet.

Ich hatte Angst vor meinem ersten Muttertag ohne Daniel. Doch an diesem besonderen Muttertag, sieben Monate nach Daniels Tod, erhielt ich einen überraschenden Anruf von Chie aus Japan. “Kim!”, rief sie, “Daniel ist mir erschienen!” Offenbar war Chie am frühen Morgen aufgewacht und hatte Daniel vor ihrem Bett stehen sehen. Er hatte aufrecht gestanden und sie angelächelt, was ihm zu Lebzeiten nie möglich gewesen war. Er lächelte glücklich und hielt etwas, das wie ein violettes Kissen aussah, stolz in die Höhe. Chie spürte, dass Daniel ihr etwas sagen wollte, doch äußerte er keinen Ton. Chie glaubte, die Botschaft sei wohl für mich gewesen, denn sie wusste nichts damit anzufangen. "Oh mein Gott!", rief ich, denn ich erkannte sofort, was Daniel mir hatte sagen wollen. "Daniel hat die Tora hochgehalten!"

"Was ist das?", wollte Chie wissen.

"Das ist die heilige Schrift der jüdischen Gesetze und Traditionen, die an jedem Samstag zum Sabbat gelesen wird", erklärte ich ihr. Daniels Tod hatte zu Simchat Tora stattgefunden, dem Tora-Freudenfest, an dem die jährliche Vollendung des Zyklus der Toralesung gefeiert wird. Jerome und ich hatten Daniel mit einer besonderen Beigabe bestattet, die an diesen Feiertag erinnern sollte - einer kleinen Spielzeugtora für Kinder, deren violetter Einband sich kissenförmig wölbte. Nach jüdischer Tradition wird zwar nichts in den Sarg eines Toten gelegt, aber Jerome und ich hatten dennoch beschlossen, Daniel heimlich die Tora in den Arm zu legen. Er war noch so klein, und wir hofften darauf, dass die symbolische Tora ihn beschützen würde.

Jerome und ich hatten nie jemandem außer unseren Eltern davon erzählt. Jeromes Vater war der einzige Mensch außer uns, der die Spielzeugtora bei Daniel gesehen hatte, als er die Nacht über an seinem Sarg Wache hielt. Nach jüdischer Sitte wird der Leichnam eines Verstorbenen bis zu seinem Begräbnis nicht allein gelassen. Das geschieht aus Respekt für den Körper, in dem die Seele gewohnt hat. Weil es eine so persönliche Angelegenheit war, hatte keiner unserer Eltern die Spielzeugtora jemals erwähnt, auch nicht Chie gegenüber. So wurde Chies Vision zu einer unglaublichen Bestätigung für unsere ganze Familie.

Chies Erlebnis offenbarte uns, dass Daniel lebt, dass er gesund und glücklich ist. Es hat uns sehr getröstet zu wissen, dass er seine Spielzeugtora noch hat. Ich glaube, unser kleiner Sohn erschien deshalb nicht uns, sondern Chie, weil seine Botschaft so viel stärker wurde. Da Chie von unserer Gabe nichts wusste, da sie die Tora nicht einmal kannte, bewies sie uns, dass ihre Vision von Daniel echt war. Sie konnte sie sich nicht einfach selbst zusammengereimt haben! Es ging ihm wirklich und wahrhaftig gut. Was für ein unglaubliches Muttertagsgeschenk!

Meine Freundin Chie ist ein bemerkenswerter Mensch. Seit dem Tod ihres Sohnes steht sie in Kontakt mit Yasuhiro, und die beiden arbeiten oft zusammen, um anderen zu helfen. Chie berichtet von ihrer Begegnung mit Daniel und mit vielen weiteren Kindern in ihrem Buch *Mein kleiner Engel Yasuhiro*. Sie hilft vielen Familien dabei, mit ihren kranken oder sterbenden Angehörigen vor und nach deren Übergang in den Tod zu sprechen. Ich weiß nicht, wie ich es ohne Chie geschafft hätte.

Seitdem wurde mir das Glück zuteil, neue Mutterschaft zu erleben. Jerome und ich fanden es sehr wichtig, ein gesundes Kind zur Welt zu bringen. Und wir sind dankbar, dass wir zwei Kinder haben, die wohlauf sind. Ich vermisse Daniel noch immer jeden Tag. Ich liebe ihn sehr. Aber meine große Hoffnung ist, dass alle, die diese Geschichte lesen, dieselbe Kraft und Liebe finden können, um den Schmerz, den Kummer und die Trauer zu besiegen.

Daniel hat mich verändert. Ich lebe mit dem Schmerz seines Verlusts, aber ich habe auch ein glückliches Leben. Ich bin zutiefst dankbar für das Wunder der Hoffnung, das mir zuteilwurde. Jedes Jahr spreche ich zusammen mit anderen Eltern, die ihre Kinder verloren haben, vor Erstsemestern von der Baylor Medical School. Wir können die jungen Studierenden an den Standpunkt der Patientenfamilien heranführen und sie zu mehr Verständnis sensibilisieren. Durch Daniel kann ich auch das öffentliche Bewusstsein für Tay-Sachs stärken. In jedem zweiten Jahr bietet der jüdische Familiendienst zusammen mit dem Baylor Medical Center eine vergünstigte Untersuchung zur Früherkennung von Tay-Sachs und anderen Erbkrankheiten an.

Auch nach dreizehn Jahren vermisse ich meinen Sohn noch. Ich bin durch ihn aber stärker geworden. Ich habe meine Kraft in der Vergangenheit unterschätzt. Erst jetzt, nachdem ich all diese

Trauer durchgemacht habe, ist mir klar, wie stark ich wirklich bin. Ich habe mich wahrhaftig selbst gefunden. Und Jerome hat das auch. Für ihn und meine ganze Familie bin ich unendlich dankbar. Wir werden Daniel auf ewig lieben und vermissen.

Kim Pokroy ist mit ihrer Jugendliebe Jerome verheiratet. Sie kommen beide aus Südafrika und leben heute glücklich in Houston, Texas, mit ihren zwei tollen Kindern Zack und Samantha sowie der unveränderten Unterstützung ihrer ganzen Familie.

Opa Will

Teri Eramo

In gewisser Hinsicht ähnelt diese Geschichte einigen wohlbekannten anderen. Doch in anderer Hinsicht auch wiederum nicht. Das Einzige, was ich mit Sicherheit weiß, ist: Wenn ich an Opa Will denke, dann kann ich nicht anders, als zu lächeln.

Kurz vor seinem einundneunzigsten Geburtstag wurde Wilbur Andrews, der in der Familie nur als Opa Will bekannt ist, krank und brauchte eine Magenoperation. In dem Glauben, seine robuste Gesundheit käme damit schon zurecht, willigte mein Schwiegergroßvater in den Eingriff ein. Diese OP jedoch bedeutete in Wahrheit den Anfang vom Ende seines physischen Lebens auf Erden. Während seiner Zeit im Krankenhaus und später in der Reha-Klinik besuchten mein Mann Michael und ich Opa Will fast jeden Tag. Wir unterhielten uns lange mit ihm und versuchten, ihn nach Kräften aufzumuntern. Er hatte uns so oft geholfen - natürlich waren wir jetzt auch für ihn da.

Opa Will war ein wichtiger Mensch in unser aller Leben, besonders aber in dem unseres kleinen Sohns Benjamin. Opa Will war stets zur Stelle, wenn es hieß, eine Spazierfahrt mit Benjamin zu unternehmen oder ein paar Bauklötze mit ihm umzuwerfen. Bei seinen fast täglichen Besuchen brachte er stets Geschichten von früher und viel Gelächter mit. Er sagte oft zu uns, dass Benjamin sein wichtigster Antrieb im Leben war. Ich denke, die Unschuld und das Lachen eines kleinen Kindes waren genau das, was Opa Will brauchte, um sich wieder mitten im Leben und gebraucht zu fühlen. Als Opa Will ins Krankenhaus musste, nahmen wir Benjamin oft mit auf Besuch, da er ihn am besten aufzuheitern verstand. Unser Kleiner baute sich dann neben dem Bett seines Urgroßvaters auf und sang ihm alle neuen Lieder vor, die er wieder in der Schule gelernt hatte. Ich weiß noch genau, wie begeistert Opa Will klatschte, wenn Benjamin seine entzückenden kleinen Stücke vortrug!

Nach vielen Wochen im Krankenhaus und in der Reha-Klinik wurde es immer klarer, dass Opa Will diese Welt bald verlassen würde. Er hatte begonnen, mit uns über die himmlischen Chöre zu sprechen, die sich schon auf seine Ankunft vorbereiteten. Sie sängen fröhliche Lieder, erzählte er uns, und überall flögen Vögel herum. Opa Will fragte immer wieder, ob wir sie nicht hören oder sehen könnten. Aber leider zeigte sich nur ihm dieser erste Vorgeschmack auf die spirituelle Welt. So erstaunt, wie er aussah, fiel es uns nicht schwer zu glauben, dass Opa Will all die Bilder und Klänge wirklich sah und hörte und dass er sich von ihnen getröstet fühlte.

Opa Will war ein treuer Kirchgänger seiner Gemeinde, der Second Congregational Church in Beverly, Massachusetts. Er war in die Gemeinde hineingeboren worden und hatte nie weiter als einige Blocks von der Kirche entfernt gewohnt. Opa Will war seiner Kirche so treu ergeben, dass er ihr aus freien Stücken als ehrenamtlicher Küster diente. Er stand stets bereitwillig zur Stelle, wenn es um das Öffnen und Schließen der Kirchentüren und die Bewachung des Gotteshauses während der Gottesdienste ging. Opa Will war es einst gewesen, der eines frühen Winterabends Mike und mir die Kirchentüren zu unserer Hochzeit geöffnet hatte. Ich sehe ihn immer noch dort oben auf den Stufen stehen und uns entgegenlächeln - obwohl wir zu spät kamen!

Opa Will empfand sein Amt als Ehre im besten Sinn. Auf welch bessere Art könnte man den Kreislauf des Lebens hier auf Erden feiern, wenn nicht als Wächter für Hochzeiten und Beerdigungen, den glücklichsten und den traurigsten Anlässen im Leben jedes Menschen. Fast jeden Tag schaute Opa Will mindestens einmal im Kirchenbüro vorbei und tagte mit den Geistlichen und anderen Kirchendienern. Bei so viel Energie und Kraft, die dieser bemerkenswerte und selbstlose Mann der Kirche widmete, war es nur angemessen, dass er vor seiner Ankunft im Himmel die Engelschöre proben hörte. Er hatte es verdient.

Eines Abends besuchten Michael und ich Opa Will wieder in der Reha. Zwei von Opa Wills guten Bekannten waren auch zu Besuch. Opa Will hatte hohes Fieber und starke Schmerzen. Ich machte ihm kalte Stirnwickel, um das Fieber zu senken, während eine seiner Bekannten, Elissa, sich leise mit ihm unterhielt. Nach einer Weile stellte ich mich wieder zu meinem Mann ans Fußende des Bettes.

Elissa bot Opa Will an, zur Schmerzlinderung seinen Rücken zu massieren, und er nahm gern an. Sie drehte ihn auf die rechte Seite und begann, seinen Nacken zu massieren. Und da passierte es: einer der unglaublichsten und spirituellsten Momente meines Lebens. Opa Will lag auf der Seite und sah uns nicht an. Elissa unterhielt sich leise mit ihm, als er plötzlich anfing, sich nach "dem Baby" zu erkundigen. "Was ist mit dem Baby geschehen?", fragte er laut.

Elissa sah uns kurz verwirrt an und fragte dann zurück: "Was für ein Baby, Will? Von wem sprichst du?"

"Na, Mikes und Teris Baby", antwortete er. Mein Herz tat einen Satz, und Michael sah mich erschrocken an. Wir konnten kaum glauben, was wir da hörten.

Elissa sah uns verwundert an. Sie dachte, dass Opa Will vielleicht unseren Vierjährigen meinte, und sagte: "Meinst du Benjamin, Will? Dem geht es gut, alles in Ordnung."

"Nein", gab Opa Will zurück. "Das *andere* Kind ... dieser kleine Junge." Elissa wandte sich überrascht zu uns um. Wir hatten Tränen in den Augen, denn es gab etwas, was wir Opa Will nie erzählt hatten: Ich hatte ein Jahr vor Benjamin eine Fehlgeburt gehabt. Mike und ich hatten niemals das Geschlecht unseres ersten Kindes erfahren und uns oft gefragt, ob unser Erstgeborenes wohl ein Mädchen oder Junge geworden wäre. Auch Elissa wusste nichts von unserer Geschichte, obwohl sie eine langjährige Freundin der Familie war.

Seit Jahren hatte ich heimlich um den Verlust dieses Kindes getrauert und meinen Kummer nie mit jemand anderem als Mike und seiner Mutter geteilt. Innerlich sprach ich noch immer jeden Tag mit diesem Kind. Und jeden Abend schrieb ich ihm in Form von Gebeten in ein Tagebuch, dem ich meine Trauer, aber auch meine Hoffnung anvertraute. In dem Tagebuch lag auch das Ultraschallbild unseres toten Babys. Das Einzige, das auf dem Bild zu erkennen war, war sein winziges Herz in Weiß inmitten einer grauschwarzen unkenntlichen Masse. Mit diesem einzigen Foto konnte ich an meinem geheimen Ort um mein verlorenes Kind trauern, weinen und meinen Gefühlen freien Lauf lassen. Doch all das hatte ich stets allein getan.

Opa Will winkte mich eilig zu sich. Es war offensichtlich, dass er etwas sagen wollte. Weinend ging ich zu ihm, nahm seine Hände und kniete mich neben ihn. Er begann auch zu weinen. "Teri", sagte er, und die Tränen liefen ihm offen übers Gesicht, "*was ist mit dem Baby geschehen?*" Fast flehentlich fragte er weiter: "*Warum haben wir es nicht beerdigt?*"

Opa Will war ebenso von Kummer überwältigt wie ich. Leise weinend erklärte ich ihm, dass wir das Baby so früh in der Schwangerschaft verloren hatten, dass es danach einfach nichts gab, keinen Leib, den wir hätten begraben können. Er war furchtbar traurig. Wir hatten unser erstes Kind verloren, und Opa Will hatte sein erstes Urenkelkind verloren. Als Küster war es ihm ein Herzensbedürfnis, diesem Kind denselben Abschied zukommen zu lassen wie den vielen anderen, die auf ihrem Weg in die ewige Heimat durch seine Kirchentüren getragen worden waren.

Wir weinten noch eine Weile weiter und hielten uns fest an den Händen. Ich sagte ihm, wie leid es mir tat. Dann bat ich Opa Will, gut auf unseren kleinen Jungen achtzugeben, und er versprach, das zu tun. Diese Gewissheit, dass Opa Will auf ewig über unsere beiden Kinder wachen würde, im Himmel wie auch auf Erden, verschaffte mir das lang vermisste Gefühl völligen Friedens. Die Überraschung über das, was Opa Will gesehen hatte, erfüllte uns alle noch den ganzen Abend mit starken Gefühlen. Seine Vision war unser Beweis, dass die Seele tatsächlich weiterlebt. Was für ein wunderbares Geschenk! Ich werde das Opa Will niemals vergessen. Dank ihm konnten Michael und ich unser verlorenes Kind auf eine Weise sehen und anerkennen, die uns vorher nicht möglich gewesen wäre.

Im Sommer 1997, dem Jahr meiner Fehlgeburt, hatte ich eine neue Tradition begründet und in unserem Garten einen kleinen Rosenstock zu Ehren unseres Kindes gepflanzt. Eines Tages fand ich auf einem Spaziergang scheinbar von selbst einen Stein, der wie eine Mutter mit einem Baby im Arm geformt war. Ich wusste sofort, dass dieser Stein an die Stelle mit dem Rosenstock gehörte. Und da liegt er heute noch. Heute sitze ich oft auf der Steinmauer neben diesem Platz und spreche von dort aus mit Opa Will und mit unserem verstorbenen Kind. Mein Herz ist ganz von Frieden erfüllt, da ich jetzt weiß, dass sie zusammen sind.

Seit Opa Wills Tod habe ich oft von ihm geträumt. Doch ein Traum hat mich über die Jahre hinweg immer besonders getröstet. Der Traum beginnt an einem heißen Sommermorgen. Opa Will fährt in seinem alten silberblauen Kombi die Straße hinunter. Ich spaziere allein auf dem Bürgersteig, als Opa Will neben wir anhält. Ich beuge mich an sein Fenster hinunter. Er schaut mich mit einem breiten Lächeln an und sagt zu mir: "Steig ein! Wir machen ein Familienpicknick!"

Opa Will trägt ein hellblaues kurzärmliges Hemd zu seiner üblichen dunkelbraunen Hose. Er sieht froh und gesund aus, wie vor seiner Krankheit. "Opa Will!", rufe ich aufgeregt und voller Überraschung, als ich mich neben ihn auf den Beifahrersitz setze. "Du bist es, du bist zurückgekommen!"

"Ja", erwidert Opa Will lächelnd, "aber nur zum Picknick."

"Du siehst so glücklich aus."

"Das bin ich auch. Sehr glücklich! Das wollte ich euch alle bloß wissen lassen." Wir lächeln uns in dem klaren und guten Wissen an, dass alles in Ordnung ist. Auf dem Weg über die holprige Straße sagt Opa Will zu mir: "Lass uns Gebäck holen."

Und in der Bäckerei stehen wir wieder nebeneinander, wie wir es so oft in all den Jahren getan haben. Opa Will plaudert fröhlich mit der Verkäuferin, wie es seine Art ist. Die Frau reicht uns die wohlbekannte weiße Schachtel mit hausgemachtem Gebäck über den Tresen. Und wenn ich nach der Schachtel greife, endet der Traum. Ich wache dann immer ganz aufgeregt und freudig auf, weil ich mit solcher Gewissheit weiß, dass unsere Verstorbenen im Himmel miteinander glücklich sind. Danke, Opa Will, für deine Liebe und Unterstützung - und für diese ganz besondere Gabe.

Teri Eramo ist Ehefrau, Mutter und Grafikdesignerin. Sie ist dankbar und froh, die Geschichte von ihrem geliebten Opa Will und der heilenden Erkenntnis, die er ihr zu ihrem Sohn ermöglicht hat, mit anderen teilen zu können. Teri wird ihre denkwürdigen Ausflüge mit Opa Will niemals vergessen.

2. Klänge

Lasst uns still sein,
damit wir das Flüstern
der Götter hören können.

Ralph Waldo Emerson

Manche Menschen sehen den Tod als das Ende unserer Existenz an. Wenn das wahr wäre, wie könnten dann aber trauernde Hinterbliebene die Stimmen ihrer Verstorbenen noch nach deren Tod vernehmen? Stellen wir uns nur vor, wie schön es für trauernde Eltern sein kann, sich von der Stimme ihres toten Kindes selbst versichern zu lassen, dass es ihm gut geht. Das ist schwer vorstellbar, und doch geschieht es auf wunderbare Weise. Die einzig sinnvolle Erklärung ist die, dass unsere Seele den physischen Tod überlebt. Der Tod ist nicht das Ende. Die Menschen, die wir geliebt haben, leben im Geiste weiter.

Wie ist es für eine Mutter, wenn sie den Klang von kindlichem Fußgetrappel im Flur hört, obwohl ihr Kind zu Lebzeiten nie laufen konnte? Die Erkenntnis, dass ihr Kind nicht länger den Grenzen körperlicher Einschränkung unterworfen ist, kann so heilend sein. Anstatt sich weiter um das kranke Kind zu sorgen, können Eltern auf eine neue Hoffnung bauen. Zumindest kann ihr Kind nun im Reich der Seelen all die Dinge tun, die sie ihm gewünscht hätten, als es noch hier auf der Erde lebte.

Nach dem Tod eines Kindes beginnt manchmal ein Spielinstrument plötzlich, seine Lieblingsmelodie zu spielen, oder ein anderes Gerät spricht eine Botschaft des Trostes für die Hinterbliebenen aus. Wie viel Trost so eine klangvoll-spielerische Botschaft vom Geist eines Kindes bereithalten kann!

In diesem Kapitel berichten sieben Geschichten von verschiedenen Geräuschen, die nach dem Tod eines Kindes im Haus zu hören waren. Diese logisch nicht erklärbaren Klänge sind Musik in den Ohren derer, die um einen geliebten kleinen Menschen trauern. Klänge sind einer von vielen Wegen, auf denen Kinder ihre Angehörigen aus dem Jenseits zu erreichen versuchen. Auf ihre ganz eigene Weise wollen sie ihnen so sagen: "Seid bitte nicht traurig. Ich liebe euch und bin bei euch. Ihr seid nicht allein."

Baby Jake

Clare Burhoe

Jake war unser erstes und damals einziges Kind und wir liebten ihn mehr, als selbst wir es uns vorstellen konnten. Als wir ihn nach nur achtzehn Monaten verloren, waren wir am Boden zerstört. Völlig unerwartet war Jake anscheinend friedlich im Schlaf verstorben. Wir werden den Grund dafür wohl nie erfahren, aber wir glauben, dass der Übergang ganz leicht und mühelos vonstattenging. Unser Sohn schlief abends hier bei uns ein und wachte im Himmel wieder auf. In dieser Gewissheit wurden mein Mann und ich durch einige Geschehnisse bestätigt, die sich nach seinem Tod ereigneten.

Jake war im wahrsten Sinne überlebensgroß, körperlich und spirituell. Von Geburt an schnellten seine Größe und sein Gewicht so rasant in die Höhe, dass jeder, der ihn sah, eine Bemerkung über seinen prachtvollen Wuchs machte. Jake hatte ein wahres Engelsgesicht mit großen blauen Augen und blonden Locken, die in der Sonne wie Gold glänzten. Und er zeigte ein ständiges Zahnlückenlächeln, das die Herzen reihenweise schmelzen ließ.

Als unser Jake zehn Monate alt war, diagnostizierte man bei ihm tuberöse Sklerose, eine seltene Erbkrankheit mit epileptischen Anfällen. Wenn wir auch keineswegs mit einem tödlichen Ausgang rechnen mussten, warnten die Ärzte uns doch, dass Jake unter häufigen unkontrollierbaren Krampfanfällen und Entwicklungsstörungen leiden würde. Die Anfälle ließen sich zum Glück gut durch Medikamente in den Griff bekommen. Und obwohl man uns von Expertenseite sagte, Jake sei in seiner Entwicklung zurückgeblieben, war er doch für uns und für alle, die ihn kannten, schlicht perfekt. Er war ein wahrer Engel.

Jake liebte Musik und sang gerne. Einige Wochen vor seinem Tod hatte er gerade pfeifen gelernt und damit angefangen, Melodien vor sich hin zu summen. Am liebsten mochte er all jene Spielsachen, die Musik machen oder Töne erzeugen konnten. Ganz besonders liebte er seinen magischen Musikwürfel und den bunten großen Musik-Schiebewagen aus Kunststoff. Beide faszinierten Jake oft minutenlang, bevor er sich schließlich doch wieder auf Entdeckertour durchs Haus begab oder brüllend wie ein Löwe das Toilettenpapier von der Rolle zog.

Am Abend des 15. April 2003 schien alles ganz normal zu sein. Jake war nach einem aufregenden Tag voller Spiel und Spaß in meinen Armen eingeschlafen. Mein Mann Peter trug unseren eineinhalbjährigen Sohn nach oben in sein Zimmer und legte ihn dort in sein Bettchen. Jake war fest eingeschlafen. Jakes Oma, die wir mit dem ungarischen Wort für Großmutter liebevoll *Nushka* nennen, blieb wie immer über Nacht. Montags und Dienstags kam sie immer zum Babysitten, solange mein Mann und ich arbeiten mussten. Jake wachte morgens immer gegen sechs oder sieben Uhr auf und spielte dann so lange mit seinem Spielzeugtelefon oder seinem Musik-Mobile, bis ihn jemand holen kam. Sobald Nushka Jake hörte, stand sie auf und wechselte seine Windel. Damit wir ein bisschen länger schlafen konnten, machte sie ihm auch Frühstück. Weil ich einen so leichten Schlaf habe, wachte ich meist mit auf, sobald ich Jake so musikalisch über sein Babyphon hörte. Aber wenn die beiden dann hinuntergingen, nickte ich meist noch einmal für eine halbe Stunde ein.

An diesem Dienstagmorgen aber wachte ich erst viel später auf – und hatte sofort ein unerklärliches Gefühl von Angst. Ich hatte noch keinen Ton von Jake oder Nushka gehört! Sofort lief ich in Jakes Zimmer und sah ihn in seiner normalen Schlafposition auf der rechten Seite liegen, das Gesicht zur Wand gedreht. Als ich näherkam, war nichts von dem üblichen sanften Auf und Ab seiner ruhigen Atmung im Schlaf zu sehen. Ich rief ihn mehrmals beim Namen und legte ihm die Hand auf den Rücken. Nichts. Ich drehte ihn zu mir und erkannte mit einem Schlag, dass Jake uns verlassen hatte. Der Schmerz war unvorstellbar.

An die Tage und Wochen, die darauf folgten, kann ich mich nur noch verschwommen erinnern. Ein paar Erlebnisse aber sind mir hell und klar im Gedächtnis geblieben, und die bedeuten uns sehr viel. Bis zur Beerdigung bewegte sich ein steter Strom von Angehörigen und Freunden in unserem Haus, mit Ausnahme eines einzigen Abends ein paar Tage nach Jakes Tod. An diesem Abend waren mein Mann, Nushka und ich zum ersten Mal wieder ganz allein. An diesem Tag hatten wir "*Twinkle Twinkle, Little Star*" als Lied für Jakes Bestattungsfeier ausgewählt, weil es seine Lieblingsmelodie auf seinem magischen Musikwürfel war. Ich hatte ihm das Lied auch oft als Schlaflied vorgesungen.

Als wir uns in Tränen aufgelöst zu dritt daran versuchten, Erinnerungen an Jake für die Bestattungsfeier aufzuschreiben, fing auf einmal Jakes Musik-Schiebewagen ganz wie von selbst an, "*Twinkle Twinkle, Little Star*" zu spielen! Er stand weit von uns entfernt an einer Wand, und nichts und niemand hatten ihn berührt. Wir hatten bis dahin noch nicht einmal gewusst, dass der Schiebewagen diese Melodie auch beherrschte. Es dauerte hinterher tatsächlich eine ganze Weile, bis ich herausgefunden hatte, wie ich den Wagen dazu bewegen konnte, sie noch einmal zu spielen. Erst bekamen wir einen Schreck, als so plötzlich aus dem Nichts Musik erklang, aber als wir das Lied dann erkannten, wurde uns voller Ehrfurcht klar, was geschehen war. Jake hatte diesen ersten intimen Moment unter uns, seinen drei engsten Bezugspersonen, genutzt, um uns mit diesem ganz speziellen Lied wissen zu lassen, dass er bei uns war und dass es ihm gut ging. In dem Wissen, dass unser Kind uns nicht vollkommen verlassen hatte, fühlten wir uns sehr getröstet. Zum ersten Mal seit dem schrecklichen Dienstagmorgen hatte ich nicht mehr den Wunsch, ihm gleich in den Tod zu folgen. Der Musik-Schiebewagen hatte vorher noch nie selbsttätig einen Ton von sich gegeben und hat es auch seitdem nie wieder getan. Ich werde nie vergessen, mit welch großer Hoffnung mich Jakes musikalische Botschaft erfüllt hatte.

Ein paar Wochen nach der Beerdigung rief uns eine von Jakes Betreuerinnen im Kinderhort an. "Ich hoffe, Sie denken jetzt nicht, ich sei verrückt", sagte Christine und berichtete dann von einer ganz ähnlichen Erfahrung. Am Ende ihres ersten Arbeitstages nach Jakes Beerdigung hatten Christine und ihre Kollegin gerade die Sachen im Spielzimmer zusammengeräumt und wollten sich auf den Heimweg machen. Da hörten sie auf einmal beide merkwürdige Geräusche. Sie fanden heraus, dass die Geräusche von einer Spielzeugkasse kamen, die tief in dem Schrank, in den sie sie geräumt hatten, Töne von sich gab. Christine berichtete, dass diese Kunststoffkasse noch nie vorher von allein zu hören gewesen war - und auch danach nie wieder. Nur in diesem Moment - beide Erzieherinnen glaubten sofort an ein hörbares Zeichen von Jake, der ihnen mitteilen wollte, dass alles in Ordnung war. Peter und ich stimmten den beiden zu. Wieder sahen wir uns in unserer eigenen Botschaft von Jake bestätigt. Wir waren Christine sehr dankbar, dass sie den Mut aufgebracht hatte, uns von ihrem Erlebnis zu berichten. Zu wissen, dass es Jakey gut ging, half mir sehr dabei, meinen Schmerz zu bewältigen.

Ungefähr einen Monat nach Jakes Tod besuchten wir mit mehreren Familienmitgliedern einen Workshop des berühmten Hellsehers James Van Praagh in Boston. Wir hofften, auf diese Weise wieder in Kontakt mit Jake treten zu können. Unter anderem brachte James uns bestimmte Meditationsübungen bei. In einer der Übungen sollten wir versuchen, unseren eigenen Seelenführer zu visualisieren. Danach berichteten mein Mann und meine Mutter unabhängig voneinander, dass ihr Seelenführer Jake gewesen war. Überraschenderweise hatten sie ihn beide nicht als Kleinkind, sondern als halbwüchsigen jungen Mann vor sich gesehen.

Einen Monat darauf fuhren mein Mann und ich zwei liebe Freunde besuchen, die vier Kinder haben. Ihre kleinen Töchter Cassidy und Hadley, fünf und sieben Jahre alt, hatten "Baby Jake" sehr liebgehabt. Besonders Cassidy hatte sein Tod schwer getroffen. Ihr Mutter erzählte uns, dass sie sehr viel von ihm gesprochen und

Bilder von ihm gemalt hatte. Eines davon hatte sie uns auch mit der Post geschickt und ihre Mutter dazuschreiben lassen, wie sehr sie ihn vermisste.

Während unseres Besuchs malte Cassidy einige Bilder mit Leuchtmarkern, die sie uns zeigte. Durch die Lektüre vieler Bücher über Spiritualität und das Jenseits hatte ich erfahren, dass im Traum alle Menschen, ganz besonders aber Kinder, eine Verbindung zur Welt der Seelen und Geister aufnehmen. Ich fragte Cassidy, ob sie von Baby Jake geträumt hatte. Sie erwiderte, dass sie zweimal von ihrem kleinen Freund geträumt hatte. In dem ersten Traum, der kurz nach Jakes Tod kam und den Cassidy als beängstigend empfunden hatte, sagte sie, habe sie Baby Jake in seinem Bettchen weinen gehört, und als sie zu ihm ging, sei er schon tot gewesen. Im zweiten Traum, den Cassidy erst am Abend vor unserem Gespräch geträumt hatte, sagte sie, dass sie mit Jake "über die ganze Welt gereist" sei. Als ich sie fragte, ob das denn ein schöner Traum gewesen sei, bejahte sie und wechselte dann das Thema.

Am nächsten Tag hatten mein Mann und ich einmal eine halbe Stunde für uns allein, und ich fragte ihn nach Einzelheiten über seine Vision von Jake als Seelenführer. Er beschrieb mir daraufhin Jake als Teenager - zwar mit den gleichen Gesichtszügen, die er als Kind hatte, aber mit glattem Haar und in ein robenartiges Gewand gekleidet, das ihm bis auf die Füße reichte. Am selben Nachmittag baten wir Cassidy, uns mehr über ihre Leuchtstiftzeichnungen zu erzählen. Sie erklärte uns, dass die Bilder ein "Weg" und eine "Straße" seien. Als wir zu der Zeichnung eines kleinen lächelnden Gesichts mit einem langgestreckten Dreieck darunter kamen, sagte sie: "Das ist Baby Jake als großer Junge mit einem Kleid an." Gerade auf den neueren Zeichnungen standen der kleine und der große Jake oft nebeneinander. Die Parallele zwischen Cassidys Bild und der Beschreibung meines Mannes war auffallend. Ich fragte Cassidy, ob Jake in ihrem Traum von der gemeinsamen Reise um die Welt ein kleiner oder ein großer Junge gewesen sei, und sie antwortete, ohne zu zögern, er sei groß gewesen. So fühlten mein Mann und ich uns in dem Wissen bestärkt und getröstet, dass unser Sohn wohlauf war und dass er auch seine kleine Freundin von Zeit zu Zeit treffen konnte.

Dass sowohl mein Mann als auch meine Mutter und Cassidy Jake unabhängig voneinander als jungen Mann gesehen hatten anstatt als Kleinkind, war der Beweis für uns, dass Jakes Seele weiterlebt. Ich weiß genau, dass er noch immer bei uns ist und auf uns achtgibt. Ich bin froh zu wissen, dass das Leben unseres Kindes so viel mehr bedeutet als seine kurze Zeit bei uns auf der Erde und dass er ein Teil unseres Lebens bleibt.

Vor Jakes Tod waren mein Mann und ich nicht besonders gläubig. Wir gingen nur zu Hochzeiten und Beerdigungen in die Kirche und verschwendeten kaum einen Gedanken an spirituelle Fragen. Wir gehen immer noch nicht oft in die Kirche. Aber diese bemerkenswerten Erfahrungen mit Jake haben unsere Spiritualität regelrecht geweckt. Wir vermissen Jakey noch mehr, als wir sagen können, und wir werden immer um seinen Verlust und um das Leben, das wir nicht zusammen hatten, trauern. Und doch sind wir tief im Herzen froh, denn wir wissen, dass er an einem Ort des Friedens, der Liebe und der Freude weiterlebt. Und wir freuen uns schon sehr darauf, eines Tages wieder mit unserem Sohn vereint zu sein.

Clare Burhoe ist die Mutter von Jake und von den Zwillingen Raef und Joshua, die ihr viel Freude bereiten. Sie ist ihrer Familie, ihren Freunden und ihrem Hund Wilson dankbar, die zusammen die nötige Kraft und Unterstützung für eine Zukunft voller Hoffnung möglich gemacht haben.

Mir geht's gut

Alison Roberto

Als Ryan David Roberto zur Welt kam, fühlte ich mich wie Superwoman. Ich weiß noch, was für ein Gefühls-High das war. Ich liebte das Mutterdasein mit Leib und Seele und in jeder Hinsicht. Endlich hatte ich meine Bestimmung gefunden. Und was für ein großartiges Kind, das mir diese Bestimmung brachte! Ryan war ein flachsblonder, blauäugiger Junge, der immerzu strahlte und lachte. Und er aß für sein Leben gern! Oft machten Passanten gutmütige Scherze darüber, dass Ryan wohl kaum eine Mahlzeit ausließ. Er war eine runde, knuddelige kleine Gottesgabe. Unser Leben mit ihm ging seinen Gang, bis man bei unserem perfekten Baby im Alter von fünfzehn Monaten einen Gehirntumor feststellte.

Obwohl wir nichts unversucht ließen und unseren Sohn mehreren Operationen, Chemo- und Strahlentherapien sowie experimentellen Behandlungen aussetzten, verlor er im Alter von vier Jahren schließlich den Kampf gegen den Krebs. Umringt von Familie, Freunden und Hospizpflegern verstarb Ryan zu Hause. Wir konnten einfach nicht glauben, dass das schon das Ende war. Drei lange Jahre lang hatte ich das Schlimmste befürchtet und gleichzeitig stets gehofft, dass es niemals so weit käme. Jetzt hatte sich die schlimmste Angst tatsächlich erfüllt. Ich weiß noch, wie ich Ryan ganz bewusst den letzten Kuss gab, den ich meinem Sohn je geben würde.

Ryans Bestattung fand am 4. Juni 2001 statt. Ich hatte das Gefühl, als sei das der letzte Tag, an dem noch einmal so viele Menschen an Ryan denken würden. Es war sein letztes Fest, sein letzter Geburtstag, sein letztes Weihnachten ... das letzte Ereignis für ihn. Dann war es vorbei. Die Anrufe hörten auf, ebenso wie die Beileidskarten. Niemand fragte mehr nach ihm. Obwohl John und ich uns gegenseitig oft unsere guten Erinnerungen an Ryan erzählten, fiel uns alles darüber hinaus zu schwer. Eine Weile lang ging ich zu einer Selbsthilfegruppe für Menschen, die ein Kind verloren hatten. Aber ich fühlte mich dennoch sehr allein. Ich las eine Menge Trauerbücher. Am besten gefielen mir die, in denen es um Eltern ging, deren Kinder verstorben waren. Diese Eltern verstanden meinen Kummer, und ich verstand den ihren.

Schließlich begann ich auch wieder zu arbeiten. Als ich eines Abends von der Arbeit nach Hause kam, waren John und unser anderer Sohn Jacob schon eingeschlafen. Ich saß noch wach im Bett, betete und hielt leise Zwiesprache mit Ryan. Das hatte ich nach seinem Tod oft getan. Ich fühlte mich ihm dann viel näher. Ich weiß noch, dass ich sagte: "Ryan, ich wünschte, ich wüsste, wie es dir geht." Nachdem ich das gesagt hatte, geschah etwas ganz Unglaubliches. Ich konnte es kaum fassen, aber ich bekam tatsächlich eine Antwort! Klar und deutlich hörte ich die Worte "Mir geht's gut" aus Ryans Kinderzimmer. Ich erstarrte. Was war da gerade geschehen? Ich brauchte einen Moment, um zu begreifen, dass Ryans Schnarch-Ernie meine Frage beantwortet hatte - eine Figur, die auf dem obersten Regal im Kinderzimmer lag und seit zwei Jahren keinen Laut mehr von sich gegeben hatte! Die Ernie-Figur konnte neben ein paar anderen Gefühlsäußerungen diese Worte sagen. Aufgeregt weckte ich meinen Mann und beschrieb ihm, was ich gehört hatte. John hörte mir aufmerksam zu und war genau wie ich überrascht, aber unglaublich froh. Welche Erklärung es auch immer geben mochte - die Botschaft hat mich einfach glücklich gemacht. Endlich ging es auch *mir* fast wieder gut!

Neun Monate nach Ryans Tod wurde ich zum dritten Mal schwanger. Die Geburt unseres kleinen Noah bewirkte viel Heilung in unserer Familie. Ich begann, mich öfter wieder froh zu fühlen. Mein neues Baby erinnerte mich täglich an Gottes Liebe. Und fünf Jahre später kam noch ein Sohn, Nicholas, der uns noch mehr Glück bescherte.

Heute hat unser Leben fast wieder das normale Maß an Durcheinander angenommen. Allerdings ist mein Durcheinander ein bisschen anders als das der meisten Familien. Jedes Jahr zu Ryans Todestag nehme ich mir besonders viel zu tun vor. An seinem Geburtstag spenden wir immer an eines der örtlichen Wohlfahrtsprojekte, danach stattet die ganze Familie Ryans Lieblingsrestaurant Chuck E. Cheese einen Besuch ab. Auf all unseren Weihnachtskarten prangt ein Bild von drei kleinen Jungen, aber vier Namen darunter. Und an jedem Weihnachtsmorgen hängt auch ein Geschenkbeutel für Ryan mit an der Wand. Jeden September wird eine neue Klassenlehrerin über unsere Familiensituation ins Bild gesetzt. Und immer, wenn mich jemand fragt "Wie viele Kinder haben Sie?", entsteht eine kurze Pause.

Alison Roberto, die Frau von John und Mutter von Ryan, Jacob, Noah und Nicholas, lebt in Clovis, Kalifornien. Als "Feuerwehr-Lehrerin" hilft Alison gern in den Klassen ihrer Söhne aus, steht ihren Jungs beim Fußball anfeuernd zur Seite und verbringt am liebsten Zeit mit ihrer Familie.

Ich bin da

Bonnie Doane Moody

Unser Sohn David hatte immer schon mit schweren Gesundheitsproblemen zu kämpfen. Schlimmes Asthma, Schmerzen durch Nerventumore (Neurofibromatose) und ständige Krankenhausaufenthalte machten ihm das Leben zur Qual. Es war sehr schwer für uns, tatenlos zusehen zu müssen, wie er sich abmühte, nur um den Kopf über Wasser zu halten. Mit einundzwanzig wollte David unabhängig sein und mietete sich ein Zimmer im Nachbarort. Wir hatten ein großes Haus, in dem wir mit unserer Tochter Cindy, deren zwei Kindern und Davids kleinem Bruder wohnten. Mein Mann und ich lebten in einer Einliegerwohnung im zweiten Stock des Hauses. Ein kleines schmiedeeisernes Tor am Ende der Wendeltreppe hielt unsere Hunde oben zurück.

David besuchte uns oft, meist zum Essen, und wir genossen die gemeinsamen Mahlzeiten und Gespräche sehr. Er hatte bei seinen Besuchen die Angewohnheit, mich zu erschrecken, indem er sich von hinten anschlich, während ich mit etwas anderem beschäftigt war. Diese Überraschungen machten mich nervös, und ich bat David, das nicht mehr zu tun. Er sollte stattdessen, wenn er kam, kurz an das Eisentor schlagen und sich durch ein "Ich bin da" bemerkbar machen.

Kurz darauf blieb unser Sohn drei Tage lang unauffindbar. Ich machte mir entsetzliche Sorgen und hatte Angst, dass er sich das Leben genommen hatte. Tief im Inneren spürte ich, dass ich richtig lag, weil ich wusste, dass ihm das Leben zunehmend schwergefallen war. Am zweiten Tag seines Verschwindens hatte seine Schwester Cindy dann auf dem Heimweg von der Arbeit ein außergewöhnliches

Erlebnis. Ihr Wagen wurde im Dunkeln von mehreren rätselhaften Lichtern umringt. Die Lichter waren deutlich größer als Glühwürmchen, und besonders eines von ihnen, das größte, tanzte um die Fahrerseite herum. Cindy fuhr weiter, und die Lichter verschwanden wieder. Zu Hause angekommen lief sie rasch zu uns hinauf und erzählte uns, dass sie das Gefühl hatte, David sei gestorben. Sie sagte, sie habe gespürt, dass ihr Bruder das große Licht war, das mit den anderen Seelen tanzte. Uns kam dieser Gedanke fast tröstlich vor. Am nächsten Tag fand die Polizei seinen Leichnam im Wald. Es war furchtbar für uns alle. David hatte sich das Leben genommen. In seinem Abschiedsbrief stand, dass sein übler Gesundheitszustand nicht mehr zu ertragen gewesen war. Er hatte sogar seinen eigenen Nachruf verfasst. Darin dankte er uns und versicherte uns, wir seien gute Eltern gewesen.

Ein paar Wochen später saß ich allein in der Wohnung und sah fern, während mein Mann draußen im Garten arbeitete. Auf einmal hörte ich etwas ans Eisentor schlagen, und Davids Stimme erklang laut und klar: "Ich bin da!" Ich war erschrocken, aufgeregt und beschwingt - alles zur selben Zeit. Unser Sohn teilte mir mit, dass er noch immer bei uns war. Dass sein Leiden ein Ende hatte und es ihm endlich gut ging. An diesem Tag verschaffte er uns eine unglaubliche Gewissheit. Ich vermisse ihn natürlich immer noch und unterzeichne nach wie vor all seine Geburtstagskarten mit: "Für David, immer in Liebe."

Bonnie Doane Moody, Ehefrau, Mutter von vier, Großmutter von vierzehn und Urgroßmutter von zwei Kindern ist mit ihrem ersten Freund Richard seit zweiundfünfzig Jahren verheiratet und lebt glücklich im Ruhestand in Texas. Beide sind dankbar für die Liebe ihres Sohnes David und für die Geduld, die sie von ihm lernen konnten.

Vergebung

Joe Goodspeed

Es kann tröstlich sein zu weinen. Dennoch glauben manche, dass gläubige Menschen niemals weinen dürften, vor allem nicht wenn jemand stirbt. Als Geistlicher gelte ich als Experte in Trauerfragen, und man erwartet von mir Gelassenheit im Umgang mit so schrecklichen Situationen wie dem Tod eines Kindes. Ich weiß jedoch aus persönlicher Erfahrung, dass im Weinen großer Trost liegt. Der Tod meines eigenen dreißigjährigen Sohnes Harry hat mich in die Abstumpfung und den Unglauben getrieben, ebenso wie zu Tränen. Auch wenn ich ein Methodistenprediger bin, konnte ich meine Tränen nicht zurückhalten. Ich weiß jetzt, dass ich ein Jahrzehnt lang zwei schädliche und ungesunde Überzeugungen im Herzen getragen habe, die meinen Schmerz nur vergrößerten.

Die erste falsche Überzeugung hatte ihren Ursprung in den frühen 1980er-Jahren, als Harry seiner Mutter, seiner Schwester und mir sagte, dass er schwul war. Ich verlor völlig die Kontrolle. Ich war so wütend, dass ich ihn fortschickte. Ich warf meinen eigenen Sohn buchstäblich aus dem Haus und sagte ihm, er solle zu seinen schwulen Freunden verschwinden. Danach weinte ich einsam für mich allein. Ich wollte nicht, dass mich jemand weinen sah, denn ich wusste, dass ich gerade den größten Fehler meines Lebens begangen hatte. Mein Stolz hielt mich davon ab, irgendetwas davon zurückzunehmen, was ich meinem Sohn ins Gesicht gesagt hatte.

Die zweite falsche Überzeugung war meine Weigerung, mit ihm zu sprechen. Fast zehn Jahre lang habe ich kaum je ein Wort mit Harry am Telefon gewechselt. Erst jetzt wird mir klar, wie wahrhaft grausam ich meinem Sohn gegenüber war.

Nie werde ich den Anruf vergessen, den meine Frau und ich von Harry am Montag nach Ostern 1990 erhielten. Er veränderte unser Leben. Harry sagte, er sei in den vergangenen zwei Monaten zweimal im Krankenhaus behandelt und gerade entlassen worden. Er müsse uns etwas sagen und wolle uns in ein paar Tagen sehen. Mit den schlimmsten Befürchtungen fuhren wir zwei Tage später zu ihm.

In dem Moment, als wir Harry zu Gesicht bekamen, wussten seine Mutter und ich, dass es schlecht um ihn stand. Seine Haut hatte einen gelblich-fahlen Ton und er war bis auf die Knochen abgemagert. Während unseres kurzen Smalltalks zur Begrüßung stieg klamme Angst in mir auf. Dann teilte uns Harry mit, dass man bei ihm das Immunschwächesyndrom AIDS diagnostiziert hatte. Deshalb war er auch im Krankenhaus gewesen. Mein Herz schien stillzustehen. Ich war entsetzt. Mein Sohn starb an AIDS.

In meiner Not sagte ich Harry immerhin, dass ich ihn liebhatte - trotz all der Dinge, die ich zehn Jahre zuvor gesagt hatte und die ich längst bereute. Ich war übermannt von Furcht und Reue, und doch brauchte ich all meine Kraft, um diese Worte auszusprechen. Erst in diesem Moment verstand ich wirklich die Bedeutung von Johannes 4,18: "Furcht ist nicht in der Liebe, sondern die vollkommene Liebe treibt die Furcht aus; denn die Furcht rechnet mit Strafe. Wer sich aber fürchtet, der ist nicht vollkommen in der Liebe." Ich legte all meine Angst vor der Ansteckung mit AIDS ab. In diesem Augenblick wollte ich mich nur noch um meinen Sohn kümmern, ihn wenn möglich retten und all die Jahre wiedergutmachen, die er fortgewesen war. Ich fragte ihn: "Was brauchst du, Harry? Was können wir für dich tun?"

"Ich möchte gern mit dir und Mutter nach Hause kommen", erwiderte er.

"Gut, das möchten wir auch!"

Nach der nächsten ärztlichen Untersuchung zwei Tage später kam Harry mit uns nach Hause zurück. Unsere verbleibende gemeinsame Zeit betrug knapp drei Wochen. Er fühlte sich sehr schlecht und litt die meiste Zeit Schmerzen. An einem frühen Morgen gegen 4.30 Uhr hatte Harry große Atemnot und noch größere Schmerzen. Wir gaben ihm ein Schmerzmittel und brachten ihn dann ins Krankenhaus, wo man ihn sofort stationär aufnahm. Harry bekam dort noch weit stärkere Schmerzmittel und blieb weitere fünf Tage im Krankenhaus.

Die Nächte schienen am härtesten für ihn zu sein, daher blieben seine Mutter, seine Schwester und ich bis spät in die Nacht bei ihm. Wir sprachen über die guten Zeiten, die wir früher miteinander verbracht hatten, aber auch über die schlimmen. Harry sprach offen über seine Gefühle; er wollte nicht sterben. Wir konnten nur noch versuchen, mit ihm zusammen die Furcht zu überwinden und ihn wissen zu lassen, dass wir ihn liebten. Eines Abends sagte er: "Mom, Dad, es tut mir so leid, dass ich diesen Weg eingeschlagen habe. Ich wünschte nur, ich hätte mir höhere Ziele gesetzt und etwas aus meinem Leben gemacht." Wie sehr ich mir wünschte, ich könnte die Uhr zurückdrehen - auch ich hätte ein paar andere Entscheidungen getroffen!

Einmal bat Harry seine Schwester, mit ihm zu beten. Zusammen beteten sie das Vaterunser. Hinterher sagte Harry zu ihr, dass er ein Glaubensbekenntnis an seinen Herrn Jesus Christus ablegen wollte und dass es ihm leidtue, sich von ihm abgewandt zu haben. Beide weinten. Nach einer letzten Nacht leidvollen Ringens starb mein Sohn Harry. Ein paar Tage darauf hielten wir eine einfache Andacht an seinem Grab. Viele seiner Freunde waren gekommen, und auch viele meiner Freunde waren dort. Ich weinte offen um meinen Sohn, genau wie viele andere Familienangehörige und Freunde. Von diesem Tag an konnten wir nichts mehr tun, als eine Heilung von diesem enormen Verlust in unserem Leben anzustreben.

Im folgenden Jahr arbeitete ich ehrenamtlich in einem Heim für AIDS-kranke Männer. Da ich an Harrys Erfahrung hatte teilnehmen dürfen, konnte ich diesen jungen Männern ein wenig Trost spenden. Wir sprachen oft über Harry. Wenn ich mich auch noch immer für die Art und Weise schämte, wie ich ihn behandelt hatte, konnte ich doch wenigstens anderen, die sein Los teilten, etwas Freundlichkeit zeigen.

Etwa ein Jahr nach Harrys Tod stieß mir etwas Seltsames zu. Ich war nachmittags mit dem Auto unterwegs ins Krankenhaus, um dort ein Gemeindemitglied zu besuchen. Plötzlich hörte ich jemanden sprechen, obwohl ich ganz allein im Wagen saß. Eine Stimme sagte: "Es geht mir gut. Alles ist in Ordnung." Ich erkannte die Stimme meines Sohnes sofort: Harry sprach mit mir! Ich konnte ihn zwar nicht sehen, aber seine Stimme klar und deutlich verstehen. Was für eine schöne Botschaft! Ich konnte spüren, wie Friede meinen Körper und Geist erfasste.

Harry sprach leise und sanft mit mir. Er sagte nichts darüber, was ich ihm zehn Jahre zuvor vorgeworfen hatte. Er sagte nur, alles sei in Ordnung. All meine Reue und Angst lösten sich auf der Stelle auf. Ich fühlte mich getröstet und ermutigt: Harry war in Sicherheit. Und nicht nur das, ich fühlte auch meine eigene Erlösung; genau wie es in den Psalmen geschrieben steht, war auch mir meine Schuld vergeben worden. In meinen Gebeten danke ich Gott für Harry und das großartige Erlebnis, ihn noch einmal sprechen gehört zu haben. Natürlich würde ich meinen Sohn heute lieber noch einmal im Arm halten und von Angesicht zu Angesicht mit ihm sprechen.

Wenn ich zurückschaue, wünschte ich immer noch mehr als alles andere, ich hätte Harry meiner Zuneigung versichert, anstatt ihn hinauszuwerfen. Ich arbeite weiterhin hart daran, die Homophobie, die unserer Familie so sehr geschadet hat, zu bekämpfen. Heute würde ich meinem Sohn viel besser beistehen. Gott sei Dank, Harry hat mir vergeben. Er hat mir das noch vor seinem Tod gesagt. Vielleicht wäre Harry sogar heute noch bei uns und am Leben, wenn ich damals eine andere Entscheidung getroffen und anders gehandelt hätte. Mittlerweile habe ich gelernt, geduldig zu sein und meine Handlungen von Gott bestimmen zu lassen anstatt von meiner Angst. Ich bin Gott auf ewig dankbar, dass mein Sohn Harry im Geiste immer bei mir sein wird.

Joe Goodspeed ist Methodistenprediger im Ruhestand.

Zufall und Zusammenarbeit

Elissa Al-Chokhachy

Ich war tief bewegt, als eine Frau namens Sarah entschied, mir von ihrer schweren Last zu berichten. Nach dem Verlust eines Kindes in ihrer Obhut war ihr Leben ein von Grund auf anderes geworden. Ein Junge, dessen Babysitterin sie war, hatte sich beim Spielen in einem langen Strick so unglücklich verfangen, dass sich der Strick um seinen Hals gelegt und ihn getötet hatte. Viele Jahre lang trug sie entsetzlich schwer an der Schuld am Tod des kleinen Antonio, den sie sehr liebgehabt hatte. Wie konnte sie sich selbst jemals diesen Augenblick der Nachlässigkeit in ihrer Verantwortung vergeben, wie je den Tod dieses Kindes verwinden? Wie sollte die Familie des Kleinen ihr jemals verzeihen, dass sie nicht besser auf ihn aufgepasst hatte?

Diese junge Frau war im Glauben an die Macht spiritueller Botschaften erzogen worden. Solche Signale aus der Geisterwelt waren ein regelmäßiger Teil ihrer Gottesdienste. Sarah war überzeugt, Antonio würde sich oft bei ihr melden. Doch tatsächlich hörte sie erst einmal nichts von ihm. Eines der Spiele, das sie oft zusammen gespielt hatten, hieß "Zufall und Zusammenarbeit" - die beiden hatten es sich selbst ausgedacht. Sarah hat mir das Spiel nicht im Detail beschrieben, aber sie berichtete, dass ihr nach Antonios Tod diese drei Wörter immer wieder begegneten. Das war das einzige Zeichen, das Sarah von Antonio erhielt, bis ihr viele Jahre später eine Freundin aus der Kirchengemeinde eine Nachricht aus dem Geisterreich überbrachte. Der Freundin war ein kleiner Junge erschienen, der vom Tragen einer schweren Last auf dem Rücken ganz erschöpft war. Sarah fragte sie, ob der Junge Antonio gewesen sein könnte, und die Freundin erwiderte: "Ich weiß nur, dass er sagte, das schwere Bündel auf seinem Rücken sei gefüllt mit deinen Tränen."

War es bloßer Zufall, dass ein Junge aus dem Jenseits ihr diese Botschaft über eine Freundin gesendet hatte? Sarah war überzeugt, es sei Antonio gewesen, der sie wissen lassen wollte, dass es Zeit sei, sich von der großen Last zu befreien. Ihre Trauer und Reue hatten sie und Antonio beide belastet, und er war müde geworden. Nun war es Zeit, sich zu verzeihen und weiterzuleben. Fehler können den besten von uns geschehen.

Antonio hatte Sarah ein kostbares Geschenk gemacht und ihr beschieden, wie sie mit dem Rest ihres Lebens verfahren sollte. Entweder sie würde weiter ihre Last und Schuld tragen und Antonio dabei ebenfalls hinunterziehen. Oder sie konnte sich verzeihen, vielleicht anderen helfen und dabei Antonio von ihrer gemeinsamen Last befreien.

Wenn Sarah auch Antonio nicht wieder zum Leben erwecken konnte, so konnte sie doch anderen in seinem Namen helfen. Sie konnte die Tragödie in eine Lektion verwandeln, die Jugendlichen deutlich machte, welch enorme Verantwortung sie übernahmen, wenn sie auf ein Kind aufpassten. Babysitter müssen zu jeder Zeit sehr gut achtgeben und immer wissen, was das Kind gerade tut - ein Kinderleben könnte davon abhängen. Auf diese Weise arbeiten Antonio und Sarah also wieder zusammen und machen die Welt ein bisschen sicherer für andere.

Von Herz zu Herz

Patricia Cerrutti

Unser mittlerer Sohn Christopher war ein freundlicher, liebenswerter und lustiger Junge. Da all unsere drei Jungen Football, Basketball, Baseball und Lacrosse spielten, war unser Familienleben immer ebenso hektisch wie fröhlich und spannend. Chris, der fünfzehn Monate älter als unser Jüngster Jerry war, war zudem noch ein Outdoor-Fan. Jeden Sommer verbrachte er mit Begeisterung im Pfadfinder-Zeltlager, wobei er einmal sogar eine 200 Kilometer lange Kanutour in Maine mit seinen Pfadfinderkollegen bewältigte.

Außerdem konnte Chris gut zuhören. Er hatte einen tollen Humor und viele Freunde, die er mit seinen kurzen trockenen Bemerkungen stets zum Lachen brachte. Noch heute, nach fünfzehn Jahren, kommen Freunde von Chris meinen Mann und mich besuchen und erzählen uns ihre liebsten Chris-Anekdoten. Unser Sohn war fürs Herumalbern ebenso zu haben wie für physische Beweise seiner Zuneigung. Wenn ich gerade besonders viel mit Kochen oder dem Haushalt zu tun hatte, fand er oft, dass ich eine Umarmung nötig hatte. Dann hob er mich hoch und trug mich einmal durchs Erdgeschoss unseres Hauses. "Mom, das hält jetzt lange vor", scherzte er – diese Umarmungen fehlen mir sehr.

Chris führte mit einem Freund zusammen eine Gartenbaufirma. Nach zwölf Stunden Gartenarbeit kam er zum Essen nach Hause und machte sich am Wochenende dann gleich auf den Weg zu seinem Nebenjob in einem Restaurant, wo er sich etwas Geld dazuverdiente, um einen neuen Lieferwagen anschaffen zu können. Am 26. März 1995 schlief Chris auf dem Heimweg von der Arbeit kaum drei Kilometer von zu Hause entfernt am Steuer ein. Sein

Wagen prallte gegen einen Baum. Und obwohl man Chris mit dem Hubschrauber ins Boston Medical Center brachte, konnte man sein Leben nicht mehr retten. Sein plötzlicher Tod war grausam und unverständlich.

Unsere Familie war am Boden zerstört, und unsere Trauer überwältigte jede andere Regung. Aber wir waren umgeben von der Unterstützung unserer Verwandten, Freunde, Nachbarn und Gemeindemitglieder. Irgendwie ging es weiter. Meine gute Freundin Lorraine rief mich jeden Tag an. Geduldig hörte sie zu, wie ich am Telefon weinte, wütete und all meine "Wenn-nur-Klagen" vorbrachte: Wenn wir ihm nur einen neuen Lieferwagen gekauft hätten. Wenn er nur nicht diese Spätschicht übernommen hätte. Wenn ihn nur sein Freund an diesem Abend abgeholt hätte ... und so weiter. Wenn es mir zu schwerfiel, überhaupt etwas zu sagen, fand Lorraine Worte des Trostes für mich. Auch meine beiden Schwestern hörten mich geduldig an und ermutigten mich, über Chris zu sprechen. Mein Sohn hatte zweiundzwanzig Jahre gelebt. Ich hatte das Gefühl, ich würde weitere zweiundzwanzig brauchen, um ihn zu betrauern.

Als Ehefrau und Mutter fand ich es aber wichtig, nach vorn zu sehen und den anderen trauernden Familienmitgliedern dabei zu helfen, dasselbe zu tun. Wir fühlten uns wie Treibholz im Meer; ziellos umhertreibend an einigen Tagen, an anderen brutal auf Sandbänke geworfen. Ich hatte überhaupt keine Energie, wäre am liebsten einfach im Bett geblieben. Ich erinnere mich, dass ich in meinen Gebeten Gott anflehte: "Bitte hilf mir aus diesem Bett heraus, damit ich diesen Tag überstehe." Der plötzliche Tod meines Kindes hatte viele ungebremste Emotionen aufgewirbelt. Ich ermutigte meinen Mann und meine anderen Söhne, wieder neuen Sinn in ihrem Leben zu finden. Um mit gutem Beispiel voranzugehen, ging ich eine Woche nach Chris' Tod wieder arbeiten. Unser Ältester Chuck ging auch wieder zur Arbeit, und ich bestand darauf, dass Jerry aufs College zurückkehrte und sein zweites Studienjahr beendete. Mein Mann Pat, der kurz vor Christophers Tod in Rente gegangen war, suchte sich einen Teilzeitjob, was ihm half.

Pat und ich schlossen uns einer Selbsthilfe-Trauergruppe im Haus unserer Nachbarin Penny Wigglesworth an. Fünf von uns hatten ein Kind verloren. Die Gruppe war eine großartige Sache; dort konnten wir dem Kummer der anderen mit tiefem Verständnis lauschen und auch unseren eigenen Schmerz verständnisvollen Zuhörern mitteilen. Unter Leitung von Reverend Patricia Long von der Old North Church in Marblehead, Massachusetts, vergossen wir manche Träne und berichteten uns gegenseitig von herzergreifenden Erfahrungen. Als wir an einem Tag das Thema Loslassen besprachen, fühlte ich etwas scharf wie ein Messer in meinem Herzen. Ich sagte den anderen, dass ich zwar wusste, dass Chris im Himmel war, ich aber immer noch unten stand und sozusagen "sein Bein festhielt". Ich konnte ihn einfach nicht loslassen. Alle verstanden meinen Schmerz und versicherten mir, dass ich es eines Tages doch können würde. Trotzig bestritt ich das - ich würde ihn nie gehen lassen. Dasselbe Thema nahm ich auch in meinen privaten Gesprächen mit Gott wieder auf. Ich betete zu ihm, ich stritt mit ihm, ich schlug gegen seine Brust und flehte ihn an, mir bitte, bitte meinen Chris wiederzugeben.

Nach einigen Monaten intensiver Trauer begegnete Chris mir im Traum. Er lief eine Feuertreppe außen an einem Gebäude hinauf. Ich rannte ihm nach, konnte ihn aber nicht einholen. Schließlich hielt er inne, wandte sich zu mir um und warf mir sein wunderbares Lächeln zu. Chris bat mich, gut für seinen Dad zu sorgen. Ich war zwar enttäuscht und verletzt, dass er für mich kein liebes Wort gehabt hatte, doch von diesem Tag an achtete ich bewusster darauf, sanft und aufmerksam zu meinem Mann Pat zu sein.

Das zweite Jahr nach Christophers Tod war noch viel schwerer als das erste. Ich konnte es nicht länger ableugnen und mir wurde bewusst, dass Gott Chris nicht zurückschicken würde. Vielleicht wollte Chris auch gar nicht zurückkommen. Ich wirkte zwar ruhiger, und die meisten Menschen um mich herum nahmen an, dass es mir besser ging, doch ich fand keine wirkliche Ruhe. Abends ging ich erschöpft schlafen und schreckte mitten in der Nacht beim Gedanken an Chris hoch.

Mittlerweile hatte ich auch außerhalb unser Trauergruppe mehrere Menschen kennengelernt, die ebenfalls ein Kind verloren hatten. Weil sich das Gespräch auf solch einen Todesfall besonders schwer lenken lässt, hatte ich die Idee, dass wir eigentlich ein Zeichen bräuchten, das uns verbindet und sofort füreinander erkennbar macht. Ich sprach darüber mit meinem Nachbarn Haviv Shaul, einem Goldschmied. Ich sagte, dass ich Chris als unseren Stern betrachtete und erklärte ihm, wie ich mir eine Trauerhalskette vorstellte. Mit ein wenig Hilfe von seiner Frau entwarf Haviv einen wunderschönen Anhänger in Form eines seitlich offenen Herzens mit einem in der Mitte hängenden Stern. Ein blauer Saphir auf dem Stern sollte den Verlust eines Jungen anzeigen, ein rosa Saphir stünde für ein verlorenes Mädchen. Passend zum Kettenanhänger fertigte er für die Männer eine Anstecknadel. Wir nannten das Set "Liebevoller Trost". Und liebevoller Trost ist auch genau das, was ich anderen trauernden Eltern und Großeltern gern spenden möchte.

Eineinhalb Jahre nach Chris' Tod heiratete unser Sohn Chuck seine Freundin Nora. Es war eine wundervolle Hochzeit, und es schien fast, als könnten wir wieder glücklich werden. Das Leben ging weiter. Ich aber haderte innerlich noch immer mit Gott, weil ich Chris nicht loslassen konnte. Drei Jahre nach dem Tod unseres Sohnes sah es nach außen hin so aus, als würde ich wieder ein normales Leben führen. Tief in meinem Herzen aber fühlte ich mich noch gar nicht geheilt.

In der Woche vor Chris' drittem Todestag führte ich in der Messe ein Zwiegespräch mit Gott und sah dabei auf ein Herz-Jesu-Bild, zu dem ich oft bete. Ganz plötzlich fühlte ich mich inmitten meiner Gebete dazu bewegt zu sagen: "In Ordnung, Herr, ich lasse meinen Sohn jetzt los. Du kannst meinen Chris nun haben, mitsamt seinem Bein." Und auf einmal fühlte ich mich von purer Freude erfüllt! Eine tiefe männliche Stimme erklang tief in meinem Innern und sagte: "Er ist von deinem Herzen in meines gegangen." Ich wollte aufspringen und "Halleluja" rufen. So schnell ich konnte, lief ich nach Hause, um meiner Familie und meinen Freunden die frohe Botschaft mitzuteilen.

Von diesem Tag an bin ich bei all den traurigen, gedrückten Stimmungen, die mich noch ereilen, doch nie wieder auf diesen düsteren, sinnentleerten Ort zurückgefallen. Ich weiß jetzt, dass sich depressive Menschen so fühlen, und ich werde sie immer in meine Gebete einschließen. Ich wünschte, ich könnte besser beschreiben, welche unglaubliche Freude ich an dem Tag in mir spürte, als ich diese Worte hörte: "Er ist von deinem Herzen in meines gegangen." Ich kann das Gefühl nur mit der Geburt eines Kindes vergleichen; eine Emotion jenseits noch von Glück. Trotz all des Schmerzes und der unendlichen Trauer, die meine Familie ertragen musste, bin ich doch so glücklich, dass ich meinen Sohn Chris hatte. Wir alle lieben Chris noch immer und fühlen uns auch noch immer von ihm geliebt.

2000 hatten mein Mann und ich das Glück, die Geburt unserer ersten Enkeltochter Julia zu erleben, und drei weitere Enkel folgten. Babys ändern so viel, bringen so viel Staunen, Glück und Liebe in unser Leben! All unsere Enkelkinder haben unserer Familie sehr bei der Heilung geholfen.

Patricia Cerrutti und ihr Mann Pat zogen ihre drei Söhne in Marblehead, Massachusetts, groß. Als Assistentin der Stadtverwaltung im Ruhestand bleibt Patricia sehr aktiv in ihrer Kirche und der Penny Bear™ Company. Patricia verbringt gern Zeit mit ihren vier Enkelkindern und spendet ihren "Liebevollen Trost" an trauernde Hinterbliebene.

Momente der Gnade

Betsy Walter

Wunder geschehen überall um uns herum. Und dabei meine ich nicht die offensichtlichen Wunder mit Schauwert, von denen manchmal die Spätnachrichten oder die morgendlichen Talkshows berichten. Ich meine die kleinen und subtilen Erfahrungen, die man so gern als reine Zufälle oder Kleinigkeiten abtut. Ereignisse, die uns im richtigen Kontext und mit entsprechender Aufnahmebereitschaft betrachtet klare Einblicke ermöglichen und unser Leben erhellen können. Ich nenne diese kleinen Wunder "Momente der Gnade".

Sehr bewusst wurde mir diese Art von Wunder erstmals nach der Geburt unseres Sohnes Vail. Er wurde mit einer unheilbaren neurologischen Störung geboren und lebte nur achtzehn Monate. Aber so kurz sein Leben war, der Eindruck, den er hinterließ, war umso größer. Jeden Tag seines Lebens konnten wir uns in Vails Zauber und Glanz sonnen. Hier möchte ich von drei ganz besonderen Momenten der Gnade erzählen, die mein Mann und ich mit unserem Sohn erleben durften. Ich nenne sie "Vails Marienkäferexplosion", "Vails Sommer im März" und "Das Getrappel kleiner Füße".

Schon gleich nach Vails Geburt war meinem Mann Glen und mir instinktiv klar, dass er sich von den anderen Neugeborenen unterschied. Ich bin nicht ganz sicher, warum wir das wussten, aber wir wussten es. Die Ärzte versicherten uns anfänglich beharrlich, dass alles mit ihm in Ordnung sei: zehn Finger, zehn Zehen, ein gesunder kleiner Junge. Doch wir kannten die Wahrheit, obwohl wir sie noch nicht verstehen konnten. Und diese Wahrheit holte uns drei Monate später in Form der Ergebnisse einer Hautbiopsie ein. Unser geliebtes Baby hatte GM1-Gangliosidose! Man gab ihm höchstens ein paar Jahre zu leben. Er würde unter Krampfanfällen, Blindheit und einer endlosen Liste weiterer Komplikationen leiden. Es würde für Vail nie einen ersten Schritt geben, keinen ersten Tag im Kindergarten, keine Baseballwürfe im Garten mit Dad, keinen Schulball und keine Teenagerromanze. So eine Zukunft ist schwer zu begreifen.

Doch bewaffnet mit der Liebe und Unterstützung von Angehörigen und Freunden lernten wir mit der Zeit, die Klippen von Vails Krankheit geschickt zu umschiffen und unsere Energie und Aufmerksamkeit stattdessen auf die Schönheit und Gabe seines Lebens zu konzentrieren. Wir wollten jeden einzelnen Moment, den wir gemeinsam hatten, wahrhaft feiern. Wie uns Dr. Crocker, einer von Vails Spezialisten, bei unserer ersten Konsultation so treffend erklärte: "Dieser Zug ist losgefahren, und Sie können entweder aufspringen und die Fahrt genießen, solange sie dauert, oder Sie können zurückbleiben und alles verpassen." Mit seiner Hilfe und der Unterstützung vieler anderer Menschen sprangen wir mit ganzem Herzen an Bord und schauten nicht mehr zurück.

Den ersten Moment der Gnade, Vails Marienkäfer-Explosion, erfuhren wir am Tag nach seiner Bestattungsfeier. Die Marienkäfer (von denen ich später erfuhr, dass sie Asiatische Marienkäfer waren) kamen aber zum ersten Mal schon, als unser Sohn etwa zehn Monate alt war. Zu dieser Zeit verschlimmerten sich Vails gesundheitliche Probleme, und jeder Tag schien ein neues Symptom oder eine weitere Fahrt ins Krankenhaus mit sich zu bringen. Nach langer Überlegung hatten mein Mann und ich uns schließlich für einundzwanzig Stunden ambulante Pflege zu Hause entschieden. Diese Wahl war uns nicht leichtgefallen. Wir brauchten zwar die Hilfe dringend und die Pflegerinnen waren fantastisch, aber ihre Anwesenheit kam uns oft wie ein unerwünschtes Eindringen in das kleine bisschen privaten Frieden vor, das uns mit unserem Sohn vergönnt war.

In dieser Zeit begann ich, die Marienkäfer oben im Badezimmer zu bemerken. Zuerst waren es nur ein paar, aber mit der Zeit kamen immer mehr. Sonderbarerweise verschaffte mir der Anblick der Käfer ein gewisses Gefühl von Trost und Erleichterung. Vielleicht weil sie zu einer Zeit in meinem Leben, da alles andere unvorhersehbar schien, zuverlässig jeden Morgen da waren. So lächerlich es klingt, ich freute mich morgens fast darauf, aufzustehen und die Marienkäfer zu begrüßen, die mein Badezimmer zu ihrem Zuhause erklärt hatten. Ich begann sogar, auf sie aufzupassen, wischte vorsichtig um sie herum und verteilte alle toten Käfer umsichtig auf Topfpflanzen im ganzen Haus.

Die Marienkäfer lebten Vails ganzes restliches Leben lang komfortabel in unserem Badezimmer. Am Tag nach Vails Bestattungsfeier dann hatten mein Mann und ich das große Vergnügen, eine wunderbare, explosionsartige Vermehrung der Marienkäfer zu beobachten: Vails Marienkäfer-Explosion. Ich erinnere mich ganz deutlich an den Moment. Ich war hinausgegangen und hatte mich zu unserem Haus umgewandt. Da waren sie: Tausende Marienkäfer schmückten unser Haus von oben bis unten. Mir war sofort klar, dass uns Vail eine Botschaft schickte. Er wollte uns sagen, dass es ihm gut ging. Die Botschaft kam so stark und klar bei mir an, als habe Vail mich auf die Wange geküsst und zu mir gesagt: "Mom, mach dir keine Sorgen mehr um mich. Ich bin in Sicherheit. Ich bin frei. Keine Mühen mehr und keine Schmerzen."

Später habe ich erfahren, dass Marienkäferbefall bei uns häufiger vorkommt und dass die meisten Hausbesitzer diese Situation ganz und gar nicht schätzen. Doch für meinen Mann und mich war dieser Moment etwas Großes und Bedeutsames, ganz sicher mehr als ein ärgerlicher Ungezieferbefall. Das war vor zwölf Jahren, und ich habe seitdem nie wieder so eine Masse an Marienkäfern bei uns erlebt – ganz selten sehe ich nur noch einzelne von ihnen bei uns im Haus.

Was ich außerdem gelernt habe: Marienkäfer gelten als Symbol für Glück und Schutz. Ich sehe es so, dass die Marienkäfer Vail und uns beschützt haben, dass sie ihn vor dem furchterregenden Kampf, der in seinem kleinen zarten Körper tobte, abschirmten und dass sie uns die Kraft und den Mut verliehen, den wahren Glanz und die Größe seines Lebens zu begreifen. Vail hat so viel gekämpft und so viel von sich verschenkt. Natürlich ist der offensichtlich tragische Aspekt seiner Geschichte nicht zu leugnen. Aber wir hatten auch Glück. Vails Leben war ein Segen und erlaubte es uns, jene Art von Freude zu erleben, die man fast nicht mit Worten beschreiben kann.

Der zweite Moment der Gnade, Vails Sommer im März, fällt ebenfalls in die Zeit nach seinem Tod. Hier ging es um eine Obsession, die ich entwickelt hatte, als Vail sechzehn Monate alt war. Zu dieser Zeit war er körperlich schon sehr schwach. Er stand unter schweren Beruhigungsmitteln, da wir anders seiner gnadenlosen Krampfanfälle nicht Herr wurden. Er konnte sich nicht länger von selbst bewegen und musste alle paar Stunden umgedreht werden, damit er sich nicht wund lag. Aufgrund seiner beschwerlichen Atmung brauchte er eine ständige Sauerstoffzufuhr, und wir mussten mehrmals am Tag physiotherapeutische Brustübungen mit ihm durchführen, um der aufkommenden Lungenentzündung entgegenzuwirken. Vail konnte nicht mehr aus der Flasche trinken und musste durch Schläuche ernährt werden. Das brach mir mehr als alles andere das Herz. Denn Vail hatte sein Fläschchen geliebt, und ihn damit zu füttern, hatte uns beiden viel Trost gespendet. Wenn ich Vail nicht gerade medizinisch versorgte, lag ich bei ihm im Bett, sang ihm vor oder massierte ihn.

Zu dieser Zeit war ich von dem Gedanken besessen, Vail mit nach draußen zu nehmen. Dieser Plan beschäftigte mich die ganzen letzten Monate seines Lebens. Bevor unser Sohn starb, sollte er unbedingt noch einmal eine kühle Brise auf der Haut spüren, den Klängen der Natur lauschen und die warmen Strahlen der Sonne auf dem Gesicht genießen. Leider war es aber Februar in New England. Draußen war es bitterkalt, und Vail hätte es draußen gar nicht ausgehalten. Ich begann aus ganzem Herzen auf wärmeres Wetter zu hoffen und betete oft darum.

Das Wetter kooperierte jedoch nicht, und Vail konnte nicht mehr hinausgebracht werden. Wir hatten an dem Sonntag vor seinem Tod sogar einen Schneesturm. Am folgenden Dienstag, dem 24. März 1998, verstarb Vail. Mein Mann und ich waren bei unserem Sohn, als er starb. Danach trugen wir seinen Körper zu unserem Bett und lagen bis zum Morgen mit ihm zusammen, streichelten ihn und versicherten uns gegenseitig, dass er nun an einem besseren Ort war.

Wie durch ein Wunder wachten wir am nächsten Morgen zu sonnigem und viel wärmerem Wetter auf. Am Tag von Vails Beerdigung herrschten draußen tropische 32 Grad, und ich wusste ganz genau, dass das mehr als nur ein Zufall war. Mein Wunsch für Vail war von göttlicher Stelle erfüllt worden: Endlich konnte er die warme Sonne auf seiner Haut unbeschwert genießen. Vail tanzte mit den Sternen und sprang an einem heißen Sommertag zwischen den Wolken umher. Seitdem hat es nie wieder einen 32-Grad-Tag im März bei uns gegeben.

Der dritte Moment der Gnade, das "Getrappel kleiner Füße", ereignete sich einige Monate danach. Glen und ich lagen spätabends im Bett und lasen Zeitung. Auf einmal hörten wir das Geräusch auf und ab rennender kleiner Füße im Flur vor dem Schlafzimmer. Es klang dumpf und entfernt, aber es war eindeutig da. Wir sahen uns verwirrt und etwas erschrocken an. Ich schoss aus dem Bett und rannte in den Flur hinaus. Niemand war dort. Als ich ins Schlafzimmer zurückkam, lächelten wir beide schon breit und triumphierend. Wir wussten, dass das Vails Werk war. Es gab gar keine andere Erklärung. Unser Sohn war bei uns und konnte endlich jene Dinge tun, die wir uns für ihn gewünscht hatten: sorglos den Flur auf und ab rennen zum Beispiel. Ich bin sicher, er wachte auch über seinen neugeborenen kleinen Bruder, der in seinem Bettchen neben uns schlief. Ich lachte leise in mich hinein. Sollte ich streng werden und ihm sagen, dass im Haus nicht gerannt wird? Ganz sicher nicht!

Wenn ich über diesen Augenblick nachdenke, glaube ich inzwischen, dass Vail uns darum bitten wollte, ihn als den verspielten, verschmitzten Jungen in Erinnerung zu behalten, der er war, auch wenn sein Körper ihm das nicht erlaubte. Er bat uns, nicht traurig zu sein, sondern sein Leben als eines zu ehren, das vielen Menschen Glück gebracht hat. Vor allem aber erinnerte er uns daran, all die kostbaren Momente, die uns gemeinsam vergönnt waren, auf ewig in Ehren zu halten. Ich kann mir nicht vorstellen, wie ich diese Zeit vor zwölf Jahren ohne die liebevolle Unterstützung meines Ehemanns, unserer Familie und aller anderen Menschen, die uns so geholfen haben, hätte überstehen sollen.

Wir haben einen zweiten wunderbaren Sohn mit dem Namen Cameron Vail, obwohl wir ihm heute nicht mehr den Namen seines verstorbenen Bruders geben würden, es ist eine zu große Belastung für ein Kind. Cameron wurde gezeugt, als Vail zehn Monate alt war. Mein Plan sah vor, dass Vail seinen keinen Bruder noch vor seinem Tod kennenlernen sollte. Doch wie ich häufiger schon erkennen musste, gehen Pläne nicht immer so auf wie beabsichtigt. Vail starb einen Monat, bevor Cameron geboren wurde. Von der Geburt meines zweiten Sohnes weiß ich kaum noch etwas, außer dass ich meine Empfindungen nicht spüren konnte. Ich weiß noch, dass ich im Kreißsaal lag und theoretisch wusste, dass ich über die Geburt meines zweiten Kindes begeistert und traurig über den Verlust meines Erstgeborenen war. Aber tatsächlich fühlte ich keines von beiden; ich war emotional wie betäubt. Es war ein eigenartiger Zustand.

Cameron kam tretend und schreiend zur Welt und hat damit auch nicht mehr aufgehört. Das ist sehr positiv gemeint. Auch wenn wir es damals noch nicht wussten, war er sozusagen unser Retter. Cameron beschleunigte den Heilungsprozess für uns enorm und sorgte dafür, dass keiner von uns je weit vom Kurs abkam. Ich weiß noch, dass ich in der Nacht nach seiner Geburt im Krankenhaus wachlag und mich fragte, ob er wohl je aufhören würde zu schreien. Meine Lähmung verschwand rasch wieder. Meine neue Aufgabe war angekommen und ließ mich unzweifelhaft wissen, dass sie auf mich wartete. Cameron erklärte uns klar und deutlich, dass er fürs

Leben mit all seiner Schönheit und all seinen Möglichkeiten bereit war. So ist er heute immer noch, stets bereit, das Leben zu genießen, immer ein Lächeln auf den Lippen und begierig auf jede Erfahrung, die hinter der nächsten Ecke auf ihn wartet. Unsere beiden Söhne Vail und Cameron haben uns unendliche Freude bereitet.

Betsy Walter und ihr Mann Glen möchten ihren Eltern, Betsys Brüdern, Elissa Al-Chokhachy, Dr. Allen Crocker und Dr. Harry Somers herzlich danken. Betsy widmet ihre Geschichte den vielen bemerkenswerten Menschen, die an Vails Reise teilhatten.

3. Düfte

Wakan Tanka, Großes Wunder,
lehre mich, meinem Herzen,
meinem Verstand, meiner Intuition,
meinem inneren Wissen,
den Sinnen meines Körpers zu vertrauen
und dem Segen meiner Seele.
Lehre mich, all diesem zu vertrauen,
so dass ich mein Heiligtum betreten
und jenseits meiner Furcht lieben
und so im Gleichklang leben kann
mit jedem glorreichen Sonnenuntergang.

Gebet der Lakota

Unser Geruchssinn versetzt uns in lang vergangene Erinnerungen und an weit entfernte Orte zurück. Mit einem Duft sind augenblicklich die Zeiten wieder präsent, die wir einst mit anderen zusammen verbracht haben. Wir verbinden bestimmte Düfte mit Menschen, Orten und Ereignissen. Wenn wir an einen ganz besonderen Menschen in unserem Leben denken: Ist nicht auch ein bestimmtes Aroma mit dieser Person verbunden? Der Duft von Babyshampoo erinnert sicher viele von uns an unsere Kinder oder Enkelkinder, als sie klein waren. Die Duftnote eines Parfums oder After Shaves kann auf der Stelle das innere Bild eines geliebten

Menschen heraufbeschwören. Wessen Großmutter gern Kekse gebacken hat, wird vielleicht jedes Mal, wenn Bleche voller Kekse im Backofen duften, an die Zeit mit ihr erinnert. Düfte können als Verbindung zwischen Vergangenheit und Gegenwart fungieren, als bedeutsame Brücke zu vergangenen Zeiten.

Ein Duft kann auch mit einem bestimmten Ort zusammenhängen. Wer beispielsweise gern und oft mit einem Menschen am Strand war, wird durch eine frische Meeresbrise leicht wieder an diese gemeinsamen Tage erinnert. Wenn jemand stirbt, werden die Hinterbliebenen manchmal von einem unerwarteten Duft überrascht, den sie mit dem Verstorbenen verbinden. Es gibt dann oft keine plausible Erklärung, wie dieser Duft dorthin gekommen sein soll, aber das klar erkennbare Aroma ist ein wunderbares Geschenk für die, die zurückbleiben mussten. Dieser spezielle Duft bringt nicht nur lieb gewordene Erinnerungen zurück, sondern versichert ihnen auch, dass sie nicht allein sind.

In diesem Kapitel finden sich fünf Geschichten, die zeigen, dass Duft eines der Mittel sein kann, mit dem eine Seele aus dem Jenseits zu uns durchdringt. Ein Duft beschwört emotionale Reaktionen von besonderer Intensität herauf. Und durch diese Gefühlsbotschaft vergewissern wir uns, dass der physische Tod niemals die Liebe zweier Seelen entzweien kann.

Zusammen

Jeannette Lupoli

Mein Mann Nicholas Lupoli war ein großer, selbstsicherer und stolzer Italiener. Als er 2003 an den Folgen einer Operation am offenen Herzen starb, waren wir neununddreißig Jahre lang verheiratet gewesen. Ich vermisse Nicky noch sehr. Es spendet mir Trost, mit unseren Kindern und Enkelkindern zusammen zu sein. Aber am meisten hilft es mir, dass mein Mann mich immer wieder wissen lässt, dass er mir nah ist.

Nicky trug immer gern die verschiedensten Rasierwässer und Düfte. Sein Lieblingsduft war Jafra, aber ich brachte ihm immer wieder unterschiedliche Herrendüfte mit, wenn ich in der Stadt war. In der Woche nach seinem Tod packte ich all seine Flakons ein. Ich wollte sie meinen Söhnen bringen, weil ich es nicht ertragen konnte, sie noch länger im Haus zu wissen. Zuerst fuhr ich bei meiner Schwiegertochter Kati vorbei und ließ etwas Jafra in einer Tasche auf dem Sofa zurück. Dann gingen wir beide gemeinsam Mittagessen. Als wir zurückkamen, roch es im ganzen Haus nach Jafra. Es war so aufdringlich, als hätte jemand die ganze Flasche im Haus versprüht. Ich entschuldigte mich, weil ich befürchtete, dass vielleicht ein Flakon einen losen Verschluss hatte und auf ihrem Sofa ausgelaufen war. Doch als wir nachsahen, waren alle Flaschen noch fest verschlossen. Nirgends war etwas von dem After Shave ausgelaufen, und in der Zwischenzeit war niemand zu Hause gewesen, weil all ihre Kinder in der Schule waren. Wir wussten beide sofort, dass es Nicky war. Er wollte uns wissen lassen, dass er bei uns war.

Eine Woche später war ich morgens gerade aus dem Bad gekommen, als ich meinen Mann im Flur stehen sah. Er trug einen eleganten braunen Anzug, denselben, den er einen Monat vor seinem Tod zur College-Abschlussfeier seiner Patentochter getragen hatte. Ich weiß noch, dass ich dachte: "Warum trägt er denn den braunen Anzug? Wir haben ihn doch in einem blauen beerdigt." Aber Nicky sah toll aus: glücklich, gesund und bei bester Laune. Ohne groß nachzudenken, sagte ich: "Oh, du bist wieder da. Hast du Hunger?" Nicky lachte und lächelte mich breit an. Dann verlor sich die Vision, und einen Moment später war er fort. Auch wenn die Besuche meines Mannes immer kurz sind, kommt er doch regelmäßig zu mir.

Vier Jahre nach Nickys Tod erlitt unser fünfundvierzigjähriger Sohn Jimmy, der mit chronischer lymphozytischer Leukämie gelebt hatte, eine Darmperforation. Zwar konnte eine Operation das Problem beheben, doch die Bauchschmerzen blieben auch danach. Man dachte, er habe vielleicht Gallensteine und ließ ein CT machen. Doch eine allergische Reaktion auf das Kontrastmittel führte bei Jimmy zu Nierenversagen und er kam an eine Herz-Lungen-Maschine. Nach dem Tod seines Vaters hatte Jimmy mir das Versprechen abgenommen, dass ich den "Stecker ziehen" würde, wenn er je an Schläuchen hinge, um zu überleben. Ich erwiderte, ich sei nicht sicher, ob ich das tun könnte. Er sagte: "Na gut, Ma, dann weck mich auf, und ich zieh selbst den Stecker raus." So schwer es mir also fiel, traf ich zu gegebener Zeit die Entscheidung, die Jimmy sich gewünscht hatte. Er hätte so einfach nicht weiterleben wollen, das wusste ich.

In der Woche nach Jimmys Tod brachte ich all seine Duftwässerchen zu seiner Freundin Carol. Auch Jimmy war ein großer Freund verschiedener After Shaves gewesen, und ich dachte, Carol hätte sie gern im Haus. Ich musste sie auch aus demselben Grund weggeben wie Nickys Herrendüfte: um mit meiner Trauerarbeit voranzukommen. Als ich bei Carol ankam, rochen sie und ich gleichzeitig auf einmal sehr intensiv einen von Jimmys Lieblingsdüften. Wir überprüften alle Flaschenverschlüsse, aber sie waren alle fest verschlossen. Jimmy teilte uns offensichtlich auf dieselbe Weise wie sein Vater mit, dass er bei uns war.

Danach begann ich, nächtlichen Besuch von Jimmy zu bekommen. Manchmal wachte ich mitten in der Nacht auf und sah ihn am Fußende meines Bettes stehen. Zuerst kam er allein - und immer sah er fantastisch aus. In schwarzer Hose, Lederjacke und weißem Hemd mit weit geöffnetem Kragen zauberte er immer ein Lächeln auf meine Lippen.

Mittlerweile besuchen mich Jimmy und sein Vater gemeinsam. Nachts wache ich auf und sehe sie beide an meinem Bett stehen. Jimmy steht in seinem schwarz-weißen Outfit immer links und Nicky in seinem braunen Anzug rechts von ihm. Obwohl sie nie sprechen, lächeln sie mich doch immer an. Zum letzten Mal habe ich die beiden vor sechs Monaten gesehen, als ich von einem ausgedehnten Urlaub auf Hawaii zurückkam. Ich war wieder auf unseren kleinen Hof gezogen, auf dem Nicky und ich unsere Kinder großgezogen hatten. Aufgeregt begrüßte ich die beiden: "Hey, ihr zwei, wie geht es euch?" Sie lächelten nur und verschwanden dann wieder.

Immer wenn ich Jimmy und Nicky sehe, freue ich mich, weil ich dann weiß, es geht ihnen gut. Sie sehen gesund und glücklich aus, und sie sind zusammen am selben Ort. Andererseits bin ich auch traurig, weil ich wieder daran erinnert werde, dass sie fort sind. Aber ich weiß, wenn sie mich hier besuchen können, dann muss es auch im Jenseits etwas geben, wo wir uns alle wiedersehen werden.

Jeannette Lupoli, Kreditmanagerin im Halbruhestand, ist Mutter von sechs Söhnen und siebzehn Enkeln. Jeannette geht gern schwimmen oder wandern und häkelt gern, am liebsten aber ist sie bei ihrer Familie.

Zeichen von Brandon

Kimberly Marino

Jahrelang hatten mein Mann und ich unsere Urlaube mit meinen Eltern in ihrem Winterdomizil in Florida verbracht. Der Urlaub dort im März 1998 gestaltete sich aber anders als sonst. Als wir angekommen waren, fanden Joe und ich heraus, dass ich schwanger war. Wir alle waren aufgeregt und begeistert und feierten die Nachricht von unserem ersten Kind und dem ersten Enkelkind meiner Eltern ausgiebig.

Meine Schwangerschaft verlief problemlos, ohne Morgenübelkeit oder andere Schwierigkeiten. Ich fühlte mich meist ausgezeichnet und arbeitete die ganze Zeit Vollzeit weiter. Auch als meine Wehen zwei Wochen nach dem errechneten Zeitpunkt einsetzten, schien immer noch alles nach Plan zu gehen. Als Joe und ich im Krankenhaus ankamen, freuten wir uns beide schon sehr darauf, Eltern zu werden.

Abgesehen von einem gelegentlichem Abfall der Herztöne des Babys verliefen die Wehen zufriedenstellend. Die PDA wirkte gut und ich fühlte keinerlei Schmerzen. Je mehr Stunden vergingen, desto aufgeregter wurden wir. Bald würden wir unser Baby in den Armen halten. Da uns vermutlich aber noch eine lange Nacht bevorstand, schickte ich Joe noch in die Cafeteria, damit er etwas zu essen bekam.

Fünfzehn Minuten später kam der Geburtshelfer herein und verordnete ein wehenförderndes Mittel. Gleich darauf meldete die Schwester, dass ich Fieber hatte. Ich bekam ein Antibiotikum, um eine mögliche Infektion zu behandeln. Nach wenigen Minuten begann ich zu erbrechen. Die Schwester hatte Schwierigkeiten, die

Herztöne des Babys abzulesen. Mein Körper fühlte sich zunehmend schwächer und schlaffer an, und ich hatte das Gefühl, immer weiter abzudriften.

Als Joe vom Essen kam, wurde er völlig davon überrascht, dass ich plötzlich schwer krank und beinahe bewusstlos war. Joe entdeckte, dass ich am ganzen Körper Ausschlag bekommen hatte und eine rote Linie meinen Rücken entlanglief. Er lief los, um die Schwestern zu alarmieren. Der Anästhesist kam sofort und gab mir intravenös Benadryl gegen die allergische Reaktion. Mein Blutdruck war auf 63/47 gefallen und sank noch weiter.

Rasch wurde ein Kaiserschnitt angeordnet. Man sagte Joe, mein Zustand sei kritisch. Ich konnte nur noch verschwommen sehen und verlor immer wieder das Bewusstsein. Ich hatte keine Kontrolle über meinen Körper. Während der Entbindung hielt Joe meine Hand und ließ sie nicht los. Als unser Sohn am 9. Dezember 1998 um 6.08 Uhr morgens geboren wurde, atmete er nicht. Er schrie auch nicht. Man beatmete ihn künstlich und brachte ihn auf die Kinderintensivstation. Wir hatten ihm noch nicht einmal einen Namen gegeben.

Ich war überzeugt, dass unser Sohn am nächsten Morgen von selbst atmen und alles in Ordnung kommen würde, daher ließ ich Joe auch nichts von den wahren Umständen seiner Geburt verraten. Um 7.30 Uhr rief also mein Mann meine Eltern an und sagte: "Kim hat einen kleinen Jungen bekommen. Mutter und Baby sind wohlauf." Wir wussten beide nicht, wie schlecht es unserem Sohn tatsächlich ging.

Ein paar Stunden später, als ich unser Baby auf der Intensivstation sah, lag er auf Lammfell in einem Brutkasten. Trotz der Elektroden an seinem Kopf sah er ganz friedlich aus. Wegen all seiner Schläuche durfte ich ihn nicht auf den Arm nehmen, aber ich streichelte ihn sanft am ganzen Körper. Seine Haut war seidenweich. Unser Sohn war in jeder Hinsicht wunderschön!

Erst gegen Mitternacht kehrten wir ins Krankenzimmer zurück. Joe schlief ein und ich döste leicht. Gegen 4 Uhr morgens war ich wieder hellwach und lief nervös umher. Nachdem mir die Schwester auf der Kinderintensivstation versichert hatte, dass unser Kind friedlich schliefe, war ich erleichtert genug, um wieder auf unser Zimmer zurückzukehren. Unserem Baby ging es gut, und ich hatte meine Eltern nicht unnötig beunruhigt.

Kurze Zeit darauf verschlechterte sich der Zustand unseres Sohnes. Er hatte jetzt Krampfanfälle. Obwohl ich den Ernst der Lage noch immer leugnete, bestand Joe diesmal darauf, dass ich meine Eltern anrief. Meine Mutter fiel noch am Telefon in Ohnmacht – es war eine schlimme Nachricht. Ich weinte. Mein Körper war im Schockzustand. Wie gelähmt saß ich im abgedunkelten Krankenzimmer und weinte, bis meine Eltern kamen. Es war sehr schwer für sie, ihrem ersten Enkelkind am Beatmungsgerät zu begegnen. Joe und ich gaben unserem Sohn den Namen Brandon Christopher.

Unsere Familien begleiteten uns zur Ärztekonsultation um 16 Uhr. Der Oberarzt der Neugeborenenstation erklärte uns, dass unser Kind sehr krank war, da es nicht genug Sauerstoff bekommen hatte, als mein Blutdruck während der Wehen so stark abfiel. Der Sauerstoffmangel war es auch, der die Krampfanfälle bewirkte. Und wegen der Krampfanfälle hatte Brandon nun keinerlei Hirn- oder Nierentätigkeit mehr. Aus diesem Grund trafen wir gemeinsam die Entscheidung, dass wir, wenn die Zeit gekommen war, die Geräte abschalten lassen würden.

Um 17 Uhr brachte mich eine Schwester im Rollstuhl zurück in mein Krankenzimmer. Ich war emotional völlig am Boden. Meine ganze Welt lag in Trümmern. Joe war wütend auf Gott. Niemand von den Ärzten oder Pflegern kam, um uns zu trösten, obwohl jeder wusste, dass unser Kind sterben musste. Jemand, der es gut meinte, hatte einen Zettel an die Tür geklebt, auf dem stand: “Bitte nicht eintreten.” Ich wollte nur noch mein Baby im Arm halten und fühlte mich völlig isoliert und verlassen.

Als sich Brandons Zustand noch weiter verschlimmerte, taufte ihn der Krankenhausseelsorger. Kurz darauf verlegte man Brandon in seinen eigenen Behandlungsraum, damit wir mit ihm allein sein konnten. Mithilfe der Schwestern gelang es Joe und mir, unseren neugeborenen Sohn trotz aller Schläuche mit dem Schwamm zu waschen. Danach gab mir die Schwester Brandon auf den Arm. Joe und ich hielten und wiegten ihn gemeinsam. Joe sagte Brandon, wie sehr wir ihn liebten, dass er ewig unser Kind bliebe und er nur auf unsere Stimmen hören sollte. Als Brandons Gesicht sich verfärbte, wurden die Geräte abgestellt und die Schläuche entfernt. Brandon schaffte drei flache Atemzüge und starb in unseren Armen. Es war der 11. Dezember 1998 um 8 Uhr morgens.

Wir riefen unsere Familien an und sagten ihnen, dass Brandon gestorben war. Unsere Eltern kamen ins Krankenhaus, um Abschied zu nehmen. Wir alle hielten Brandon abwechselnd im Arm und machten noch viele Fotos. An diesem Tag hielt ich zum ersten und zum letzten Mal meinen Sohn im Arm.

Es war ein grauer und kalter Tag. Ich weiß noch, dass ich rechts neben mir aus dem Fenster sah. Die Sonne war eben durch die Wolkendecke gebrochen, und es hatte zum ersten Mal in diesem Jahr angefangen zu schneien. Der Schnee fiel schnell und heftig, viele blütenweiße Flocken. Und obwohl es so stark schneite, schien weiter die Sonne. Ich begann zu weinen. Ich wusste, dass mein Sohn in diesem Augenblick zum Himmel aufstieg. Ich sah meine Mutter an und sagte: "Brandon ist gerade in den Himmel gekommen. Die Engel haben ihn geholt." Fünf Minuten später hörte der Schneefall auf. Es schneite an diesem Tag auch nicht wieder.

Die Selbsthilfegruppen bei uns im Ort haben mir sehr geholfen. Ich habe eine Menge Eltern kennengelernt, die mir in meiner Zeit der Trauer von ihrer eigenen Bürde berichteten. Wir weinten oft zusammen. Es half mir sehr zu wissen, dass ich nicht die einzige Mutter auf der Welt war, der man ihr Kind genommen hatte.

Mehrere Monate später, im Mai 1999, fanden Joe und ich heraus, dass ich wieder schwanger war. Trotz unserer Freude fiel mir die Schwangerschaft schwer.

Am 12. Januar 2000 kam unser zweiter Sohn Robert in einem anderen Krankenhaus zur Welt. Am nächsten Morgen fiel der erste

Schnee des Jahres. Es waren dieselben blütenweißen, schnellen Flocken, die für Brandon gefallen waren. Es schneite und schneite immer weiter. Und je mehr es schneite, desto mehr spürte ich, dass Brandon an diesem Tag bei uns war. Ich bekam nur wenig Besuch und konnte viel Zeit mit meinem winzigen neuen Baby verbringen. Robert ist eine einzige Freude.

Ich spüre Brandon auf vielerlei Weise immer wieder um mich. Manchmal spüre ich einfach seine Anwesenheit, ohne das erklären zu können. Anfangs konnte ich ihn oft riechen, er hatte genau denselben Babyduft wie an jenem furchtbaren Tag im Krankenhaus. Mit der Zeit verschwand der Duft, aber es gibt immer wieder neue Zeichen dafür, dass Brandon noch immer Teil meines Lebens ist.

Ich habe noch nie ein Beanie Baby besessen, nicht ein einziges. Im Monat nach Brandons Tod war ich mit Joe im Einkaufszentrum. Da fiel mir ein Beanie-Baby-Bär mit Engelsflügeln auf. Er war so blütenweiß wie der Schnee. Und obwohl im Laden dieser bestimmte Bär ausverkauft war, erinnerte er mich so sehr an Brandon, dass ich am Montagmorgen wiederkommen und mich extra anstellen wollte, um einen kaufen zu können. Alle fanden das verrückt von mir, aber das war mir egal. Ich stand um 5 Uhr morgens auf, duschte, zog mich an und ging hinaus. Es schneite! Ich wusste genau, dass Brandon mir sagen wollte, ich solle weitergehen und das Beanie Baby kaufen, das so weiß wie Schnee war. Ich war ganz aufgeregt, weil ich Brandons Anwesenheit deutlich spüren konnte. Er war an diesem Tag ganz ohne Zweifel bei mir.

Brandon sendet mir auch andere Zeichen, zum Beispiel als ich mein Auto verkaufte. Zwölf Jahre lang fuhr ich einen weißen Mercury Cougar Baujahr 1988 in erstklassigem Zustand. Dann inserierte ich ihn zum Verkauf in der Zeitung und verkaufte ihn problemlos an eine Dame, die sich meldete. Am Telefon sagte sie mir, sie suche nach einem Auto für ihren sechzehnjährigen Sohn, der bald seinen Führerschein machte und ein Auto brauchte. Sie hatten schon einige Zeit lang gesucht und aus irgendeinem Grund den richtigen Wagen noch nicht gefunden. Als die Interessentin meinen

Cougar sah, sagte sie: "Ich weiß, dass Brandon dieses Auto *lieben* wird!" Auch wenn Brandon heute ein sehr beliebter Name ist, war er das doch sechzehn Jahre zuvor noch nicht, als ihr Sohn seinen Namen erhielt. Die Dame kaufte das Auto vom Fleck weg. Ich war richtig froh, dass ein Brandon meinen Wagen fahren würde. Sie war die Einzige, die sich auf die Anzeige gemeldet hatte.

Die Zeichen von Brandon kommen zuverlässig an den Tagen, an denen ich sie am meisten brauche. Das letzte kam nach einer Geburtstagsparty, die ich mit Robert besucht hatte. Er kam mit einem großen silbernen Ballon nach Hause, auf dem "Happy Birthday" prangte. Als wir nach Hause kamen, sagte Robert zu mir, er wolle den Ballon seinem Bruder im Himmel schicken. Es war dunkel und regnerisch, also schlug ich vor, den Ballon am nächsten Morgen zu schicken. Aber der sechsjährige Robert wollte davon nichts wissen. Er wollte diesen Ballon noch am selben Abend seinem Bruder schicken, und er bestand darauf, dass wir Brandon auch sein Foto schickten. Ich gab schließlich nach, als ich merkte, dass es aussichtslos war weiterzudiskutieren.

Wir banden also ein Foto von Robert an den Luftballon und ließen ihn fliegen. Kaum hatte Robert aber die Schnur losgelassen, flog der Ballon in den nächsten Baum in unserem Vorgarten. Ein wenig enttäuscht erklärte ich Robert, dass Brandon es wohl so gewollt hatte. Robert schien zufrieden, und wir beide gingen ins Haus zurück und kurz darauf ins Bett.

Als wir am nächsten Morgen aufwachten, war zu unser beider Überraschung der Ballon fort! Er war nirgends zu sehen. Wir fuhren in der Nachbarschaft herum und durchkämmten die Straßen nach ihm - ohne Erfolg. Schließlich sagte ich zu Robert, dass der Sturm wohl den Ballon losgerissen und in den Himmel getragen hatte.

"Nein, Mommy", antwortete Robert, "ich habe mir etwas gewünscht."

"Was hast du dir denn gewünscht, Robert?"

Ganz zuversichtlich erwiderte er: "Ich habe Brandon gesagt, er soll uns den Ballon zurückschicken, wenn er fertig ist." Ich wusste nicht, was ich sagen sollte. Fünf Tage danach wachten wir beide an einem hellen sonnigen Morgen auf. Als ich die Rollos in der Küche öffnete, sah ich als Erstes direkt vor mir Roberts Ballon! Er hatte sich in einem Baum vor unserem Haus verfangen. Ich traute meinen Augen kaum. Da hing er, immer noch prall mit Gas gefüllt, und wünschte uns schaukelnd viel Glück zum Geburtstag. Roberts Foto war nicht mehr an der Schnur. Und ich wusste genau, dass Brandon uns eine Botschaft geschickt hatte.

Zufällig stand gerade unser Haus zum Verkauf. An diesem Tag, an dem Roberts Ballon zu uns zurückkam, bekam ich eine Anzahlung auf das Haus und wir konnten es verkaufen. Ich bin sicher, dass der Ballon Brandons Art war, uns mitzuteilen, dass es in Ordnung war, wenn unser Leben weiterging. Egal was sich änderte, er würde immer bei uns bleiben. Robert und ich sind sehr glücklich, dass wir Brandon in unserem Leben haben.

Es ist nun dreizehn Jahre her, dass Brandon gestorben ist. Sehr viel ist seitdem geschehen. Ich bin jetzt alleinerziehend. Mein Herz sehnt sich immer noch schmerzhaft nach Brandon, aber es heilt jeden Tag ein wenig mehr. Ich bin sehr, sehr froh, dass mein Sohn Brandon Robert und mir immer wieder Zeichen der Hoffnung sendet und uns regelmäßig wissen lässt, dass er bei uns ist. Danke, Brandon. Wir lieben dich auch.

Kimberly Marino, die Mutter von Brandon und Robert, ist eine radiologisch-technische Assistentin in einer Kinderarztpraxis für bedürftige Kinder. Kim ist dankbar für ihre wunderbaren Söhne und für die liebevolle Unterstützung, die sie von ihrer Familie erfährt.

Glaube ist alles

Andrea Godwin

Mein Enkel Dylan James Manning kam an Thanksgiving 2001 zur Welt. Er war unser erster Enkelsohn. Meine Tochter Sherri, ihr Mann Brian und unsere ganze Familie waren so dankbar für diesen Segen namens Dylan. Seine Eltern hatten schon drei Fehlgeburten verkraften müssen, und dieser zauberhafte kleine Junge mit braunem Haar und blitzblauen Augen war ein Riesentrost für die ganze Familie.

Ich bin von Beruf Tagesmutter und komme selbst aus einer großen Familie. Ich hatte Zeit meines Lebens mit kleinen Kindern zu tun. Schon früh begann ich festzustellen, dass Dylan, den wir DJ nannten, nicht denselben Entwicklungsfortschritt vorweisen konnte wie seine Altersgenossen. Da er vier Wochen zu früh geboren worden war, schrieben wir seine verlangsamte Entwicklung der Frühgeburt zu. Wir übten besonders viel mit Dylan und hofften auf Fortschritte. Doch anstatt sich zu verbessern, verschlechterte es sich eher. Zum Beispiel konnte er zwar Sandkuchen backen, aber er sackte aus dem Sitzen rasch wieder in sich zusammen. Seine Eltern forderten bei Dylans Arzt eine Kernspintomografie an.

Nach zahlreichen Konsultationen mit mehreren Kinderärzten und Spezialisten diagnostizierte man bei Dylan zunächst eine milde Form von zerebraler Kinderlähmung, eine Krankheit, die sich nicht fortlaufend verschlimmert. Natürlich waren das sehr traurige Nachrichten, aber es gab doch Hoffnung. Man versicherte uns, dass, sobald Dylan einmal das Eintrittsalter für den Kindergarten erreicht hätte, niemand mehr merken würde, wie sehr er von Entwicklungsverzögerungen betroffen war. Er bekam Physiotherapie verschrieben und wir meldeten ihn im Entwicklungsförderungsprogramm "Early Childhood Intervention" an. Leider stärkten die vielen Übungen Dylans Körperkraft nicht; im Gegenteil, sie schienen ihn nur immer mehr zu schwächen.

Sherri fiel auf, dass Dylan ihr nicht mehr in die Augen sah und auch am Fernsehen kein Interesse zeigte - ungewöhnlich für Kinder. Er konnte kaum noch gezielt nach seinen Spielsachen greifen. Sherri machte einen Termin beim Augenarzt aus, der Dylan auf der Stelle an einen Netzhautspezialisten überwies. Dieser Spezialist teilte Sherri und Brian dann mit, dass es nach dem Tay-Sachs-Syndrom aussah, einer erblichen Fettstoffwechselstörung. Da Dylans Eltern zu keiner der typischen Risikogruppen für Tay-Sachs gehörten, waren sich die Ärzte nicht sicher, ob die Diagnose stimmte. Sherri und Brian ließen sich den Namen der Krankheit aufschreiben und fuhren dann mit Dylan wieder nach Hause, erleichtert, dass ihre Gebete für eine Diagnose endlich erhört worden waren. Soweit sie es verstanden, fehlte es ihrem Sohn an Energie und an Nährstoffen für seine Muskeln. Man musste also nur für beides sorgen und die krankhaften Fettablagerungen im Gehirn entfernen. So ergab es für sie Sinn - sie hatten eine konkrete Krankheit zur Antwort bekommen, jetzt mussten sie nur noch erfahren, wie genau sie die Heilung in Angriff nehmen sollten.

Am Nachmittag nahm Sherri sich bei mir im Haus Zeit, um online herauszufinden, wie sie ihrem Jungen helfen konnte. Auf einmal hörte ich, wie sie laut aufschluchzte und haltlos zu weinen begann. Ich lief zu ihr hinauf. Zitternd und sprachlos deutete meine Tochter auf die Tay-Sachs-Seite, die sie im Internet aufgerufen hatte. Das Tay-Sachs-Syndrom verursacht fortschreitende Taubheit, Blindheit und Lähmung und führt innerhalb weniger Jahre zum Tod. Es gibt keine Behandlung, die hilft, keinerlei Heilung. Ich fühlte mich, als habe mir jemand gerade ein großes Messer mitten ins Herz gestoßen. Aber ich wusste auch, dass ich stark bleiben musste, um Sherri und meinen Enkel zu schützen. Ich versicherte ihr, dass wir irgendeinen

Weg finden würden. Das konnte einfach nicht wahr sein. Es schien wie ein schlimmer Traum.

Mein Mann und ich packten ein paar Sachen zusammen und blieben über Nacht bei Dylan und seinen Eltern. Ich fing an, unseren Angehörigen und Freunden die schlimme Nachricht telefonisch mitzuteilen. Da wir nun wussten, dass Dylans Leben vielleicht sehr begrenzt verlaufen würde, begannen wir, ein ganz anderes Leben zu führen. Wir genossen jeden Tag, den wir mit ihm verbringen durften, aufs Neue, freuten uns über jede gemeinsame Minute. Eine Woche später bestätigte das Ergebnis des Bluttests seine Diagnose. Dylan hatte das Tay-Sachs-Syndrom. Er war erst siebzehn Monate alt. Unsere ganze Welt stürzte ein.

Ich weiß heute nicht mehr, wie wir den ersten Schock eigentlich verwanden. Die Jahre, die folgten, waren schwer. Mein Mann, Dylans Opa, verbrachte viele schlaflose Nächte damit, Ärzte und Wissenschaftler auf der ganzen Welt ausfindig zu machen, die seinem Enkel helfen sollten, seine unheilbare Krankheit zu überwinden. Unsere Familie und unsere Freunde rückten eng zusammen, um uns gegenseitig den bitter nötigen Rückhalt zu geben. Die Eltern meiner Tageskinder kamen zu Hilfe, indem sie eine Spendenaktion zu Dylans Gunsten auf die Beine stellten. Sie wollten, dass Sherri jede Minute mit Dylan genießen konnte, ohne an die Rechnungen denken zu müssen. Diese Spendensammlung wurde zur Grundlage der späteren "DJ's Foundation for Tay-Sachs Disease". Diese Stiftung gibt es heute noch. Wir können unserer Dankbarkeit für die unermüdlichen Bemühungen und die nicht endende Großzügigkeit so vieler Menschen kaum genug Ausdruck verleihen.

Ich werde nie den Tag vergessen, an dem die Hospizschwester uns mitteilte, dass Dylan uns in wenigen Wochen verlassen würde. Es war wichtig, dass wir alle ihm noch die ausdrückliche Erlaubnis gaben, uns loszulassen. Aber wie konnten wir denn selbst nach drei Jahren Vorbereitung unser geliebtes Kind gehen lassen? Als ich an der Reihe war, diese ganz besondere Zwiesprache mit Dylan zu halten, musste ich mich, so schwer es mir fiel, zusammennehmen und meinem Enkel die Erlaubnis erteilen, sein Leiden zu beenden. Auch wenn ich ihn am liebsten ewig im Arm gehalten hätte, wusste ich doch, dass es nicht richtig war, Dylan hier zurückzuhalten. Mit Tränen in den Augen sagte ich zu ihm: "Geh zu Gott, Dylan, wo du frei von dieser ekligen Krankheit sein wirst und endlich all die Dinge tun kannst, die dir in deinem kurzen Leben hier versagt geblieben sind. Aber wenn du gehst, sende mir ein Zeichen, damit ich weiß, dass es dir gut geht." Ich versicherte Dylan, dass wir die Kraft finden würden, ohne ihn weiterzumachen, und ich bat ihn darum, mir einen schwarzgelben Schmetterling als Zeichen zu senden. Dieser Schmetterling sollte sein Leben hier auf der Erde und im Himmel symbolisieren.

Als ich ihm so zusah, wie er um jeden Atemzug rang, hatte ich große Mühe, einen Sinn darin zu erkennen. Ich versuchte, Dylans Leben auf der Erde wie das eines Schmetterlings zu betrachten. So wie eine Raupe sich langsam vorwärtsmüht, so tat das auch Dylan, als er immer stärker seiner verheerenden Krankheit verfiel. Mein Enkel war am Ende völlig gelähmt und konnte sich gar nicht mehr bewegen - wie die Raupe in ihrem Kokon. Ich wusste, dass er nach seinem letzten Atemzug seine äußere Hülle verlieren würde. Doch Dylan würde transformiert und verwandelt weiterleben, so wie der Schmetterling, der seinem Kokon mit schönen bunten Flügeln entschlüpft und fliegt.

An einem von Dylans letzten Tagen saß ich bei Sherri auf der Veranda. Während ich ein Telefonat führte, flog ein schwarzgelber Schmetterling direkt auf mein Gesicht zu und umflatterte meinen Kopf. "Oh Gott", scherzte ich, "ich werde von einem Schmetterling angegriffen." Aber dann wurde mir klar, dass Dylan bereits begonnen hatte loszulassen und dass er mir ein Zeichen dafür sandte, dass er sich an einen besseren Ort begab.

Derselbe schwarzgelbe Schmetterling schien den Sommer über in Dylans Garten zu bleiben. Einmal flog etwas Großes und Schwarzes direkt an mir vorbei. Erst dachte ich schon, es sei ein Vogel, der mich da beinahe berührt hatte, aber es war ein großer schwarzer

Falter. Von diesem Tag an bis zu Dylans Tod ließ sich der schwarzgelbe Schmetterling immer zusammen mit dem großen schwarzen im Garten sehen. Viele Freunde und Verwandte, die Dylan besuchten, versuchten, das Duo zu fotografieren, doch die zwei entkamen dem Auslöser jedes Mal gerade noch rechtzeitig.

Nach einem letzten und außergewöhnlich schönen Sonnenspaziergang mit seiner Mutter, seinem Vater und seinem Opa verstarb Dylan. Seine Seele war fort, und es war Zeit, seinen Körper freizugeben. Ich gab meinem geliebten Enkel noch einen letzten Kuss und ging dann hinaus auf die hintere Veranda. Ich hatte mich gerade mit meiner Schwiegertochter niedergesetzt, da flog ein schwarzgelber Schmetterling an meinem Mann und meinem Sohn vorbei auf uns zu. Diesmal erlaubte mir der Schmetterling, nah heranzukommen und ein Foto zu machen. Er setzte sich sogar auf meine Hand. Als meine Schwiegertochter ein Foto von mir und dem Schmetterling machen wollte, flog er rasch davon, bevor sie auslösen konnte. Ich sagte ihr, es gebe keinen Grund zur Sorge – Dylan ließ uns einfach wissen, dass er nun frei sein wollte.

Die Schmetterlingszeichen hörten nicht auf. Am Morgen darauf führten mein Mann und ich unseren anderen Enkel Kenny zum Frühstück aus. Gerade als ich das Restaurant betreten wollte, flog ein schwarzgelber Schmetterling auf mich zu, berührte kurz meine Wange und flog dann davon. Ich wusste gleich, dass mir Dylan so einen Kuss gesandt hatte und dass er nun im Himmel war. Mein Enkel wusste immer, wann ich solche Schmetterlingsküsse am meisten brauchte. Schmetterlinge begleiteten uns auf dem Weg zu seiner Trauerfeier und danach auf den Friedhof. Auch mein jüngster Enkel Brady, Dylans Bruder, sah einen Schmetterling, als wir zusammen in der Kirchenbank saßen. "Schau mal, Nanny ... Schmetterling", sagte er und zeigte auf etwas. Ich konnte aber nichts erkennen. Danach fragte er betrübt: "Wo Schmetterling, Nanny?" Ich wusste, Dylan war gerade bei uns gewesen.

Viereinhalb Monate nach Dylans Tod erhielten mein Sohn Ken und seine Frau Crystal die schreckliche Nachricht, dass das Baby, das Crystal erwartete, im Mutterleib gestorben war. Als ich während der Entbindung im Wartezimmer saß, betete ich zu Dylan, er möge bitte auf seinen kleinen Cousin Charles James aufpassen. Dann griff ich nach einem Buch auf dem Tisch neben mir, und das Buch öffnete sich genau auf der Seite, auf der zwei Hände abgebildet waren, die einen Schmetterling ins Freie fliegen ließen. Die Bildunterschrift lautete: "Das Wunder der Heilung." Ich wusste, dass Gott meine Gebete erhört und Dylan seine Botschaft erhalten hatte – sein kleiner Cousin würde im Himmel nicht allein bleiben.

DJ's Foundation benannte sich jetzt mit dem Motto: "Glaube ist alles. Glaubt an das Leben, an Wunder, an Heilung." Und wirklich, auch wenn Dylan nicht mehr bei uns auf Erden ist, glauben wir doch, dass er an einem besseren Ort viel schöner weiterlebt, als wir es hier zu träumen wagen. Meine Tochter erkennt sich in der Pietà der Heiligen Muttergottes mit ihrem leblosen Sohn im Arm wieder. Obwohl ein Wunder geschah, hatte Gott doch andere Pläne für ihren Sohn.

Dylan hatte eine kleine Freundin, die fünfjährige Michaleigh aus meiner Tagesgruppe, die ihn sehr liebhatte. Wenn Dylan tagsüber zu mir zu Besuch kam, kümmerte sich Michaleigh stets rührend um meinen Enkel. Als seine Krankheit so schlimm wurde, dass er mich nicht mehr besuchen konnte, besuchte ihn die Kleine zu Hause. Bei Michaleighs letztem Besuch behandelte meine Freundin Wanda Dylan gerade mit Aromatherapie. Mit der Regenbogentechnik gelang es ihr, seinen Körper durch eine Kombination natürlicher Duftöle zu entspannen. An diesem Tag ließ ich Michaleigh "Believe Oil" in Dylans Füße einreiben. Nachdem ich sie dazu ermutigt hatte, sagte Michaleigh zögernd: "Du kannst jetzt in den Himmel gehen, Dylan, aber ich werde dich vermissen." Und ein paar Tage darauf kam mein Enkel tatsächlich in den Himmel.

Einige Tage nach Dylans Tod spielten Michaleigh und ihr Bruder zusammen, als sie aufgeregt zu ihrer Mutter liefen. Sie berichteten, dass Dylan zu Besuch in ihrem Zimmer sei. Als sie alle zusammen ins Zimmer kamen, war der ganze Raum mit dem starken Aroma von Believe Oil erfüllt! Sie erkannten gleich, dass der Duft eine Botschaft von unserem kleinen Engel Dylan war, der nun über sie wachte. Genau wie ich achtet auch Michaleigh stets auf Schmetterlingsboten von ihrem Freund.

Dylan wurde uns viel zu früh genommen, doch wir glauben, dass er im Leben sehr vieler Menschen viel bewirkt hat - und es durch die Stiftung in seinem Namen auch weiterhin tut. Seine Mission auf der Erde war bald schon beendet. Seinen letzten Atemzug tat Dylan bei einem beruhigenden Bad in den Armen seiner Mom und seines Dads. Als seine Eltern seinen schlaff gewordenen Körper noch erschrocken betrachteten, schenkte er ihnen ein Lächeln, das lange vorhalten wird. Es hat ihnen geholfen weiterzuleben, in dem sicheren Wissen, dass Dylan in diesem Moment Gott begegnete. An der Wand hing ein Foto von Dylan mit Engelsflügeln und Heiligenschein. An der Wand gegenüber stand zu lesen: "Immer wenn eine Glocke erklingt, bekommt ein Engel seine Flügel." In dem Moment klingelte das Telefon. Glaube ist alles. Wir glauben, dass unser kleiner Engel vom Himmel auf uns herablächelt, auf dem Regenbogen rutschen darf und das himmlische Leben in Fülle genießt.

Andrea Godwin, Ehefrau, Mutter und Großmutter, arbeitet als Tagesmutter, so dass sie ihre Enkel immer bei sich haben kann. Das ist ihre größte Lebensfreude!

Licht meines Lebens

Krysta O'Neill

Als ich herausfand, dass ich schwanger war, war ich aufgeregt, nervös und überwältigt. Obwohl ich mich vor allem freute, wurde ich doch auch nervös bei dem Gedanken, dass ich diesem kleinen Kind das beste Leben ermöglichen musste, das ein Mensch nur haben konnte. Meine Schwangerschaft verlief gut, mit einigen weniger guten Tagen, aber doch normal – bis eine Woche vor dem Geburtstermin eine Ultraschalluntersuchung ergab, dass mein Baby von zu wenig Fruchtwasser umgeben war. Meine Gynäkologin schickte mich am selben Nachmittag ins Krankenhaus, um dort die Wehen einleiten zu lassen. Auf das wehenfördernde Mittel sprach mein Baby aber nicht gut an, also bereitete man mich für einen Kaiserschnitt vor. Um 4.29 Uhr am Morgen erfuhr ich, dass es ein Junge war. Ich freute mich wahnsinnig.

Aber auf einmal wurde mir klar, dass ich ihn nicht schreien hörte. Ich rief: "Warum schreit mein Kind nicht, was ist los?" Niemand antwortete mir. Mir wurde übel. Vier Ärzte und Schwestern beugten sich über meinen kleinen Sohn, den ich Brett nannte, und arbeiteten fieberhaft, während ich hilflos zusehen musste. Sie waren nur mit Brett beschäftigt – zu Recht natürlich. Als sie ihn aus dem Krankenzimmer schoben, rief ich meinem Mann und meinen Geschwistern mehrmals zu: "Geht mit! Geht doch mit ihm mit!" Ich hatte mein Kind immer noch nicht zu Gesicht bekommen.

Während ich angstvoll auf eine Nachricht wartete, versuchten meine Schwester und mein Bruder, mich zu beruhigen. Der Neonatologe sagte mir, dass Brett sehr krank war. Ich verstand nicht, was er meinte. Vielleicht hatte mein Kind ja nur eine schlimme Erkältung ... Die Schwester erzählte mir, dass mein Sohn ein spitzes kleines Kinn hatte, runde Ohren, Schaukelfüße, ein etwas abgeknicktes Ohr und ein herzförmiges Gesichtchen. Der Arzt erklärte, man müsse zwar noch einige Testergebnisse abwarten, aber trotzdem stand fest, dass Brett im Krankenwagen in die Kinderklinik gebracht werden müsste. “Bitte!”, flehte ich ihn an, “Dann muss ich mitfahren!” Völlig verzweifelt begann ich, mir die Zugänge aus den Armen zu reißen. Zum Glück begriff der Arzt wohl, wie verzweifelt ich war, und bestellte für mich einen zweiten Krankenwagen.

Kurz bevor ich fahren konnte, rief meine Gynäkologin an. Alle beteiligten Ärzte hatten sich darauf geeinigt, dass Brett höchstwahrscheinlich eine polyzystische Nierenerkrankung hatte, die nicht lebenskompatibel war. Diese Worte werde ich nie vergessen: *nicht lebenskompatibel!* Wie konnte mein neugeborener Sohn denn schon eine tödlich verlaufende Krankheit haben? Mit zwanzig Wochen war sein Ultraschall noch völlig normal ausgefallen. Doch die Erkrankung hatte sich erst mit zweiunddreißig Wochen ausgebildet. Auch war Bretts Bauch nach Aussage der Ärzte leicht vergrößert, er hatte einen Leistenbruch und sein Herz lag höher, als es liegen sollte. So traurig es war: Mein Baby lag im Sterben.

Sobald mein Krankenwagen in der Kinderklinik vorfuhr, wurde meine Trage in die Kinderintensivstation zu meinem Sohn gebracht. Ich wurde zu Brett an den Untersuchungstisch gerollt und konnte mein Kind zum ersten Mal berühren. Er war das schönste Baby, das ich je gesehen hatte. Selbst am Beatmungsapparat sah er großartig aus. Er war ein perfektes Kind. Auf seinem runden Kopf spross ein zarter blonder Flaum. Brett wog 3,7 Kilogramm.

Ich weiß noch, wie ich in jeder einzelnen Sekunde betete: Wenn ich nur ein Wunder im Leben haben darf, dann *lass es bitte dieses sein*. Und wenn ich den Rest meines Lebens in einem Pappkarton leben muss, *lass ihn bitte hier bei mir bleiben*. Ich hätte ohne Zögern mein linkes Bein abgetrennt, wenn das Brett geholfen hätte. Ich wünschte mir so sehr, ich könnte irgendetwas tun, um meinen Sohn zu retten. Wegen der Schläuche konnte ich ihn nicht auf den Arm nehmen, also streichelte ich ihn wenigstens an den kleinen Händen und Füßen. Weil die Ärzte und Schwestern mitbekamen, wie verzweifelt ich ihn halten wollte, hoben sie ihn samt Schläuchen hoch und legten ihn mir kurz auf die Brust, während der Arzt ihn mit einem Ambubeutel beatmete.

Neben Brett lag ein silberner Rosenkranz von meiner Schwägerin Kelli, den ihre Großmutter aus Portugal mitgebracht hatte. Ich gab ihn ihr zurück, nachdem Brett gestorben war - neun Monate später entdeckten wir, dass die Silberperlen auf wunderbare Weise goldfarben geworden waren. Der Priester erklärte uns, dass Gott uns auf diese Weise mitteilte, dass unser Kind bei ihm war. Er erwähnte auch, dass die Besitzerin des Rosenkranzes ein ganz besonderer Mensch und tief religiös sein musste.

Auf der Kinderintensivstation hielt Father McCarthy eine förmliche Taufzeremonie mit unserer Familie ab. Danach ermutigte er uns, wir sollten Brett wissen lassen, dass es in Ordnung war, wenn er uns wieder verließ. Kaum vorstellbar, seinem eigenen süßen kleinen Baby zu sagen, dass es in Ordnung ist, wenn es stirbt! Und doch musste ich es tun. Ich fühlte mich furchtbar schuldig. Es war das Schwerste, was ich je sagen musste, aber ich musste es für Brett tun. Er hatte keine Überlebenschance.

Kurz darauf verstarb Brett. Er hatte sechsunddreißig Stunden lang gelebt. Brett war ein kleiner Kämpfer und hatte wirklich versucht, am Leben zu bleiben. Als alle Schläuche entfernt waren, boten mir die Schwestern an, ihn auf den Arm zu nehmen. Tief im Herzen wusste ich, wenn ich das täte, würde ich Brett festhalten und so weit mit ihm fortlaufen, wie ich nur konnte. Ich würde ihn nie wieder loslassen. So verzweifelt ich mich danach sehnte, ihn zu halten, so wenig hätte ich es ertragen können, meinen Sohn noch einmal an Fremde auszuhändigen. Bretts Vater nahm ihn noch einmal, aber ich konnte es einfach nicht. Ich kann mir nie sicher sein, ob das wirklich die richtige Entscheidung war, aber zu diesem Zeitpunkt war es das Einzige, was ich tun konnte.

Nachdem Brett gestorben war, spürte ich den starken Drang, aus der Klinik wegzukommen. Der Ort, an dem wir gehofft hatten, meinem Sohn helfen zu können, war zu dem Ort geworden, an dem er sterben musste. Körperlich völlig erschöpft und psychisch noch immer unter Schock verließen wir das Krankenhaus, nachdem man ambulante Pflege für mich vereinbart hatte.

Die nächste große Herausforderung war Bretts Beerdigung. Dank der unglaublichen Unterstützung zahlreicher Familienangehöriger war das Einzige, das ich noch erledigen musste, die Auswahl seiner Kleidung und der Blumen. Am Morgen der Trauerfeier schrieb ich innerhalb weniger Minuten ein Gedicht für Brett. Ich bin überzeugt, dass mein Sohn mir dabei geholfen hat, es zu dichten. Das Gedicht steht auf seinem Teddybär-Grabstein.

Brett starb an einer autosomal-rezessiven polyzystischen Nierenerkrankung. Ich schrieb ihm nach seinem Tod fast jeden Tag in meinem Tagebuch, so wie ich es in der Schwangerschaft begonnen hatte. Drei Monate nach seinem Tod wachte ich aus dem lebhaftesten und detailreichsten Traum auf, den ich je geträumt hatte. Ich sprang aus dem Bett, zog mein Tagebuch hervor und begann sofort zu schreiben, damit ich auch nichts von dem Traum vergaß.

> Lieber Brett,
> ich bin gerade aus einem fantastisch wirklichen Traum aufgewacht. Leider war es ein Albtraum, aber ich bin trotzdem froh. Du warst in dem Traum am Leben, aber wir wussten, dass du krank warst und nicht lange bei uns bleiben würdest. Aus irgendeinem Grund konntest du sprechen und sahst schon wie ein etwa dreijähriges Kind aus. An Folgendes erinnere ich mich noch: Wir waren bei Tante Denise und Onkel Eric zu Hause. Ich saß auf dem kaputten Hocker in der Küche und hielt dich auf dem Schoß. Alle waren da. Ich ging

hinaus, um den Fotoapparat zu holen, weil ich wusste, dass wir mehr Fotos von dir brauchen würden. Ich wünschte jetzt, ich hätte mehr Fotos von dir. Da war auch ein Strand und wir standen im Wasser. Ich machte so viele Schnappschüsse von dir, wie ich konnte. Danach kamen Wellen auf und spülten dir übers Gesicht, woraufhin du das Wasser erbrechen musstest. Ich zog dich aus dem Wasser und sagte: “Komm, wir gehen Zähneputzen, weil du eben brechen musstest.” Ich konnte das Erbrochene so deutlich riechen, als sei ich wirklich dabei gewesen. Wir liefen zurück zum Haus, das nun unser Haus war, und setzten uns auf die hintere Veranda. Ich setzte mich mit dir auf die Stufen und sang “Rock-a-bye Baby” für dich. Danach sahst du zu mir auf und sagtest: “Bitte sing mir nicht mehr vor, weil du bald nichts mehr für mich singen kannst. Dort, wohin ich gehe, wirst du mir nicht mehr vorsingen können, und das macht mich traurig.”

Da bin ich aufgewacht. Ich habe laut geweint und konnte nicht damit aufhören, weil ich dich in dem Traum *spüren* konnte Und *sehen* konnte. Und ich konnte dich *riechen*, als ob du hier bei mir wärst. Es war so schnell wieder vorbei. Ich erinnere mich, dass ich den ganzen Traum über dachte, solange ich dich nur nicht in dein Bett legte, würdest du auf ewig bei mir bleiben. Und als ich aufwachte, war es, als würde ich dich noch einmal verlieren. Außer dass ich jetzt wenigstens die Erinnerung aus diesem Traum habe. Brett, ich wünschte, ich könnte dich auf den Schoß nehmen und dich wiegen und dir vorsingen. Ich würde dich im Leben nicht wieder loslassen. Ich würde dich niemals wieder hergeben. Mein geliebter kleiner Junge, bitte wache gut über unsere Familie. Hilf uns bitte zu

akzeptieren, was geschehen ist, um wieder Frieden zu finden. Ich vermisse dich mehr, als du es dir vorstellen kannst.
Mit all meiner Liebe in Ewigkeit,
Mom

Der Traum war sensationell wirklich. Es war, als hätte ich ein paar Extraminuten mit meinem Sohn verbringen dürfen. Das Gefühl war unglaublich. Dort auf den Verandastufen mit Brett zu sitzen und ihn zu wiegen, ist die beste Erinnerung aus diesem Traum, weil ich ihn im Krankenhaus nie richtig an mein Herz drücken konnte, was mir zu schaffen machte.

Ich konnte Bretts Babygeruch noch lange überall im Haus wahrnehmen, und auch heute kann ich diesen speziellen Duft noch jederzeit heraufbeschwören. Der intensive Geruch nach Erbrochenem aus dem Traum hing mir noch etwa einen Tag lang nach.

Auch wenn das Jahr nach Bretts Tod so schwer war, bin ich doch sehr dankbar für die Erinnerungen, die mir keiner nehmen kann. Ich weiß auch, dass Brett selbst mir hilft, mit all dem zurechtzukommen, weil ich es ohne ihn nie schaffen würde.

Ich hatte etwa fünf Monate nach seinem Tod noch einen anderen Traum von Brett, als ich auf Geschäftsreise war. Ich kann mich nicht mehr richtig an die Details erinnern, aber ich weiß noch gut, wie großartig das Gefühl war, wieder mit ihm zusammen zu sein. Ich erwachte mit einem breiten Lächeln auf den Lippen, weil Brett bei mir war. Ich rief meine Eltern an und erzählte, ich hätte noch einen Traum von Brett gehabt. Aber diesmal war ich viel eher bereit, alles so zu akzeptieren, wie es war. Ich hatte ein schönes und warmes Gefühl, dass alles in Ordnung käme. Vor allem wusste ich endlich, dass es meinem Sohn gut ging, was mir immer am meisten Sorge bereitet hatte.

Brett war das Licht meines Leben. In nur sechsunddreißig Stunden hatte er all meine Träume wahr werden lassen, indem er einfach nur da war. Brett war mein erstes Kind. Obwohl die Ehe mit seinem Vater nicht hielt, hatte ich doch das Glück, wieder zu heiraten, diesmal die große Liebe. Und wir wurden mit einem Sohn gesegnet, unserem Shane, der drei Tage nach Brett Geburtstag hat. Meinen Sohn Brett werde ich auf ewig in meinem Herzen tragen.

Krysta O'Neill ist glücklich mit Stephen verheiratet. Sie mag Jogging, Schreiben, ihren Beruf und spielt gern mit ihrem Sohn oder den vielen anderen Kindern in der Familie. Krysta empfindet die Liebe und Unterstützung der besten Familie, die sie kennt, als großen Segen.

Trostzeichen von Claudia

Julie Smith

Claudia wurde am Freitag, den 13. Juli geboren. Ihr Geburtsdatum bereitete mir Sorge. Auch wenn ich selbst nicht abergläubisch bin, waren es mein Vater und meine Großmutter doch umso mehr. Ich beschloss, den Aberglauben einfach umzudrehen und ihren Geburtstag zum Glückstag zu machen. Was sollte ich auch sonst tun? Claudia war mein drittes Kind – zwei entzückende Kinder hatte ich schon, Camden und Brittany. Von dem Moment ihrer Geburt an spürte ich ein heftiges Bedürfnis, jeden einzelnen Moment mit Claudia voll auszukosten. Ich nahm sie überallhin mit und gab meine Teilzeitstelle auf, um mehr Zeit mit ihr verbringen zu können. Rückblickend erkenne ich, dass ich wohl tief im Inneren gewusst haben muss, dass Claudia nur für kurze Zeit bei uns sein würde.

Meine Jüngste hatte immer ein Lächeln auf den Lippen und bezauberte alle mit ihrer liebenswerten und quirligen Persönlichkeit. Claudia aß gern, trank gern, lachte gern und spielte gern mit jedem. Ganz besonders liebte sie den Strand. Wir waren oft dort, machten Ausflüge ans Meer, sobald das Wetter warm genug war. Claudia wackelte fröhlich am Strand umher, kroch von Urlauber zu Urlauber und sah überall in den Strandtaschen nach, was sich die Leute mitgebracht hatten. Eines Tages krabbelte sie zu einem älteren Paar hinüber. Gleich darauf saß sie bei der Frau auf dem Schoß, den kleinen Kopf gegen ihre Schulter gelehnt, und ließ sich etwas vorsingen. Zehn Minuten lang hörte sie der Frau zu, dann kletterte sie wieder herunter und kam zu mir zurück. Die Frau versicherte mir später, wie froh sie über Claudias Besuch gewesen war, da sie ihre eigenen Enkelkinder sehr vermisste. Claudia hatte sie getröstet. So etwas passierte oft mit ihr.

Als Claudia im Alter von elf Monaten ihren ersten Fieberkrampf hatte, änderte sich alles schlagartig. Er dauert nur etwa 30 Sekunden an, war aber wirklich sehr schlimm. Ich wusste intuitiv, dass unser Leben sich von Grund auf ändern würde. Die Ärzte in der Notaufnahme versicherten uns, dass alles in Ordnung käme. Claudia lachte, schäkerte mit Ärzten und Schwestern und saugte jede Flasche Elektrolytlösung, die man ihr gab, begeistert weg. Ich indes flippte innerlich aus vor Angst. Als die Ärzte Claudia wieder entließen, warnten sie uns, bald sei ein weiterer Fieberkrampf zu erwarten, da die meisten Kinder innerhalb von sechs Monaten nach dem ersten noch einen zweiten Krampf erleiden.

Wir feierten Claudias ersten Geburtstag am 13. Juli mit einem großen Familienfest zu Hause. Alle Großeltern, Tanten, Onkel und Cousins waren da. Claudia hatte einen Riesenspaß mit ihren vielen Geschenken und Kuchen von den Tellern all ihrer Cousinen und Cousins. Sie war der strahlende Mittelpunkt und bezauberte alle mit ihrer munteren Art. Auch die nach einem Jahr anfallende ärztliche Routineuntersuchung ergab nichts Beunruhigendes.

Dennoch erlitt Claudia etwa einen Monat später, so wie die Ärzte es vorausgesagt hatten, einen weiteren Fieberkrampf. Ich hielt sie im Arm und beruhigte sie, und in weniger als einer halben Minute war der Krampf vorbei. Die Rettungssanitäter kamen ins Haus und untersuchten Claudia, die Kinderarztpraxis versicherte mir telefonisch, alles sei ganz im Rahmen des Normalen. Ich brachte Claudia trotzdem zur Untersuchung in die Praxis. Alles war in Ordnung. Wieder beruhigte man mich. Also fuhren wir nach Hause und versuchten, den Alltag wieder aufzunehmen. Nur ungern legten Brittany und ich Claudia hin, aber sie war müde. Als kurz danach Britt nach der Kleinen sah, war sie bereits blau angelaufen. Claudia hatte einfach aufgehört zu atmen. Alle Wiederbelebungsversuche von mir und den Rettungssanitätern konnten nichts mehr ausrichten. Ich stand unter Schock. Mit einem leeren

Kindersitz auf der Rückbank fuhren wir von der Klinik nach Hause – ohne Claudia.

Zu Hause warteten bereits die Familie und Freunde auf uns, aber ich fand keinen Trost bei ihnen. Ich war völlig gefühllos, glaubte noch gar nicht, was uns da Schreckliches passiert war.

Irgendwie schleppten wie uns durch den Albtraum, die Beerdigung für unser Babys auszurichten. Verwandte und Freunde waren eine enorme Hilfe dabei und planten fast die ganze Bestattungszeremonie für uns. Der Geistliche las aus einer Geschichte namens "Kakerlaken und Libellen" vor, und ich weiß noch, dass ich dachte, diese Geschichte mache Claudias Tod wirklich auf nette Weise für Cam und Britt verständlich. Am nächsten Tag saßen wir gerade draußen auf der Veranda, als plötzlich von allen Seiten Libellen auf uns herabstießen. Es war ein ganz erstaunliches Schauspiel! Hunderte von Libellen waren plötzlich überall und umringten uns in Scharen. Noch nie hatte ich irgendwo so viele Libellen auf einmal gesehen, geschweige denn in unserem Garten. Außerdem war es schon später August und die meisten Libellen waren bereits aus den Gärten und Wäldern verschwunden. Ich wusste gleich, dass Claudia uns die Libellen geschickt hatte. Sie waren das erste von vielen Trostzeichen, die wir von unserem kleinen Engel bekamen.

Eine unbeschreibliche Leere erfüllte mein Herz und unser Haus. Ich starrte Claudias Fotos an und machte mir Sorgen um sie. Vielleicht schwebte sie jetzt ganz allein im Himmel umher, hungrig und mit einer nassen Windel? Mit nur dreizehn Monaten kannte sie ja noch niemanden im Himmel. Ich wollte ihr so gern helfen. Als ich meinem Mann Ed erzählte, dass ich zu Claudia gehen müsste, wurde ihm klar, welch unendliche Verzweiflung mich ergriffen hatte, und er wich mir nicht mehr von der Seite. Ed verbrachte mehr Zeit mit mir als je zuvor, war sehr liebevoll und blieb stark für uns beide. Ich entdeckte eine Seite an meinem Mann, die ich noch nicht gekannt hatte. Claudias Tod brachte uns letztlich näher zusammen, anstatt uns auseinanderzubringen, wie ich befürchtet hatte.

Die Stunden schleppten sich dahin. Ich wollte nur noch schlafen, da es so schwer war, wach zu sein und mein Baby nicht bei mir zu haben. Gleichzeitig wollte ich eigentlich auch nicht schlafen, da ich, wenn ich aufwachte, unweigerlich wieder daran erinnert würde, wie viel Zeit schon wieder ohne Claudia verstrichen war. Ich begann eine konventionelle Psychotherapie, aber das brachte mir nichts. Schließlich bot meine Freundin Janet mir ihre Dienste als Energy Worker an. Janet hilft den Menschen, ihre Körper durch die Bewegung von Energien zu heilen. Sie steht auch mit der Geisterwelt der Seelen in Verbindung.

Schon meine erste Sitzung mit Janet brachte ganz erstaunliche Ergebnisse. Ich legte mich auf ihren Behandlungstisch, und Janet rief Claudias Seele und meine spirituellen Helfer herbei. Als ich da so lag, hörte ich plötzlich ganz deutlich: "Ich hab dich lieb, Mommy." Das war Claudia! Ich wusste es, auch wenn sie zum Zeitpunkt ihres Todes noch gar nicht sprechen konnte, war ich mir vollkommen sicher, dass sie es war. Ich konnte es kaum glauben. Tränen liefen mir übers Gesicht - aber ich wollte noch mehr Bestätigung. Ich fragte Janet, ob sie etwas gehört hatte, und Janet antwortete: "Ich habe eine ganz süße Stimme gehört, die sagte: 'Ich hab dich lieb, Mommy.'" Das versetzte mich augenblicklich in Hochstimmung. Claudia war bei mir! Sie war immer bei mir gewesen. Sie hatte uns gar nicht wirklich verlassen.

Wir führten unsere wöchentlichen Sitzungen fort. Durch Polarität und andere Formen der Körperarbeit half Janet mir, den Schmerz aus meinem Körper zu lassen. Obwohl ich Claudia nicht wieder sprechen hörte, wusste ich doch, dass sie da war. Energiearbeit ist sehr wirkungsvoll; genau die richtige Therapie für mich. Nach ein paar Wochen machte Janet den Vorschlag, dass ich einen Freund von ihr namens Garbis konsultieren sollte. Garbis arbeitet mit der Methode der Augenbewegungsdesensibilisierung und -verarbeitung (EMDR), womit sich Traumata sehr effektiv aus dem Körper entfernen lassen.

Bei unserem ersten Termin erklärte mir Garbis, dass ein im Körper gespeichertes Trauma durch Träume und unbewusste Gedankengänge wieder vertrieben werden kann. Aber wir wollten auch die EMDR-Techniken des Klangs und der Bewegung einsetzen, um mich schneller durch die traumatische Erfahrung von Claudias letztem Tag zu führen. Und obwohl diese Sitzungen sehr schwer und schmerzhaft für mich waren, fühlte ich mich hinterher jedes Mal ruhiger und froh, dass ich wieder einen Moment des Schreckens aus meinem Körper vertrieben hatte. Nach neun Wochen hatten wir Claudias letzten Tag komplett durchgearbeitet und ich fühlte mich wesentlich besser. Mich EMDR zuzuwenden, war eine der besten Entscheidungen meines Lebens. Ich werde die tiefe Trauer über Claudias Tod immer in mir tragen, aber ich muss nun nicht mehr bei jedem Gedanken an sie den herzzerreißenden Schmerz ihrer letzten Stunden wieder aufs Neue erleben.

Ich setzte meine Arbeit mit Janet auch während meiner Sitzungen mit Garbis fort. Sie empfahl mir Yoga, was mir sehr guttat. Die Yogaübungen trieben mir buchstäblich den Schmerz aus den Knochen und Muskeln. Immer wieder brach ich bei der einen oder anderen Position plötzlich in Tränen aus, was sehr befreiend wirkte. Das Yoga half mir durch meine dunkelste Zeit, und bis heute weiß ich sehr zu schätzen, welche Erleichterung mir diese Übungen bieten.

Durch die vielen verschiedenen Behandlungsansätze kam ich mit meinem Trauerprozess schneller voran. Während meiner Arbeit mit Garbis und Janet erlebten ich und meine ganze Familie die erstaunlichsten Dinge - und erleben sie bis heute. Aus Fachbüchern erfuhr ich, dass Kinder leichter mit Seelen kommunizieren können. Ich ermutigte Brittany, mit Claudia zu sprechen. Einmal erzählte mir Brittany, dass sie so gern auf ihrer Schaukel saß, *weil Claudia sie dort immer besucht*. Ich las auch Camden Geschichten darüber vor, wie die Seelen manchmal über andere Energiequellen mit uns in Kontakt treten, beispielsweise durch Licht oder das Fernsehen. Und eines Tages rief Cam tatsächlich aus dem Wohnzimmer herüber, *dass Claudia mit dem Fernseher und dem Licht spielte*. Er verstand es auch. Meine beiden Kinder hatten begriffen, dass das Leben weiterging und Claudia noch immer bei uns war.

Eines Abends ging ich erschöpft und schluchzend zu Bett, klammerte mich an Claudias Decke und vermisste sie besonders schlimm. In dieser Nacht erwachte ich von einer stark duftenden Meeresbrise im Zimmer. Ich konnte geradezu den Seetang riechen - einen Duft, den ich sehr liebe. Ich wollte die Fenster weiter öffnen, musste jedoch feststellen, dass jedes Fenster im Zimmer geschlossen war. Es konnte gar keine Meeresbrise in mein Zimmer geweht sein. Da wusste ich, dass Claudia mir ein weiteres Zeichen des Trostes gesandt hatte. Ich war im Geiste wieder mit ihr am Strand, wo wir so viele schöne Tage verbracht hatten und wo es ihr und mir so besonders gefallen hatte. Ich fühlte mich sehr getröstet.

In einer anderen Nacht wachte ich auf und setzte mich kerzengerade im Bett auf. Der Flur vor unserer Schlafzimmertür war von einem rotierenden goldenen Licht erfüllt. Es war ein unglaublicher Anblick. Das Licht breitete sich vom Boden bis zur Decke aus. Ich saß ganz still und bewegte mich nicht, aus Angst, dass das Licht wieder verschwinden könnte. Wieder ließ mich meine kleine Claudia wissen, dass sie bei mir war.

An einem besonders schweren Abend im November ging ich weinend zu Bett und sagte Claudia, dass ich nicht mehr so weitermachen konnte. Ich ertrug einfach den Schmerz nicht mehr. Am Morgen danach aber wachte ich mit einem ganz starken Gefühl auf. Ich war überzeugt, dass Claudia wollte, ich solle mit Ed intim werden. Ich hatte eigentlich weder Energie noch Sinn für diese Dinge, aber auch mein Mann spürte diese starke Botschaft von Claudia. An diesem Morgen zu zweit wurde dann, quasi auf Claudias Anweisung, unsere Tochter Annika gezeugt, die fünf Tage nach Claudias erstem Todestag zur Welt kam.

Janets Freundin Juliana fertigte mir ein vedisches Geburtshoroskop für Claudia an. Darin hoffte ich einige Antworten zu finden, und die Deutung des Horoskops beeindruckte mich tatsächlich tief. Claudias Horoskop zeigte, dass die eine sehr kraftvolle Seele war, die nur kurze Zeit hier auf der Erde verbringen sollte. Diese Erkenntnis half mir zu verstehen, dass wir keinen Einfluss auf den

Zeitpunkt haben, zu dem wir hier ankommen oder zu dem wir wieder gehen. Es gibt einen höheren Plan.

Wie gesagt geschahen viele wunderbare Dinge, aber eines möchte ich noch besonders erwähnen, ein Erlebnis mit dem Autor und Medium John Holland. Mir hatte sein Buch sehr gefallen, und ich wollte eine Sitzung mit ihm vereinbaren. Natürlich hatte er nur noch am 13. einen Termin frei, dem Datum von Claudias Geburtstag - ganz sicher hatte auch hier Claudia ihre Hand im Spiel. Ich hatte große Zweifel, was ich von John erwarten konnte, und wäre fast nicht zu ihm gegangen. Aber ich ging doch und Janet begleitete mich. Wir saßen mit zehn weiteren Personen im Raum. John ging von einer zur anderen und stellte eine Verbindung zu den Seelen her, mit denen sie zu sprechen hofften. Meine Sitzung verlief erstaunlich.

John sagte mir, dass ich an diesem speziellen Tag hatte da sein sollen, dass er eine besondere Bedeutung für mich hatte. "Das ist ein sehr schönes kleines Mädchen", sagte er dann. "Wirklich wunderschön. Sie sieht aus wie ein kleiner Engel." John berichtete weiter, dass sie Ballons mochte, vor allem einen weißen Ballon. - Unsere Familie lässt jedes Jahr zu Claudias Geburtstag Luftballons mit einer Nachricht an Claudia fliegen. Im letzten Jahr schickte Ed ihr einen weißen Luftballon. John fuhr fort: "Claudia mag den kleinen Weihnachtsbaum, den Sie jedes Jahr für sie schmücken und auf ihrem Grab aufstellen. Und ihr gefällt der neue Anbau mit den vielen Fenstern. Besonders gern ist sie in dem neuen Zimmer, in das so viel Sonne scheint. Sie hat es gern, wenn sie in Ihre Familiengespräche mit einbezogen wird und Sie sich auch sonst so verhalten, als sei sie noch bei Ihnen." *Ich sage allen, die fragen, dass ich vier Kinder habe.* Weil es stimmt. Claudia gefällt das. Sie sagte auch, dass nun ein neues Baby in ihrem Bettchen liegt, ihre Sachen anhat und mit ihren Spielsachen spielt. Claudia weiß, dass ich ihren Namen auf einem Armband trage und einen Anhänger mit einer Haarlocke von ihr und einen mit ihrem Foto darin. Sie sprach an diesem Tag von ihrer großen "sportlichen" Schwester, ihrem großen Bruder und ihrem großen, starken Daddy.

Die Sitzung mit John brachte noch viel mehr zutage. Es war weit erfüllender, als ich mir je hätte träumen lassen. Dieser fremde Mann bestätigte mir alles, was ich geahnt hatte und tief im Herzen schon wusste. Es war eine sehr befriedigende Erfahrung. Mir war es danach ganz egal, ob ich je wieder ein anderes Buch lesen, eine andere spirituelle Sitzung besuchen oder ein anderes Medium befragen würde. Ich brauchte nicht mehr. Claudia war bei mir! Das stand fest und freute mich unendlich. Botschaften von Claudia sind überall zu finden. Unsere Verbindung besteht weiter. Wir alle sprechen täglich mit ihr. Claudia wird immer ein wichtiger Teil unserer Familie sein. Sie hat ohne Zweifel unser spirituelles Bewusstsein stark erweitert. Sie hat uns gelehrt, dass der Tod nicht das Ende ist, sondern der Übergang an einen viel besseren Ort. So hat Claudia zahllose Menschen in unserer Stadt und darüber hinaus zu einem tieferen spirituellen Verständnis geführt. Unser kleiner Engel hat jetzt schon mehr Menschen berührt und beeinflusst, als es manchen im Lauf ihres gesamten Lebens vergönnt ist. Sie ist eine wunderbare Seele.

Julie Smith und ihr Mann Ed haben vier tolle Kinder: Camden, Brittany, Claudia und Annika. Julies größte Freude im Leben sind ihre Kinder. Sie ist Claudia für alles sehr dankbar, was sie ihr bis heute zu begreifen hilft. Julies Spiritualität ist auf eine Weise gewachsen, die sie nie für möglich gehalten hätte.

4. Berührungen

Engel um uns, Engel neben uns, Engel in uns.
Engel beschützen dich in guten
und schlechten Zeiten.
Ihre Flügel umfangen dich sanft,
flüstern dir zu:
Du wirst geliebt, du bist gesegnet.

Engelsegen

Eine Möglichkeit, uns mit geliebten Menschen zu verbinden, ist die Berührung. Wir halten uns an den Händen, wir umarmen uns. Wir kuscheln uns eng aneinander, halten einander im Arm oder küssen uns. Durch diese nonverbale Sprache zeigen wir unsere Zuneigung, unsere Liebe und Fürsorge. Wenn ein uns nahestehender Mensch stirbt, sehnen wir uns nach dem körperlichen Ausdruck der Liebe, die wir einst geteilt haben. Uns fehlt die sanfte Berührung und die körperliche Präsenz des geliebten Wesens in unserem Leben.

Der Tod ist das Ende der körperlichen Beziehung. Das Leben wird nie wieder so ein, wie es war, denn die Beziehung hat sich für immer verändert. Aber viele Trauernde berichten, dass sie die tröstliche Berührung eines geliebten Menschen auch nach seinem Tod noch gespürt haben.

Einige Witwen berichten, dass sie nachts spürten, wie ihr verstorbener Ehemann neben ihnen im Bett lag. Sie wachten zum

Beispiel von seinem Kuss auf Wange oder Mund auf, aber sie konnten niemanden sehen. Trotzdem beschrieben sie die Erfahrung als sehr körperlich, dem früheren Zusammensein sehr ähnlich. Wie wäre das möglich, wenn wir nur als körperliche Form existieren? Es ist nur möglich, wenn die Seele den körperlichen Tod überlebt und uns vom Jenseits aus erreichen kann.

Wie mag es wohl sein, von einer geliebten Person geistig umarmt zu werden? Den zärtlichen Kuss eines Engels auf der Wange zu spüren? Was für eine tröstliche Vorstellung, dass unsichtbare Hände einen Menschen gar vor einem Unfall bewahren und sein Leben retten können! Die fünf Geschichten in diesem Kapitel zeigen, wie Verstorbene die Hinterbliebenen erreichen und trösten. Manchmal wählen die Verstorbenen kreative Wege, um uns ihre Anwesenheit zu zeigen. Eines dieser Mittel ist die heilende Kraft der Berührung.

Signale von Kim

Cindy Taglini

Unsere Tochter Kim starb vor vier Jahren an einer Drogenüberdosis. Sie hinterließ einen zweijährigen Sohn. Der Schock, der Verlust und die Trauer waren überwältigend. Einige Wochen lang nahmen wir an einer Selbsthilfegruppe für Eltern teil, die ihr erwachsenes Kind verloren hatten. Danach beschlossen wir, die Gruppe bei uns zu Hause weiterzuführen. Es war so hilfreich, unsere Gefühle mit anderen betroffenen Eltern zu teilen. Ich persönlich glaube, dass unsere Kinder weiterleben. Wir haben sehr viele Zeichen dafür erhalten.

Eines der wichtigsten Signale erreichte mich am Muttertag 2008. Mein Mann hatte Kim angefleht, uns doch ein Zeichen zu schicken. An diesem Tag schenkte mir meine Mutter die größte Schneekugel, die ich je gesehen hatte, mit einem Engel darin. Sie gab zu, dass sie nicht wusste, warum sie sie gekauft hatte, und so ein Geschenk war ganz untypisch für sie. Unsere Tochter hingegen hatte Schneekugeln geliebt und gesammelt. Ich wusste sofort, das war eine Botschaft von Kim, die uns mitteilte, dass es ihr gut geht.

Ein weiteres Zeichen erhalten wir jedes Mal über die Weihnachtstage, wenn ich Schmuck mit den Namen meiner Kinder an den Weihnachtsbaum hänge. In jedem einzelnen Jahr fällt der Schmuck mit Kims Namen wieder vom Baum! In einem Jahr kam eine Botschaft in unser Wohnzimmer, dorthin, wo ich die Bücher über das Leben nach dem Tod aufbewahre. Eines der Bücher fiel ganz von selbst vom Stapel. Der Titel des Buches lautete *Hello From Heaven*.

Oft, vor allem wenn ich Yoga übe oder meditiere, fühle ich, wie jemand mein Haar berührt. Manchmal spüre ich ein leichtes Kitzeln an der Wange. Vor kurzem hat mein fünfjähriger Enkel, Kims Sohn, zu seinem Vater gesagt, dass er einen "Engelskuss" von seiner Mommy im Himmel bekommen habe. Und ich könnte noch von vielen Begebenheiten mehr berichten, bei denen Kim uns ihre Anwesenheit spüren lässt. Diese Zeichen helfen uns sehr, weil sie uns Hoffnung machen.

Cindy Taglini, Ehefrau und Mutter, führt ein Raumpflegeunternehmen. Ihre Freizeit verbringt sie gern mit ihrem Enkel oder sie geht mit ihrem Hund Zoey spazieren.

"Ich liebe dich, Kim. Das Leben wird nie wieder sein, wie es war."

Mein Lebensretter

David Keith Lavoie

Mein Leben veränderte sich an dem Tag, als unsere gesamte Schulklasse nachsitzen musste, weil ein paar wenige Schüler etwas angestellt hatten. Wäre das nicht geschehen, würde mein kleiner Bruder Bryan Scott Lavoie heute wohl noch leben.

Es war am 13. Oktober 1963, und ich kam zwanzig Minuten später als üblich mit dem Bus nach Haus. In diesem Moment rasten mehrere Rettungswagen mit Blaulicht und Sirene an mir vorbei und hielten vor unserem Haus. Ich konnte meine Mutter im Garten schreien hören. Ich rannte so schnell ich konnte hinter das Haus, wo ein Fremder verzweifelt versuchte, meinen vierjährigen Bruder aus dem Pool zu ziehen. Der Mann wohnte einige Häuser weiter und hatte die Hilfeschreie meiner Mutter gehört. Dann liefen die Polizisten und Feuerwehrleute heran. Alle versuchten, Bryan zu retten. Aber trotz ihrer Bemühungen überlebte mein Bruder nicht.

Offenbar hatte Bryan meiner Mutter gesagt, er würde draußen auf mich warten. Dabei war es ihm wahrscheinlich langweilig geworden und er war in den Garten gegangen. In unserem Garten befand sich ein eingezäunter Swimmingpool. Bryan muss entweder über den Zaun geklettert sein oder er hat es geschafft, das Tor zu öffnen. Dann stürzte er in den Pool und ertrank. Er war erst vier Jahre alt. Wir standen alle unter Schock, vor allem meine Mutter.

Drei Tage später wurde Bryan beerdigt. Meine Mutter war so von Trauer überwältigt, dass sie kaum für sich selbst sorgen konnte, geschweige denn für uns. Die zwei älteren Schwestern meiner Eltern mussten sie füttern und pflegen. Weil sich alle darauf konzentrierten, meiner Mutter zu helfen, fiel niemandem auf, dass zu Hause noch drei kleine Jungen litten. Ohne es offen zu bemerken, verdrängte ich also meine Trauer, damit ich für die Familie stark sein konnte.

Einen guten Monat später wurde am 22. November 1963 J. F. Kennedy ermordet. Ich erinnere mich noch, dass ich drei Tage danach mit meiner Familie zu Hause vor dem Schwarzweiß-Fernseher saß und Kennedys Beisetzung zusah. Plötzlich, als meine Mutter den dreijährigen John F. Kennedy Jr. sah, der seinem Vater den militärischen Gruß entrichtete, wachte sie förmlich auf. Sie rief: "Das ist Bryan, das ist Bryan!" Ich muss zugeben, dass er meinem kleinen Bruder wirklich ähnlich sah. Und irgendwie holte John-Johns Gruß meine Mutter aus ihrem Zustand der Lähmung heraus. Auf ihre Weise fand auch meine Mutter an diesem Tag ihre Haltung wieder.

Bryans tragischer Tod hätte sich nie ereignen dürfen. Ich hatte immer das Gefühl, dass meine Mutter mir die Schuld an Bryans Tod gab. Unsere Beziehung blieb distanziert. Warum gab sie mir nie zu verstehen, dass ich selbstverständlich nichts dafür konnte, dass wir an diesem Tag nachsitzen mussten? Durch das Niederschreiben dieser Geschichte ist es mir ein wenig besser gelungen, den Tod meines Bruders anzunehmen und zu betrauern. Das wiederum hat mir geholfen, die Beziehung zu meiner Mutter wieder aufzunehmen. Wir verstehen uns nun besser, ich rufe sie häufiger an, inzwischen sogar an Bryans Geburtstag.

Immerhin etwas Gutes hat unsere Tragödie bewirkt: Sie hat ein Bewusstsein dafür geweckt, dass verschärfte Bestimmungen zur Sicherung von Swimmingpools eingeführt werden mussten. Obwohl unser Pool sogar eingezäunt war, gab es kurze Zeit später im Nachbarstaat Connecticut einen Erlass zur Einzäunung mit dem Titel "Lavoie Act". Auch lokale Vorschriften wurden geändert, so dass Pools grundsätzlich eingezäunt und abgeriegelt werden mussten. Dass Bryan sein Leben lassen musste, hat nun viele andere Leben gerettet.

Mein kleiner Bruder Bryan wurde am 17. August 1959 geboren. Jedes Jahr zu seinem Geburtstag lege ich einen aktiven Gedenktag für ihn ein. Ich erinnere mich vor allem an einen Geburtstag Mitte der 1980er-Jahre, etwa 20 Jahre nach seinem Tod. An dem Tag hatte ich eine wundersame Begegnung mit meinem Bruder. Ich bin Handelsvertreter für Restaurants und hatte gerade das Restaurant Cheers in Boston verlassen, war auf dem Weg zu meinem Auto. Ich lief die Charles Street entlang und dachte an Bryan, an seinen Geburts- und an seinen Todestag. Wenn er noch lebte, hätten wir wahrscheinlich jetzt seinen Geburtstag zusammen gefeiert.

Ich erreichte eine Kreuzung und wollte gerade den Bürgersteig verlassen und die Straße überqueren. Plötzlich riss mich jemand auf den Bürgersteig zurück. Ein Auto raste vorbei. Es hätte mich fast überfahren. Das war wirklich knapp! Ich drehte mich um, um mich bei meinem Retter zu bedanken, aber da war niemand. Niemand stand in der Nähe, nicht einmal in Rufweite. Aber jemand hatte mich zurückgerissen, so viel ist sicher. Ich habe starke Hände auf meinen Schultern gespürt. Diese Person hat mir das Leben gerettet. Ich bin bis heute davon überzeugt, dass es Bryan war.

Ich ging zu meinem Auto zurück. Einige Minuten saß ich schweigend darin und versuchte, das Geschehene zu begreifen. In diesem Augenblick wurde mir klar, dass es dort draußen wirklich jemanden gibt. Wir sind definitiv nicht allein. Es ist wunderbar, sich endlich absolut sicher zu sein, dass jeden Einzelnen von uns dort draußen etwas Besseres erwartet. Diese Begebenheit hätte auch ungläubigere Gemüter als mich überzeugt. Ich finde es unglaublich beruhigend zu wissen, dass es ein Leben nach dem Tod gibt.

Kürzlich habe ich einen leeren Wasserkanister in den Laden zurückgebracht. Mir fiel auf, dass er den Aufdruck "17. August" trug. Das ist Bryans Geburtstag, und es ist auch der Tag, an dem er mir das Leben gerettet hat. Ich beschloss, den Kanister als Erinnerung zu behalten. Mein Bruder hat mich so noch einmal wissen lassen, dass er immer noch Teil meines Lebens ist.

Insgesamt fühle ich mich dank meines kleinen Bruders in vielerlei Hinsicht besser. Ich bin froh, dass er Teil meines Lebens ist. Ich bin dankbar zu wissen, dass das Leben weitergeht. Auch wenn ich mir immer noch wünsche, ich wäre an diesem schrecklichen Tag damals früher zu Hause gewesen. Ich hätte Bryan gern das Leben gerettet, aber ich bin ihm auch auf ewig dankbar, dass er mich gerettet hat.

David Keith Lavoie ist Army-Major a. D. sowie Restaurantleiter und Handelsvertreter. Er und seine Frau Pat haben drei Söhne und zwei Enkel. Mit ihnen fahren sie gern in ihr Haus am See in Maine.

Traumbaby

Martha W. Brandt

Die Nachricht war gut, aber überwältigend. “Glückwunsch”, sagte mein Frauenarzt, “Sie sind wieder schwanger!” Das war meine fünfte Schwangerschaft. Die erste hatte 1996 mit einer Fehlgeburt geendet. Danach hatten mein Mann und ich fünf Jahre gewartet, bis ich mit David schwanger wurde. Nach zweieinhalb Jahren empfing ich Karlsen und nach weiteren zweieinhalb Jahren Mary Catharine. Ich ging jetzt auf die vierzig zu und war unschlüssig, ob ich mich freuen sollte, obwohl ich mir insgeheim noch ein Mädchen gewünscht hatte.

Nach dem ersten Schock fing ich an, die Veränderungen meines Körpers zu genießen. Meine drei Geburten waren problemlos verlaufen, wahrhaft segensreiche Geschenke des Himmels. Allerdings hatte unser Sohn Karlsen von Geburt an zwei Löcher im Herzen, die entdeckt wurden, als er neun Monate alt war. Im Alter von drei Jahren wurde er am offenen Herzen operiert; das war eine schwere Zeit voller Gebete. Zum Glück konnte ich dank meines starken Glaubens Karlsens Wohlergehen vollkommen in Gottes Hände legen. Obwohl Karlsen die Operation gut überstanden hatte und ein lebhafter, dickköpfiger Junge war, hatten mein Mann und ich in der folgenden Schwangerschaft befürchtet, dass der Herzfehler wieder auftreten könnte. Zum Glück zeigte Mary Catharine keine Anzeichen für eine Erkrankung, und wir hatten einen großen Seufzer der Erleichterung ausgestoßen. Wir fühlten uns sicher.

Im fünften Monat meiner fünften Schwangerschaft hatte ich einen Ultraschalltermin, um auch hier einen Herzfehler oder andere Entwicklungsprobleme des Babys auszuschließen. Ich hatte das kritische erste Drittel der Schwangerschaft schon hinter mir, fühlte mich wohl und genoss mein inneres Strahlen. Ich dankte Gott täglich für die Möglichkeit, noch ein Kind zu gebären. Als mein Mann und ich die Bewegungen unseres kleinen Babys im Ultraschallbild sahen, drückten wir einander die Hände; ich hatte Freudentränen in den Augen. Aber was wir dann hörten, war ein absoluter Schock.

"Es tut mir leid, Ihnen das mitteilen zu müssen", sagte der untersuchende Frauenarzt mit kühler, monotoner Stimme. "Ich rate Ihnen dringend zu einem Schwangerschaftsabbruch. Ihr Baby leidet an einem schweren Down-Syndrom und hat einen Wasserkopf. Eine Schwangerschaft bis zum Geburtstermin ist ausgeschlossen. Und selbst wenn sie so lange hält; das Kind würde nach der Geburt nicht lange überleben."

Wir waren sprachlos. Da klaffte eine tiefe Schlucht zwischen dem sichtbaren Beweis, dass das Baby sich bewegte und lebte, und diesen Informationen, die wir kaum glauben konnten. Als der Frauenarzt unsere Not sah, empfahl er uns, eine zweite Meinung einzuholen. Auf dem Weg aus dem Untersuchungsraum konnte ich kaum laufen. Ich lehnte mich an meinen Mann und schluchzte tief aus dem Herzen heraus. Ich konnte nicht einmal den Herrn anrufen, um meinen Schmerz zu lindern. Wir hatten außerdem erfahren, dass unser Baby ein Mädchen war.

Mein regulärer Frauenarzt war wesentlich mitfühlender. Er machte einen Termin für einen zweiten Ultraschall aus in einem katholischen Krankenhaus in der Nähe von Boston. Die zwei Tage Wartezeit waren voll widersprüchlicher Gefühle: Wut, Schock, Nichtwahrhabenwollen, Verwirrung, Liebe, drohender Verlust. "Lieber Gott", schluchzte ich jede Nacht, "ich kann diese Unsicherheit nicht ertragen. Ich vertraue dir vollkommen, aber ich kann nicht loslassen. Ich kann diese Entscheidung für einen Abbruch nicht treffen. Du sollst wissen, dass ich bereit bin, große Opfer für mein Baby Emma Sue zu bringen."

Am Tag des zweiten Ultraschalls war ich erstaunlich ruhig und erholt. Während des Wartens im Untersuchungsraum flüsterte ich ein Gebet: "Lieber Gott, bitte befreie mich von der Bürde, die Entscheidung über Leben und Tod treffen zu müssen. Ich vertraue dir vollkommen. Amen."

Als die Klinikärztin das Ultraschallbild beobachtete, sagte sie leise: "Es tut mir leid. Ihr Baby lebt nicht mehr." Tränen der Erleichterung überwältigten mich, noch während ich um unseren Verlust weinte. Ich war von Dankbarkeit erfüllt, dass ich die Entscheidung nicht selbst treffen musste. Am Tag vor der Operation, mit der mein totes Kind aus meinem Körper entfernt wurde, schrieb ich ein Gedicht für meine kleine Emma Sue, um ihr Lebewohl zu sagen.

Einige Tage nach der Operation spürte ich plötzlich ein Verlangen nach der Verheißung des Frühlings und nach neuem Leben. Mir wurde klar, dass ich meine Energie, um den Verlust zu verarbeiten, auf meine drei anderen Kinder konzentrieren musste, die zu dieser Zeit besonders viel Zuwendung und Aufmerksamkeit brauchten. Als mir das klar geworden war, konnte ich meine Trauer in eine noch tiefere Liebe für meine Familie umwandeln.

Eine Woche später hatte ich einen unglaublichen Traum. Darin ging ich mitten in der Nacht in mein Wohnzimmer und setzte mich auf einen Stuhl neben dem großen Erkerfenster. Ich legte den Kopf in die Hände und schluchzte haltlos. Auf dem Sofa mir gegenüber saß ein wunderschönes, etwa sechs Monate altes Baby mit dichtem dunklen Haar. Es trug einen hübschen roten Schlafanzug. Das Baby sprach mit mir, während ich weinte. Das Baby sagte: "Mama, bitte wein doch nicht. Mir geht es gut. Alles wird gut." Und in dem Traum war ich wütend auf mich selbst, denn in all meiner Trauer ging ich nicht zum Sofa, um mein Kind in den Arm zu nehmen, zu küssen und zu trösten.

Nach dem Aufwachen wurde mir klar, dass das mein kleiner Engel Emma Sue gewesen war. Mit dieser Erkenntnis konnte ich mir verzeihen, dass ich mein Baby nicht hatte umarmen können. Ich spürte eine tiefe Erleichterung und konnte den Verlust auf eine Weise annehmen, wie es mir vorher nicht möglich gewesen war.

Sich an den Traum zu erinnern, ist eine immense Quelle der Kraft und Ruhe für mich. Der Traum hat mich mit Funken der Hoffnung, der Freude und des Friedens gesegnet. Denn das Wissen, dass meine Vision viel mehr war als ein Traum, tröstet mich ungemein. Dieses neue Bewusstsein machte es mir erst möglich, den wichtigen Prozess des Loslassens zu beginnen.

Natürlich war Emma Sues Tod für die ganze Familie belastend. Meine Kinder fragten sich, warum ihre kleine Schwester nicht zu uns nach Hause kam. Sie konnten nicht verstehen, warum ihre Mutter so traurig war und manchmal sogar wütend. Es hat mir sehr geholfen, dass ich David, Karlsen und Mary Catharine von meinem Traum berichten und von Emma Sue erzählen konnte. Ich sang ihnen auch folgendes Schlaflied vor, das ich selbst geschrieben habe, um uns in unserer Trauer zu helfen:

> Traumbaby
> Funkelnde Sterne, glitzernder Schnee,
> Emma Sue, wir lieben dich.
> Die Glocken läuten das Lied des Herzens.
> Das, was wir wollen, gelingt oft nicht.
> Von Gott und den Engeln geborgen
> wird das verlorene Kind bei uns sein.
> In der Nacht nimm uns unsere Sorgen,
> Traumbaby, du allein.

Ich spürte Emma Sues Anwesenheit auf vielfältige Weise. Ich erinnere mich an den starken Duft exotischer Blumen im Haus und im Freien, auch bei der Trauerfeier. Selbst durch den Wind zeigte Emma Sue ihre Anwesenheit. Als ich einmal mit dem Hund spazieren ging, kam plötzlich ein starker Wind auf, so dass sich zwei besonders große Fichten zu mir hinabneigten. Während der Trauerfeier, die wir im Freien abhielten, wehte für einige Minuten ein starker Wind, obwohl der Tag ansonsten windstill gewesen war. Das hat mich und meine Familie sehr bestätigt. Nur zu wissen, dass mein Traumbaby bei uns war, erfüllte mich mit unglaublicher Ruhe, mit Frieden und Verständnis.

Sieben Jahre später kann ich heute Emma Sues Anwesenheit immer noch spüren, vor allem in Zeiten des Drucks. Manchmal fühlt es sich an, als würden kleine, warme Hände mich umarmen oder ich spüre einen sanften Knuff. Ich finde es unglaublich, wie wichtig Emma Sue immer noch für mich ist, auf eine gute und positive Weise. Zum Glück ist meine Trauer überwunden; ich konnte mittlerweile akzeptieren, dass dies genau die Art von Beziehung ist, die Emma Sue mit ihrer Familie haben sollte.

Obwohl es uns sehr traurig gemacht hat, sie zu verlieren, haben wir auch ein wertvolles Geschenk erhalten. Jeden Tag hilft uns Emma Sue, einander mehr zu lieben und uns an der wunderbaren Gabe des Lebens zu erfreuen.

Martha W. Brandt, Qualitätsingenieurin und Dichterin, schreibt leidenschaftlich gern Kindergeschichten, inspirierende Texte und Gedichte. Martha joggt, sammelt Spenden für das Kinderkrankenhaus Boston, singt, spielt Klavier, häkelt Gebetstücher und ist Freiwillige im Deutsche-Doggen-Hilfsprojekt.

Mein Körper ist im Himmel

Gwen Burns

Mein Sohn Brandon war ein ganz besonderer Junge, der sein Herz auf der Zunge trug. Er fragte mich oft nach Gott und nach Jesus Christus. Brandon wollte wissen, ob Jesus überall sei und ob er stets wüsste, was wir taten. Ich bejahte das immer. Trotzdem wurde mein Herz schwer, wenn mein kleiner Sohn so etwas sagte wie: "Wenn ich sterbe ..." Was für ein unheimlicher Satz für einen Sechsjährigen!

Vier Monate vor Brandons Tod lag ich mit ihm auf seinem Bett. Ich fuhr ihm mit den Fingern durchs Haar und begann plötzlich zu weinen. Ich brachte nur heraus: "Lieber Gott, ich weiß, dass du ihn zu dir holen willst - aber bitte, tu es nicht!" Ich erzählte es niemandem, weil ich nicht wollte, dass man mich für eine dieser überängstlichen Mütter hielt.

Noch am Tag vor unserem Autounfall lief Brandon neben mir und meinem Neffen her. Ich schwöre, er strahlte förmlich vor Lebenslust. Ich dachte noch: "Ich hoffe, ich behalte dieses Bild für immer in Erinnerung." Am nächsten Abend wurde unser Wagen von einem Betrunkenen gerammt, und Brandon starb. Der schrecklichste Tag meines Lebens hat mich für immer verändert.

Zwei Monate später fuhr ich mit meiner zweijährigen Tochter im Auto. K'Dawn schaute mich an, hob dann die linke Hand und sagte "Body (Brandon konnte sie noch nicht sagen), halt meine Hand." Dabei öffnete und schloss sie die Hand. Einen Monat später hörte ich, wie K'Dawn über ihr Spieltelefon ein Gespräch mit "Body" und Jesus führte.

An Brandons erstem Todestag weinte ich und es ging mir sehr schlecht. K'Dawn kam zu mir, stemmte die Hände in die Hüften und sagte: "Ich hab's dir doch gesagt, Mom, Body ist im Himmel und Jesus hält ihn im Arm!" Weil sie es so entschieden sagte und mit so einem friedlichen Gesichtsausdruck, hatte ich keinen Zweifel daran, dass ihr großer Bruder bei ihr war. Er passt vom Himmel aus noch auf seine Schwester auf.

Mir wurde der Segen zuteil, Brandon einige Male selbst sehen zu können. Ich wachte einmal aus dem Tiefschlaf auf, weil ich seine Anwesenheit spürte, und wusste in meinem Herzen, dass er da war.

Ich vermisse meinen Sohn, und das wird immer so sein, bis ich sterbe. In den ersten Jahren nach seinem Tod hat mein kleines Mädchen K'Dawn mir mehr Frieden verschafft als jeder andere, denn in ihrem Kopf und in ihrer Seele gab es nur klare Wahrheiten. Jesus behütet meinen Sohn, und ich weiß, dass Brandon jeden Tag auf uns aufpasst. In meinem Herzen wird er immer leben. Ich weiß auch, dass ich auf ewig seine Mutter bleibe. Auch wenn uns nur eine kurze gemeinsame Zeit beschieden war, bin ich dankbar, dass Brandon hier auf dieser Welt mein Kind war.

Gwen Burns, Mutter und ausgebildete Krankenschwester, arbeitet auf einer Geburts- und Wöchnerinnenstation. Sie hat die Erfahrung gemacht, dass drei Dinge beim Trauerprozess helfen: Glaube, Familie und Freunde. Gwen pflegt alle drei.

Unser Weihnachtsengel

Laurette A. Potter

Die erste Verbindung zu meinem Sohn Marshall spürte ich elf Wochen nach der Empfängnis. Zwei Tage zuvor hatte man seinen Herzschlag im Doppler hören können. Wellen der Erleichterung durchströmten mich. Mein Sohn hatte so unglaublich winzig ausgesehen, nur zwei oder drei Zentimeter lang. Ich hatte keine Ahnung, wie groß er für mich werden würde und für alle, die ihn liebten.

Marshall Daniel Mo Potter wurde zwölf Tage zu früh geboren, am 16. August 2002. Sein Vater und ich waren selig, dass uns ein wunderschöner Sohn geschenkt worden war. Unser vollkommen zufriedenes Baby weinte nur selten; und wenn er es tat, klang es ganz leise, weich und sanft. Wir ahnten noch nicht, dass sein Körper fortlaufend an Muskelspannung verlor, was ihm schließlich das Atmen und Schlucken erschweren würde.

Als Marshall vier Wochen alt war, nahm ich den Sohn meiner besten Freundin auf den Arm. Das Kind war nur wenige Wochen älter als Marshall, und ich konnte den Unterschied im fühlbaren Muskeltonus der beiden Jungen kaum fassen. Als meine Freundin dann Marshall hochnahm, teilte sie meine Wahrnehmung: Mein Kind war auffallend viel schwächer als ihres. In der folgenden Woche bestätigte auch der Kinderarzt, dass Marshalls Muskeltonus abnorm niedrig sei. Da das aber wahrscheinlich wenig zu bedeuten hätte, sagte er, sollten wir zwei Wochen warten und ihn dann noch einmal untersuchen lassen.

Zwei quälende Wochen schleppten sich dahin. Unser Junge schien Arme und Beine immer weniger zu bewegen, und schließlich hörten die Bewegungen ganz auf. Auch die Geräusche, die er machte, wurden schwächer. Der Kinderarzt empfahl nun dringend eine neurologische Untersuchung. Mein Mann und ich machten uns große Sorgen um Marshall - auch wenn wir nie glaubt hätten, dass unser kleines Baby vielleicht sterben müsste.

Bei einem Hausbesuch der Schwester atmete unser acht Wochen alter Sohn besonders mühsam. Mark und ich brachten Marshall gleich ins Krankenhaus, wo man Atemnot und fehlende Reflexe diagnostizierte. Er wurde mit dem Rettungswagen ins University of Massachusetts Memorial Hospital gebracht, wo man ihn zahlreichen Tests unterzog.

Am nächsten Tag trafen wir uns mit dem Neurologen, einem Schwesternteam und einem Sozialarbeiter. Uns wurde erklärt, dass unser Sohn eine seltene Erbkrankheit hatte: Spinale Muskelatrophie (SMA). Obwohl wir davon noch nie gehört hatten, waren wir schockiert, von der Krankheit unseres Sohnes und all ihren Folgen zu erfahren. Es traf uns schwer und unvorbereitet, als der Neurologe sagte: "Diese Krankheit ist nicht heilbar. Ihr Kind wird sehr wahrscheinlich vor seinem ersten Geburtstag sterben." Eine Million Gefühle rasten durch meinen Körper. Ich fühlte mich plötzlich sehr schwach und mir war übel. Weinend hielten mein Mann und ich uns an den Händen. Trotz unserer Verzweiflung und der Tränen schworen wir uns, für Marshall stark zu sein und zusammenzubleiben. Wir hätten es nicht ertragen, nicht nur unser geliebtes Kind, sondern auch noch einander zu verlieren. Unsere Familien versorgten uns vorbildlich mit Anteilnahme und Hilfe; alle versicherten uns, dass wir diese schwere Zeit gemeinsam durchstehen würden. Ich war mir da nicht so sicher, denn ich bezweifelte, wie gut ich für ein sterbendes Kind würde sorgen können.

Mein Ehemann war mir ein unglaublicher Trost und die beste Stütze von allen. Ich weiß nicht, wie ich das ohne ihn durchgestanden hätte. Auf der Heimfahrt vom Krankenhaus erneuerten wir unseren Schwur, dass wir für unseren Sohn stark sein würden, und wir legten einige Regeln fest. Keine Tränen vor Marshall. Er sollte ab jetzt bei uns schlafen, und wir würden so viele Fotos wie möglich von ihm machen. Darüber sind wir jetzt sehr froh; wir schauen uns die Bilder täglich an. Mark und ich nahmen Marshall überallhin mit, damit er in seiner kurzen Zeit mit uns so viel wie möglich erlebte. Wir nahmen ihn mit in die Kirche, in den Zoo, an den Strand und in eine Baumschule, wo wir seinen ersten und einzigen Weihnachtsbaum fällten.

Marshall durfte sogar auf dem Fahrersitz in einem Mustang Cobra sitzen. Wir ließen alle, die ihn liebten, so viel Zeit mit ihm verbringen wie möglich. Wir genossen jeden Augenblick, den wir mit ihm hatten. Ohne es zu wissen, folgte Marshall so seiner Lebensaufgabe, die gleichzeitig unsere Lehrstunde war. Er hatte uns so viel zu geben.

Das Wichtigste, was Marshall mich im Lauf seiner Krankheit gelehrt hat, ist die Liebe. Ich überschüttete meinen Sohn mit aller mir nur möglichen Zuneigung. Ich weiß auch, dass ich als Folge dieser Liebe jedes andere Kind auf der Welt viel mehr lieben und mich an ihm freuen werde. Dank Marshall lebe ich jeden Tag so, als wäre er mein letzter. Ein lächelndes Kind oder weiche, feuchte Babyküsse auf der Nase haben eine neue Bedeutung erhalten. Marshall hat mir den Wert der einfachen Dinge gezeigt: eine warme Brise auf der Haut, Sonne in den Augen, mein Sohn im Kinderwagen auf einem Spaziergang um den Block. Ich wollte diese Augenblicke auf ewig festhalten. Ich sage mit Stolz, dass Marshall der beste Lehrer war, den ich je hatte. Obwohl er nie ein Wort sprechen konnte, ist mein Sohn bei seinem kurzen Aufenthalt hier auf der Erde zu meinem Helden geworden.

Außerdem lernte ich natürlich alles über Spinale Muskelatrophie. Ich verbrachte endlose Stunden mit Recherchen zu dieser Krankheit. Ich fand Webseiten mit den Namen und Gesichtern von betroffenen Kindern und ihren Familien. Ich las Geschichten von den Eltern dieser Kinder, manche noch am Leben, andere bereits verstorben. Ich erfuhr, wie die Krankheit unaufhaltsam fortschritt und welche schwierigen Entscheidungen auf uns zukommen würden. Entscheidungen, die Eltern eigentlich nicht treffen sollten: künstliche Ernährung, Beatmung, Intubation und Wiederbelebung. Mein Mann und ich arbeiteten einen Plan für jedes mögliche Szenario aus, obwohl wir natürlich wussten, dass unser Sohn sterben würde, egal wofür oder wogegen wir uns entschieden. Ich war wütend, verletzt, verzweifelt, voller Angst - alles zur selben Zeit. Mark und ich beschlossen dann, dass Marshall genau die Behandlung erhalten sollte, die wir uns in der gleichen Lage selbst wünschen würden. Wir trafen die für ihn beste und für uns herzzerreißende Entscheidung: Wir würden ihn gehen lassen, sobald seine Zeit gekommen war.

Unser Kind durfte dank der Unterstützung eines Hospizservices und der liebevollen Zuwendung von Schwester Nancy über seine gesamte Krankheit hinweg bei uns zu Hause bleiben. Trotzdem brach der Abschied von ihm uns das Herz. Weil Mark und ich wussten, dass Marshalls Tage auf der Erde gezählt waren, sagten wir oft zu ihm: "Bitte sende uns ein Zeichen, damit wir wissen, dass du immer noch bei uns bist." In den Armen seines Vaters und im Beisein vieler ihn liebender Menschen kehrte Marshall am 22. Dezember 2002 zurück in seine himmlische Heimat. Er war erst vier Monate und sechs Tage alt, als er seinen irdischen Körper gegen ein Paar Engelsflügel eintauschte.

Nach wenigen Stunden schon begannen mein Mann und ich, Marshalls Kinderzimmer zu räumen; wir brauchten das, um den Heilungsprozess in Gang zu bringen. Ich schickte meinen Mann in den Keller, um eine Plastikkiste zu holen, damit wir Marshalls winzige Kleidungsstücke verpacken konnten. Als Mark mit der Kiste zurückkehrte, lächelte er breit und lachte sogar. Ich war irritiert, da es kaum die Zeit zum Fröhlichsein schien. Mark griff in die leere Kiste und holte ein einsames Stück Weihnachtsschmuck heraus: natürlich einen Engel! Ein winziger, fünf Zentimeter langer, durchsichtiger Plastikengel mit goldenem Heiligenschein. Ich wusste sofort, dass das kein Zufall war, und begann ebenfalls zu lächeln. Unser Sohn hatte uns wissen lassen, dass er nun unser kleiner Engel war. Was für ein unglaublicher Trost und was für eine Freude zu wissen, dass unser Baby noch immer bei uns war!

Drei Tage darauf kehrte Marshall noch einmal zurück. Mark und ich waren zum Weihnachtsessen bei meiner Tante Celia eingeladen. Ein Schneesturm zwang uns zum frühen Aufbruch, und so fuhren wir mit meiner Schwester und meinem Schwanger nach Hause. Bei der Ankunft entdeckten wir, dass die Hintertür, die ich abgeschlossen hatte, weit offen stand. Schnee und Wasser bedeckten den Küchenboden. Die Männer parkten das Auto, und meine Schwester und ich rannten panisch ins Haus, um nachzusehen, ob etwas gestohlen worden war. Aber alles (inklusive der zwei Hunde und der Katze) befand sich wohlbehalten vor Ort. Erleichtert ging ich ins Wohnzimmer, wo ich Marshalls Weihnachtskarte auf dem Boden entdeckte. Sie lag etwa sechs Meter von dem Platz entfernt, an dem ich sie aufgestellt hatte. Erstaunt rief ich nach meiner Schwester.

Als sie hereinstürzte, betrachtete ich das Bild auf dem Boden, das Marshall mit seinen lachenden blauen Augen in Windeln und mit Engelsflügeln zeigt. Verblüfft staunten Caroline und ich das Bild an, dann begannen wir zu kichern. Das musste Marshalls Werk sein! Das Foto war meterweit vom Kaminsims entfernt, wo ich es Wochen zuvor aufgestellt hatte. Ich dankte Marshall wieder für sein Kommen. Unser Sohn hatte uns auf seine Anwesenheit zum Weihnachtsfest auf solch schelmische Weise aufmerksam gemacht, wie ein Kind es eben tun würde.

Ab und zu macht unser kleiner Sohn sich immer noch bemerkbar. Kürzlich saß ich an meinem Computer, als ich plötzlich eine Berührung an der Wange spürte. Ich fasste an die Stelle, aber da war nichts. An meiner Wange kitzelte es noch lange weiter, bis mir klar wurde, dass es Marshall sein musste! Ich bat ihn, es wieder zu tun, und es kitzelte noch dreimal. Ich war so gerührt, dass ich zu weinen begann. Dann liefen mir kalte Schauer über den Rücken. Ich bat Marshall, dieses Gefühl an einem anderen Teil meines Körpers zu wiederholen, damit ich ganz sicher sein konnte. Und unglaublich: Meine Kopfhaut begann zu prickeln. Ich war erstaunt und dankbar und dankte meinem lieben kleinen Sohn eindringlich für sein Kommen. Ich bat ihn flehentlich wiederzukehren. Es macht mich glücklich zu wissen, dass Marshall in der Nähe ist.

Ob es um einen funkelnden Stern am Nachthimmel geht, um einen Regenbogen oder einfach nur um das Glitzern der Sonne auf frisch gefallenem Schnee: Mein Mann und ich werden stets und überall an Marshall erinnert. Wir freuen uns, dass wir mit ihm gelernt haben, das Leben anzunehmen, das uns so großzügig geschenkt wurde. Wir vermissen ihn immer noch und lieben ihn unendlich. Mein Leben wird nie wieder das alte sein! Aber das habe ich akzeptiert, und ich versuche mein Bestes, um weiterzuleben. Danke, lieber kleiner Marshall, dass du unsere Herzen erobert, unser Leben gesegnet und uns mit deiner Liebe bereichert hast!

Laurette A. Potter, Ehefrau, Mutter und Beschäftigungstherapie-Assistentin, sammelt leidenschaftlich Spenden für "Marshall's Miles". Ihr und ihrem Ehemann Mark wurden zwei weitere großartige Kinder geschenkt, Murphy und Anders. Ihr Engel Marshall aber wird immer ein ganz besonderer Teil ihrer Familie bleiben.

5. Erahnte Präsenz

Ein Schauer läuft uns über den Rücken,
wenn wir erkennen, dass uns
nicht die Phantasie einen Streich spielt.
Etwas sieht uns dort draußen zu.

Sophy Burnham, "Engel, unsere unsichtbaren Begleiter"

Hatten wir nicht alle schon einmal das Gefühl, dass jemand bei uns im Raum ist, konnten aber niemanden sehen? Viele kennen das Gefühl, dass ein geliebter verstorbener Mensch über sie wacht. Der physische Tod muss nicht das Ende einer liebevollen Beziehung bedeuten. Die Menschen, denen wir in geistiger Liebe verbunden sind, können uns danach noch genauso nah sein, und manchmal spüren wir ihre Anwesenheit ganz deutlich. Ich erinnere mich besonders an eine Frau, die mir erzählte, sie habe ihren Ehemann nach dessen Tod überall gesucht, im Obergeschoss, im Keller, unter dem Dach und sogar in allen Schränken. Sie sagte: "Ich wusste ja, dass er tot war. Aber ich spürte einfach, dass er noch da war!"

Eine andere Witwe berichtete, als sie einmal die Kontrolle über ihren Wagen verlor, habe sie gewusst, dass ihr nichts passieren würde, weil sie ganz deutlich ihren Mann neben sich im Auto spüren konnte. Zum Glück blieben sowohl sie als auch der Wagen unversehrt, ebenso wie die anderen beiden beteiligten Autos und deren Fahrer. Wie es sich wohl anfühlt, von einem nahestehenden Menschen so behütet oder geleitet zu werden? Ein solch sicheres Gefühl seiner Präsenz zu spüren?

Die, die wir lieben, kommen uns in Zeiten der Not zu Hilfe. Wenn wir traurig oder einsam sind, trösten sie uns. Und als spirituelle Wesenheiten sind sie nicht länger durch die Grenzen des Raums oder eines irdischen Körpers eingeschränkt. Sie können uns im Bruchteil einer Sekunde beistehen, wenn wir sie brauchen oder wenn wir nach ihnen rufen. Wer die Anwesenheit eines Verstorbenen spüren darf, sollte wissen, dass sie ein Segen ist, für den wir dankbar sein können.

In diesem Kapitel finden sich sechs Geschichten, in denen die Nähe eines Verstorbenen erlebt wird. Es ist eine wunderbare Erfahrung, auf diese Weise Gewissheit zu haben, dass der geliebte Mensch noch immer zu unserem Leben gehört. Die Seelen derer, die wir lieben, leben weiter - und mit ihnen unsere besondere Beziehung zu ihnen.

Geburtstagswünsche

Gina Fimbel

Ich spüre die Präsenz meines Sohnes eigentlich ständig. Andrews Geist war stets ein großer Trost für mich und ein wahres Licht in meiner Welt. Seit seinem Tod vermisse ich natürlich sein physisches Dasein. Dennoch bin ich sehr dankbar dafür, wie seine Seele weiterhin an meinem und unserem Leben teilnimmt.

Die Zahl 3 ist von besonderer Bedeutung für uns beide. Andrew wurde um 43 Minuten nach 3 Uhr nachmittags geboren und verstarb sechs Monate später um 33 Minuten nach 3 Uhr nachmittags. Bald nach seinem Tod begann ich die Zahlen 333 immer wieder genau zum passenden Zeitpunkt wahrzunehmen. Wenn ich mich nach seiner Nähe sehnte, wenn die Trauer mich herunterzog und sogar wenn ich gerade schöne Erinnerungen an ihn hatte, erschien die 333 wie von Zauberhand. Immer wenn das geschieht, weiß ich heute, dass Andrew in der Nähe ist.

Ich erinnere mich noch besonders an einen traurigen und regnerischen Geburtstag. Der Tag fühlte sich nicht besonders gut an. Mein Mann rief mehrmals an, weil er sich um mich sorgte; es war mein erster Geburtstag nach dem Tod unseres Kindes, und ich musste immerzu an Andrew denken. Da ich gerade erst in meinem neuen Job begonnen hatte, wusste noch niemand, dass ich Geburtstag hatte. Wie mechanisch erledigte ich die täglichen Aufgaben, ging ans Telefon und zu Meetings. Doch ich fühlte mich dabei traurig und einsam und dachte nur, das schönste Geburtstagsgeschenk der Welt wäre gewesen, mein geliebtes Baby, das mir so plötzlich genommen worden war, im Arm halten zu dürfen.

Nach der Arbeit stand der tägliche Kampf mit dem Stoßverkehr in der Innenstadt auf dem Plan. Ich tat mir selbst leid und wollte nur noch rasch nach Hause, ins Bett kriechen und mir die Augen ausweinen. Wie immer ging es nur schrittweise voran.

Direkt neben mir fiel mir ein Wagen auf, der anscheinend absichtlich parallel neben mir fuhr. Ich fragte mich schon, was wohl sein Problem war, als der Wagen plötzlich ausscherte und sich so knapp rechts vor mir in meine Spur schob, dass ich scharf bremsen musste. Aber noch bevor ich hupen und mich aufregen konnte, las ich auf dem Nummernschild HPYBDAY. Wow – das gefiel mir. Ich hatte das Gefühl, das Universum wünschte mir einen schönen Geburtstag. Still in mich hineinlächelnd überlegte ich, ob es wohl mein kleiner Sohn war, der seiner Mama zum Geburtstag gratulieren wollte. Ich rief mich aber zur Ordnung; sicher war es nur ein Zufall. So fuhr ich weiter, als ein weiteres Auto sich knapp vor mir einordnete. Diesmal waren die drei Ziffern 333 auf dem Nummernschild zu lesen! Tränen schossen mir in die Augen, so dankbar war ich. Von ganzem Herzen dankte ich Gott und meinem Sohn dafür, dass sie an mich dachten. Mir war jetzt klar: Mein kleiner Engel hatte mir zum Geburtstag gratuliert. Doch für mich war es noch viel mehr als das. Es war die Bestätigung, dass Andrew mich auch liebte und vermisste, vor allem aber, dass er da war.

Zum ersten Mal spürte ich bis ins Innerste hinein, dass Andrews Seele noch auf ihrer Reise war und dass es meinem Jungen gut ging. Ich bin jetzt überzeugt, dass mein Sohn in Sicherheit und bei Gott ist. Und deshalb bin ich ein besserer Mensch, eine bessere Ehefrau und Mutter geworden. Ich bin auf ewig dankbar für seine Präsenz in meinem Leben. Nicht dass ich es nicht mehr vermissen würde, mein Kind zu berühren und im Arm zu halten. An manchen Tagen bin ich noch immer traurig, wütend und verbittert und kann nicht begreifen, warum eine so liebe kleine Seele so früh von uns genommen wurde. Und doch bin ich meinem Sohn Andrew sehr, sehr dankbar. Sein Leben ist an jedem Tag ein Geschenk. Danke dir, kleiner Mann. Danke.

Gina Fimbel ist Sozialarbeiterin und lebt mit ihrem Mann und den Zwillingen Brayden und Luke in Wilmington, North Carolina. Vor ihrer Mutterschaft arbeitete sie in einem Obdachlosenheim für Frauen und Kinder und im Pflegesystem. Aktuell ist Gina als vom Gericht bestellte Fachanwältin tätig.

Hoffnung aus dem Jenseits

Elissa Bishop-Becker

Mein Mann Randy und ich verabschiedeten uns von unserem Leben auf Long Island und zogen in den Süden. Als sich auf der Fahrt der Highway und damit die Entfernung zu meiner Tochter Ericka endlos dahinzog, erklärte ich mir das fürchterliche Gefühl einer bis zum Äußersten gespannten Nabelschnur mit meiner Aufregung über den Neuanfang. Zwei Wochen später besuchte sie uns in unserem neuen Haus in Williamsburg.

“Tschüss ihr zwei, ich hab euch lieb, aber ich muss los”, sagte sie, als sie am Samstagabend aus dem Haus ging. Ericka wollte noch bis Montag bleiben und dann nach Yale zurückkehren, wo sie sich auf ihr drittes Studienjahr und auf die Orientierungswoche mit den neuen Erstsemestern freute. Sie hatte große Freude an ihrem Ehrenamt als Ansprechpartnerin für neue Studierende.

An diesem Abend war Ericka mit ihrer Studienfreundin Kat aus. Ich war noch immer nervös wegen eines Vorkommnisses am Tag zuvor. Kat hätte eigentlich mit ihrer Familie im Urlaub sein sollen, doch dann waren wir ihnen auf einmal auf dem Parkplatz eines Einkaufszentrums begegnet. Ich verspürte bei der Begegnung einen regelrechten Schock, und von diesem Moment an wurde ich das Gefühl nicht mehr los, dass etwas aus dem Gleichgewicht geraten war. Ich bat Ericka, an diesem Abend zu Hause zu bleiben, doch sie lehnte ab und lächelte nur nachsichtig über ihre überbeschützende Mutter. Ich sagte mir immer wieder, dass alles in Ordnung sei.

Um 2 Uhr morgens rief Ericka uns an und sagte, sie wolle mit zu Kat und dort übernachten. Um 3 Uhr klingelte das Telefon wieder. Kats Mutter berichtete uns besorgt, die beiden Mädchen seien noch nicht angekommen. Um 4 Uhr meldete sich Kats Mutter noch einmal. Sie und ihr Mann waren auf dem Weg ins Riverside-Krankenhaus, wo man gerade Kats Gesichtswunden nähen musste. Es hatte einen Unfall gegeben.

Die Polizei empfing uns bereits an der Tür zur Notaufnahme. Einer der Polizisten führte uns in einen Extraraum. Er sah mich kummervoll an und schüttelte den Kopf. "Sie ist nicht durchgekommen", sagte er. Ich schrie nur "Nein, nein, nein!" und trat so fest gegen das Krankenbett neben mir, als würde das helfen oder die Welt wieder zu einem sinnvollen Ganzen machen.

Die nächsten Tage waren eine einzige Folge von Tränen, Trauer und Beruhigungsmitteln. Ich erinnere mich noch an die Wärme der vielen Freundinnen, die kamen und uns mit Mitleid, Umarmungen und einer Unmenge Aufläufen bedachten. Sie gingen ans Telefon, machten sauber, holten Verwandte vom Flughafen ab und holten mich immer wieder aus verzweifelten, schmerzhaften Tiefs ins Leben. Ich weiß noch, dass ich allein mit meiner Tochter in ihrem Sarg in einem Zimmer saß und ihr das Schlaflied vorsang, das ich ihr früher immer abends am Bett vorgesungen hatte, ein altes französisches Volkslied namens *Dessous Ma Fenêtre*. "Sing mir dein Lied vor, Mommy", hatte sie immer gesagt. Und jetzt sang ich es meiner kleinen Eri-moo zum endgültig letzten Mal vor. Dann steckte ich ihr meinen Rubin-Diamantring an den Finger. Den Ring hatte ich ihr zu ihrem einundzwanzigsten Geburtstag im kommenden Mai schenken wollen. Ich nahm ihren einfachen Silberring und steckte ihn im Tausch mir an den Finger.

Auf ihrer Beerdigung sah ich Hunderte Gesichter voll tiefer Trauer. Viele sprachen an ihrem Grab über ihre Zuneigung zu ihr und ihre Trauer über Erickas Tod. Ich las aus dem autobiographischen Aufsatz, den meine Tochter erst siebzehn Tage vor ihrem Tod verfasst hatte. Der letzte Absatz klang wie eine unheimliche Vorahnung:

> In meiner Welt waren meine Freunde die Jahreszeiten, und ich habe so baumhaft gelebt, wie es ein Baum nur kann. Habe ständig und ziellos freundliche Blätter abgeworfen. Mehr als alles auf der Welt wünsche ich mir Flügel, um mit der Sonne zu fliegen und euch allen nah zu bleiben. Singt um mich und tanzt und weint. Schreit auf in Frustration und bewerft mich mit Gegenständen. Denkt an das Leben und berührt mich und lernt mich kennen. Und vielleicht wird der Sommer, wenn ich ganz still stehe und mir wünsche, dass er bleibt, wieder vergehen. Aber vielleicht werdet ihr bleiben.

Ich konnte mir eine Zukunft ohne meine Tochter einfach nicht vorstellen. Ich spürte ihre Energie wie eine Umarmung um mich herum. Dieses warme, prickelnde Gefühl hielt einige Tage lang an. Ich wusste mit absoluter Gewissheit, meine Tochter wollte, dass ich einen Weg fand, um mich mit ihr zu verständigen. Ich erinnerte mich an den Kauf eines Ouijabretts vor ein paar Jahren, das ich dann nie benutzt hatte. Randy und ich nahmen es mit auf den Friedhof Memorial Park, setzten uns neben Erickas Grab auf zwei Gartenstühle und hofften auf eine Verbindung zu unserer Ericka. Wir stellten dem Brett Fragen, und tatsächlich wurden sie durch Botschaften beantwortet. Die ersten beiden Botschaften kamen von jemandem im Jenseits, der oder die Ericka kannte und ihr mitteilen wollte, dass wir den Kontakt zu ihr suchten. Am dritten Tag kam dann tatsächlich die Verbindung! Bevor wir begannen, die Gespräche aufzuzeichnen, führten wir zwei erste Dialoge mit unserer Tochter. Randy und ich können uns noch an Folgendes erinnern:

"Ich liebe dich", sagte ich.

"Ich liebe euch auch", antwortete sie.

"Vermisst du uns?"

"Ja. Nicht weinen."

"Möchtest du den anderen hier irgendetwas sagen?"

"Sag ihnen, ich liebe sie."

Es gab auch leichtere, fast spielerische Momente. Ericka bezeichnete einen meiner Kommentare als "lahm". Die völlige Vertrautheit ihrer Wortwahl ließ mich staunen und machte mich sehr glücklich. Ich fragte sie, wie sie sich fühlte, und sie erwiderte: "Glücklich und gut."

"Hattest du bei dem Unfall Angst oder Schmerzen?"

"Nein."

"Warst du bei deiner Beerdigung dabei?"

"Ja. Es war schön."

"Findest du es gut, dass ich ein Buch über dich schreiben will?"

"Wow. Das ist toll. Gut. Veröffentlichen."

Sie sagte, dass ihr Urgroßvater bei ihr wäre und eine Freundin und dass sie getanzt hätte. Sie trug mir auf, Kat im Krankenhaus zu besuchen. Ich sagte noch einmal "Ich liebe dich", und wir verabschiedeten uns. Randy und ich waren ebenso erstaunt wie erleichtert. Sie war gestorben, und doch war sie da. Wir trauerten tief, und doch waren wir froh. Es war eine machtvolle, schmerzhafte und sehr heilsame Mischung aus Empfindungen.

Bei unserem dritten Gespräch erwähnte Ericka, sie sei müde und müsse sich oft ausruhen. Sie sagte, wie würden wieder beisammen sein. Ich fragte sie: "Bereust du es, nur so kurz gelebt zu haben?"

Sie entgegnete: "Ein jedes hat seine Zeit."

"Welche Zeit denn?", fragte ich.

"Jetzt."

"Hast du dort einen anderen Namen?"

"Rikkity."

"Vermisst du Yale?"

"Ja, Freunde. Brian, Rich."

"Sollen wir ihnen etwas von dir sagen?"

"Ich hab sie sehr gern."

"Hätten wir irgendetwas anders machen können?"

"Nein."

"Können wir jetzt etwas anders machen?"

"Leben. Freude."

Randy und ich sahen uns an. In unser beider Augen zeigten sich Tränen, aber auch Staunen und Hoffnung. Das war der Beginn unserer Kommunikation, die bis heute anhält und die Rikkity als spirituelle Beständigkeit bezeichnet. Unsere Tochter hat uns eine Perspektive auf die Trauer, den Verlust, die Realität und Spiritualität eröffnet, von der wir nicht einmal zu träumen gewagt hätten, bevor sie aus dem Jenseits zu uns und wir zu ihr durchdrangen. Als sie starb, dachten wir, unser Leben sei vorüber. Und so, wie wir es gekannt hatten, war es ja auch vorüber. Doch unser brandneues Leben hatte gerade erst begonnen.

Elissa Bishop-Becker, ausgebildet als Pädagogin und Mediatorin, Ehefrau von Reverend Dr. Randolph Becker und Mutter von Ericka (Rikkity), arbeitet als zugelassene Therapeutin in Key West, Florida. Sie hat Freude an der Sonne und dem Meer und lernt bei ihren Gesprächen mit der Welt der Seelen täglich dazu.

Kontrollgänge

Judith Kong

Als ich im sechsten Monat schwanger war, erklärte mir mein Gynäkologe, dass mein ungeborenes Kind vielleicht zu krank war, um seine Geburt zu überleben. Travis wurde mit Osteogenesis imperfecta geboren, der sogenannten Glasknochenkrankheit, deren typisches Kennzeichen sehr leicht brechende Knochen sind. Da die meisten seiner Knochen bei Travis' Geburt verletzt wurden, gab man ihm drei Monate zu leben. Er lebte fast zwanzig Jahre. Obwohl er oft fürchterliche Schmerzen erleiden musste, liebte Travis doch mit ganzem Herzen, besaß einen trockenen Humor und beeindruckte jeden, der ihn kennenlernte, mit seinem Mut. Am liebsten war er mit seinen Freunden zusammen. Die meisten von ihnen waren Sportler, weil Travis das Herz eines Sportlers besaß, auch wenn sein Körper so schwach und zerbrechlich war.

An dem Tag, als ich Travis tot in seinem Studentenwohnheimzimmer fand, war ich am Boden zerstört. Ich hätte nie erwartet, dass sein Tod so plötzlich kommen würde. Ich konnte kaum noch atmen. Ich konnte mir nicht vorstellen, wie ich ohne ihn weiterleben sollte. Am gleichen Abend hielt das College, das Travis besucht hatte, einen Gottesdienst für ihn ab und danach einen Empfang in seinem Wohnheim. In tiefer Trauer gingen wir zusammen von der Kirche hinüber zum Empfang und wurden auf dem Weg von einer vollständigen Mondfinsternis überrascht. Als der Mond vom Himmel verschwand, hatte ich das Gefühl, das sei ein Zeichen, dass Travis nun auf der Reise zu einem besseren Ort sei.

Travis' größte Freude war sein kleiner Neffe Dawson gewesen, der ein Jahr alt war, als Travis starb. Im Frühjahr nach Travis' Tod bauten mein Mann und ich einen kleinen Spielplatz für Dawson in unserem Garten, komplett mit einem großen Spielhaus. Ein paar Tage darauf geschah etwas sehr Merkwürdiges. Ein ganzer Schwarm Truthähne, die ich noch nie vorher gesehen hatte und denen ich auch danach nicht mehr begegnete, landete in unserem Garten. Einer der Vögel trat vor und stolzierte ins Spielhaus hinein. Dort hielt er unter den stolzen Blicken seiner Mitvögel wachsam einen regelrechten *Kontrollgang* ab. Das hätte Travis sehr ähnlich gesehen. Er wollte sich immer vergewissern, dass für seinen Neffen alles garantiert sicher war. Tief in meinem Herzen wusste ich, dass der Truthahn Travis war, der sich noch immer für Dawson einsetzte.

Einige Tage darauf geschah noch etwas Seltsames. Mein Hund jagte ein Eichhörnchen auf eine Kiefer neben dem Haus. Dann begann er, aufgeregt etwas anzubellen, was offenbar auf dem Boden lag. Ich ging zu ihm und entdeckte ein neugeborenes Eichhörnchen im Gras, das kaum größer als eine Walnuss war. Ich hob das Eichhörnchenbaby mit einer kleinen Sandschaufel vorsichtig hoch und legte es mit so viel liebevoller Sorgfalt zurück auf den Baum, wie ich Travis immer umsorgt hatte. Als ich später wieder nachsah, war das keine Eichhörnchen verschwunden und hoffentlich wieder bei seiner Mutter. Der ganze Vorfall fühlte sich bedeutsam für mich an. Vielleicht bedeutet es, dass ich dich loslassen sollte, Trav ... Ich versuche es, aber es fällt mir so schwer. Obwohl du jetzt an einem besseren Ort bist, muss ich erst sicher sein, dass man sich dort gut um dich kümmert.

Zwei Jahre nach Travis' Tod bekam seine Schwester ihr zweites Kind, das sie Owen Travis nannte. Owen kam mit einem breiten Lächeln auf dem Gesicht zur Welt. Ich bin überzeugt, sein Onkel Travis war die ganze Zeit bei ihm, kontrollierte alles und flüsterte seinem neuen Neffen zu, dass alles für ihn bereit war.

Mein Sohn Travis ist immer bei mir. Ich kann seine Anwesenheit überall spüren, wo ich bin. Ich bin dankbar für die leisen und feinen Zeichen, die er mir schickt. Und ich hoffe, dass er weiterhin alles hier überwacht. Oh ja, Trav, ich bin froh, dass du Flügel hast - selbst wenn es die Flügel eines Truthahns sind.

Judith Kong, zugelassene Krankenschwester, Palliativ- und Hospizschwester, ist seit fünfundzwanzig Jahren verheiratet, Mutter von drei und Großmutter von zwei Kindern. Ihre Familie war für sie immer das Wichtigste. Besonders gern verbringt sie Zeit mit ihren Enkeln Dawson und Owen.

Zeichen aus dem Jenseits

Darlene Goodwin

Mein Bruder Robert nahm sich das Leben, als ich dreizehn war. Ich wusste nicht genau, was die anderen mit "Suizid" meinten, und dachte, er würde nur vermisst. Also antwortete ich allen, die fragten, dass es mir gut ginge. Mein großer Bruder würde schon wieder zurückkommen. Ich werde niemals die Nacht vergessen, in der mir Robert klarmachte, dass es anders war. Zu dieser Zeit teilte ich mein Ausziehbett noch mit meiner kleinen Schwester. Ich hatte das Bett gerade ausgeklappt und sah in den Flur hinaus. Dann legte ich mich hin. Ich weiß noch, dass ich mich von einer Seite auf die andere gedreht hatte, als ich Robert direkt vor mir im Sessel sitzen sah. Ich erkannte gleich seine dunkelbraunen Locken und die Art, wie er die Hände vors Gesicht legte. Ich fragte: "Robert, was hast du gemacht?" Er sah mich jetzt an, er weinte und konnte nur noch schluchzen: "Es tut mir leid. Es tut mir so leid." Dann war er wieder verschwunden.

Da wusste ich, dass mein Bruder nicht mehr wiederkommen würde. Ich rannte in die Küche und wählte seine Telefonnummer. Meine Stiefmutter sah das und folgte mir. Dann brachte sie mich in ihr Schlafzimmer. Ich erzählte ihr, was geschehen war und dass ich Robert gesehen hatte. Sie meinte nur, das wäre lächerlich und ich würde mir das ausdenken. Sie verbot mir auch, meinem Vater davon zu erzählen, da ihn das nur noch trauriger machen würde. Mir wurde speiübel. Ich weinte die ganze Nacht lang und konnte nicht vergessen, dass ich eben meinen Bruder gesehen hatte und ihn nun nie wiedersehen würde.

Am nächsten Morgen konnte ich es kaum erwarten, meinem anderen Bruder zu erzählen, dass ich Robert gesehen hatte. Er dachte auch, ich würde mir das nur ausdenken. Ich war völlig frustriert, dass niemand mir glauben wollte. Und doch hatte ich Robert mit eigenen Augen gesehen. An diesem Abend war mein Bruder mir erschienen, um sich zu verabschieden und um mir klarzumachen, dass er nicht zurückkommen würde. Ich denke noch heute daran.

Einige Jahre später starb meine Kinderfrau an Krebs. An diesem Weihnachten blieb ich über Nacht in der Wohnung meiner Mutter. Wir blieben spät noch auf und unterhielten uns, bis es Zeit wurde, ins Bett zu gehen. Da ich als Letzte aus dem Wohnzimmer ging, bat mich meine Mutter, die Lichter am Weihnachtsbaum auszumachen, was ich auch tat. Als wir im Bett lagen und noch plauderten, gingen die Lichter am Baum plötzlich an und wieder aus. Meine Mutter sagte: "Ich dachte, du hättest den Stecker herausgezogen!" Ich versicherte ihr, dass ich genau das getan hatte. Ich ging ins Wohnzimmer zurück, um nachzusehen, und die Lichterkette war ausgesteckt, so wie ich sie hinterlassen hatte. Ich ging wieder ins Bett, und zehn Minuten später gingen die Lichter wieder an. Diesmal wurde es uns beiden richtig unheimlich. Ich begann vor Angst zu zittern und fürchtete, jemand könnte bei uns in der Wohnung sein. Wir nahmen unseren Mut zusammen und wagten uns beide ins Wohnzimmer - wo der Stecker der Lichterkette unberührt auf dem Boden lag. "Ich schätze, dann müssen es wohl Nanny und Robert sein, die hallo sagen", vermutete ich laut. Meine Mutter sah mich an. "Das ist albern", sagte sie dann und ging wieder ins Bett. Ich hatte Schmetterlinge im Bauch, so aufgeregt war ich, weil ich auf einmal genau wusste, dass es die beiden waren.

Auf einmal schaltete sich der Anrufbeantworter meiner Mutter scheinbar von allein an und ging wieder aus. Meine Mutter sprang kerzengerade aus dem Bett, weiß wie die Wand. Ich fragte mich noch, warum sie erst jetzt so heftig reagierte. Mom griff nach meiner Hand und wir gingen langsam in die Küche. Ich unterdrückte ein nervöses Kichern. Mom ging zu ihrem Anrufbeantworter und hob ihn hoch. Auch er war nicht eingesteckt, das Kabel sogar noch mehrmals um das Gerät herumgewickelt! *Heiliger Strohsack*, dachte ich bei mir. Ich sah meiner Mutter fest in die Augen und wiederholte: “Sie wollen uns nur hallo sagen.” Danach folgte nichts mehr an diesem ungewöhnlichen Abend. Wenn ich meine Mutter heute frage, ob sie sich noch an den Abend erinnert, als Nanny und Robert uns Grüße geschickt haben, antwortet sie: “Allerdings! Sie haben uns zu Tode erschreckt!”

Am 11. September 2001 war ich vierundzwanzig Jahre alt und lebte auf Long Island. An diesem Morgen wachte ich mit einer schrecklichen Vorahnung auf. Auch als keine Angehörigen meiner Familie an diesem Tag zu Schaden kamen, blieb dieses sonderbare Gefühl und ließ sich nicht abschütteln. Zwei Wochen später rief mich dann mein Vater an und bat mich, so schnell wie möglich nach Hause zu kommen. Mein Bruder Jimmy war tot. Jimmy war an einer Überdosis Drogen gestorben, in demselben Haus, in dem sich Robert viele Jahre zuvor das Leben genommen hatte. Ich konnte es nicht glauben. Jimmy war der beste Freund gewesen, den ich im Leben gehabt hatte. Ich vermisse ihn immer noch fürchterlich. Ich denke oft, wie anders mein Leben wäre, wenn er noch bei mir wäre. Aber ich kann ihn manchmal spüren. Wenn es mir schlecht geht oder wenn ich Angst bekomme, kann ich fühlen, wie er mich in den Arm nimmt. Und ich werde niemals sein fröhliches Lachen vergessen.

Vier Jahre danach zog ich mit meinem Mann weg von Long Island in ein Stadthaus mit fünf Zimmern. Von Anfang an konnte ich dort Jimmys Präsenz spüren. Wenn ich abwusch, fühlte ich ihn hinter mir stehen, aber wenn ich mich umdrehte, war da niemand. Wenn niemand außer mir zu Hause war, hörte ich jemanden im Obergeschoss herumlaufen. An einem seiner Todestage saß ich mit meinem Sohn und meiner Tochter am Küchentisch und schrieb gerade das Datum auf. “Oh, heute ist der 27. September. Onkel Jimmy ist seit sieben Jahren tot”, bemerkte ich. In dem Moment schwang der Deckel vom Abfalleimer vor unseren Augen auf und zu. Erstaunt sahen wir uns alle um. Niemand war auch nur in der

Nähe des Abfalleimers gewesen, und wir alle hatten gesehen, wie er sich bewegte. Ich bekam eine Gänsehaut, aber ich lächelte, weil ich so froh darüber war, dass Jimmy bei uns war.

An Jimmys Geburtstag saß ich mit meinen Kindern auf dem Sofa und sah mir mit ihnen Fotos von ihm an, als wir in der Küche einen lauten Knall hörten. Als ich nachsah, sah ich, dass eine ganze Kiste mit Wasserflaschen auf dem Boden gelandet war und die Mikrowelle unerklärlicherweise auch lief. Ich war so glücklich, dass Jimmy ganz in unserer Nähe war!

Ich kann nicht sagen, wie sehr ich meinen Bruder und besten Freund noch immer vermisse. Obwohl Jimmy schon vor zehn Jahren verstorben ist, ist es nie wirklich leichter geworden. Aber ich finde Trost in den kleinen Zeichen, die er mir sendet, um mir seine Nähe zu beweisen.

Ob Sie es glauben oder nicht, ich bin eine Skeptikerin. Ich glaube nur an das, was ich sehe. Diese Zeichen aber habe ich mit eigenen Augen gesehen. Es ist nicht leicht, meine Erlebnisse Verwandten und Freunden mitzuteilen, ohne für durchgedreht gehalten zu werden. Heute mache ich mir nichts mehr daraus, was irgendjemand meint oder sagt. Ich bin froh über meine Erlebnisse. Es sind meine eigenen Erfahrungen, und mir werden sie immer viel bedeuten. Ich freue mich schon darauf, dass es im Laufe meines Lebens noch mehr werden.

Darlene Goodwin ist mit ihrem besten Freund Dave verheiratet. Sie arbeitet im medizinischen Bereich und liebt das Meer, Muscheln und brechende Wellen. Darlene ist Mutter von drei Kindern, und sie und ihre Familie haben sich auf das große Abenteuer eingelassen, nach Florida umzuziehen.

Wunder der Heilung

Richard Fuller

Ein Anruf meiner Tochter Annette im Januar 1997 veränderte mein ganzes Leben. Sie sagte, ich solle rasch ins Krankenhaus von Silver Spring in Maryland kommen, weil ihre Schwester Karen im Sterben liege. Ich weiß nur noch, dass mich die nackte Panik ergriff, und die nächsten 72 Stunden sind in meiner Erinnerung sehr verschwommen. Ich weiß nicht, wie ich es geschafft habe, einen Flug zu bekommen und rechtzeitig bei meiner Tochter Karen anzukommen, bevor sie ihre Maschinen abstellten, ich weiß auch nicht mehr, wie ich die Andachten und den Gottesdienst überstanden habe, die folgten. Neun Jahre zuvor hatte man bei Karen Brustkrebs im dritten Stadium festgestellt. Durch die Wunder der modernen Medizin, zu denen Chemo- und Strahlentherapie, eine spezielle Ernährung und eine T-Zellen-Transplantation gehörten, überlebte meine Tochter neun weitere ebenso ertragreiche wie schmerzhafte Jahre. In dieser Zeit arbeitete Karen sehr erfolgreich als TV-Nachrichtenproduzentin. Bevor sie im Alter von sechsunddreißig Jahren verstarb, war sie als Produzentin bei NBC News in Washington, DC, tätig. Doch waren Karens neun zusätzliche Jahre, ihre Heilungsprozesse und beruflichen Erfolge nicht die einzigen Wunder, die wir erleben durften. Meine weise und liebevolle Tochter half ihrem agnostischen alten Vater im Alter von sechzig Jahren, zu Gott zu finden.

Zu dieser Zeit hatte ich seit ungefähr einem Jahr als Begleitung für jemanden eine katholische Kirche besucht, ohne zur Gemeinde zu gehören. Da mein Vater ein abtrünniger Katholik gewesen war und meine Mutter eine abtrünnige Jüdin, wurde bei uns zu Hause keine Religion gepflegt. Wenn überhaupt, dann war ich wütend auf Gott, weil meine Schwester schon mit fünfzehn und meine Mutter mit neunundfünfzig gestorben waren, außerdem wegen des Zweiten Weltkriegs und wegen jedes Hurrikans, Tornados und Waldbrandes. Als ich aber von Karens Bestattung in Maryland zurückkehrte, hatte ich das unerklärliche Bedürfnis, zur Kirche zu gehen. Von dem Augenblick an, als ich das Glas an der Kirchentür berührt hatte, begann ich zu weinen und konnte nicht mehr damit aufhören, bis die Messe vorbei war. Zum ersten Mal in meinem Leben hatte ich die Liebe und den Trost Gottes erfahren. Irgendwie war es mir durch den qualvollen Verlust meiner Tochter gelungen, zu Gott zu finden. Ich belegte Kurse zur Vorbereitung auf die Erwachsenentaufe, und in der Osternacht 1998 wurde ich durch meine Taufe und gleichzeitige Firmung und Kommunion in die katholische Kirche aufgenommen. Ich war noch nie im Leben zufriedener gewesen. Letztlich war also der folgenschwere Anruf vom Januar 1997 der Beginn einer ganzen Reihe von Wundern. Ich erfuhr, dass Karen und ich nicht die ersten oder letzten Empfänger der Liebe Gottes waren. Seine Liebe ist für uns alle da. Mit der Zeit lernte ich auch zu schätzen, dass Trauer und Kummer notwendige Prozesse im Leben eines Menschen sind, doch dass die, die wir verloren haben, nun an einem besseren Ort sind.

Ein weiteres Wunder war der Segen, dass ich Karen seit ihrem Tod an jedem einzelnen Tag in meiner Nähe spüren konnte. Nun wacht meine Tochter über mich und mag oft über die dummen Dinge lachen, die ihr alter Vater tut. Ich stelle mir vor, dass Karen der helle Stern ist, der jede Nacht für mich leuchtet, wenn ich zum Himmel aufsehe. Es vergeht kein Tag, ohne dass ich ihre Präsenz ahnen kann. Karen scheint mir auf den Schultern zu sitzen und mich zu trösten. Ich kann genau *spüren*, wie sie mir all die liebevollen Dinge sagt, die sie auch sagte, als sie am Leben war. In Zeiten großer Angespanntheit oder unter Druck spüre ich ihre Anwesenheit sogar noch mehr. Wenn ich mich nur auf Karen konzentriere, werden meine Sorgen sofort geringer; sie scheint die Dinge immer in die richtige Perspektive zu rücken. Ich spreche auch jeden Tag mit Karen, ebenso wie mit meiner Mutter und meinem Vater, die im Geiste bei ihr sind. Nicht immer bekomme ich Antworten, aber ich kann ihre unzweifelhafte Präsenz, Liebe und Unterstützung fühlen. All dies schätze ich nun mehr denn je.

Die beste Erkenntnis von allen ist, dass es nach endlos erscheinendem Schmerz, Zorn, Kummer und nach unendlicher Trauer wieder möglich ist, inneren Frieden zu finden. Jeder von uns kann es.

Richard Fuller, Ehemann und Vater, lebt nach einer Laufbahn in der Werbung und Öffentlichkeitsarbeit sowie im Verkauf heute überwiegend im Ruhestand.

Hoffnung und Liebe bestehen

Michele A. Harris

Meine geliebte Schwester Mara war ein Mensch der Liebe und des Glaubens. Sie war von zarter Statur, hatte lange, wunderschöne dunkle Haare und ein Lächeln, das die ganze Welt aufleuchten ließ. Auf viele Menschen hatte sie genau diese Wirkung. Als Nesthäkchen der Familie war Mara immer ehrlich, manchmal vielleicht allzu ehrlich, und immer freigebig mit Zuneigung und Bestätigung für andere. Mara glaubte, dass alles möglich war. Sie glaubte an Gott und die Heiligen, die Macht des Gebets, an die Liebe und sogar an Magie. Sie spürte eine tiefe Verbindung zum Universum und gab diese an alle in ihrem Leben weiter, besonders an ihre Kinder Mercey und Mason. Sie liebte die beiden sehr und machte jede Minute, die sie mit ihnen verbrachte, zu etwas Besonderem.

Mara und ich hatten denselben Vater, aber verschiedene Mütter. Obwohl wir in verschiedenen Häusern aufwuchsen, standen wir uns sehr nah. Da ihre ersten Lebensjahre voller Aufruhr verlaufen waren, wusste Mara sehr gut, dass manche Erfahrungen den Menschen die Hoffnung rauben können; dennoch hielt sie an ihren eigenen Hoffnungen stets fest. Mara hatte ihre Mutter schon sehr früh verloren und sich oft mit einem Brief getröstet, den ihre Mutter ihr hinterlassen hatte. Jahre später brachte sie ihre Freundinnen und die Frauen in ihrer Familie dazu, ebenfalls Briefe an ihre Töchter zu schreiben, und rief sogar eine Website zu diesem Thema ins Leben, um andere zur Hoffnung zu ermutigen. Dort schrieb sie einen Brief an ihre Tochter Mercey. Dieser Brief sollte letztlich zu ihrer Grabrede werden, die ich auf ihrer Bestattungsfeier verlas. Ich frage mich oft, ob Mara wohl wusste, welch tiefgreifenden

Einfluss dieser Brief auf ihre Tochter ebenso wie auf viele andere Menschen haben würde.

Maras plötzlicher und tragischer Tod im Alter von neununddreißig Jahren brachte einen Schmerz über uns, den sich die meisten Menschen nicht einmal vorstellen können. Wir verloren dabei nicht nur Mara, sondern auch ihren vierjährigen Sohn Mason. Ihre kluge, intuitive, lebhafte Tochter überlebte zum Glück, damals war sie sieben Jahre alt. Aber Mercey blieb traumatisiert von diesem schrecklichen Verlust ihrer gesamten Familie zurück. Unsere Schwester Maxine nahm sie dann bei sich auf.

Die nächsten Monate waren besonders schwierig für uns alle. Doch bei allem Leid und Kummer erfuhren wir doch auch viel Gutes - segensreiche Ereignisse, die sich nur dadurch erklären lassen, dass uns zwei Engel in unserer Mitte den Weg gewiesen haben. An dem Tag, als Mara und Mason aus unserer Welt gerissen wurden, empfand meine Tochter sehr stark die Präsenz ihrer Tante, zu der sie eine besonders enge Bindung hatte.

Es gab viele bemerkenswerte Begebenheiten, aber eine sticht besonders hervor. Im letzten Herbst mussten wir eine neue Schule für Mercey suchen. Während dieser Suche spürte Maxine die ganze Zeit, dass unsere Schwester Mara sie führte und so lange weitertrieb, bis sie schließlich eine katholische Schule gefunden hatte, die bereit war, Mercey aufzunehmen. An ihrem ersten Tag an der neuen Schule erklomm Mercey nervös die Stufen des alten viktorianischen Gebäudes, das früher einmal ein Waisenhaus gewesen war. Ihre neue Schulleiterin, eine Nonne, holte sie ab.

Wie gebannt von dem Anblick einer Statue von Maria mit dem Jesuskind ließ Mercey ihre Schultasche fallen, begann zu weinen und rief: “Hier soll ich sein. Meine Mom möchte, dass ich hier bleibe. Ich kann sie *spüren*. Hier sind Mom und Mason auch, und hier kann ich alles über den Himmel und über Gott lernen.” Mercey war tief beeindruckt und begann, sich zu drehen, “als ob sie zum ersten Mal in Disneyland wäre”, wie es die Direktorin später beschrieb. Sie fühlte die warme Umarmung ihrer Mutter und sie spürte, dass der lebhafte Geist ihres kleinen Bruders dort ebenfalls anwesend war.

Als ich an diesem Nachmittag mit meiner Nichte sprach, klang ihre Stimme freudig und zufrieden. Mercey sagte zu mir, sie wünsche sich, der Schultag würde niemals enden und sie wolle die Schule nie mehr verlassen. Sie glaubte fest daran, dass die Seele ihrer Mutter lebte und immer bei ihr sein würde. An diesem Ort wollte sie sich durch die Liebe ihrer Mutter trösten lassen - sie hatte ihre Quelle der Hoffnung gefunden.

Michele A. Harris, ausgebildete Pädagogin und stolze Mutter von Jarad und Michaela, arbeitet seit über vierzehn Jahren als Ausbildungsberaterin an weiterführenden Schulen. Ihr Ziel ist es, anderen durch Bewusstmachung und Bildung zu mehr Selbstbestimmung im Leben zu verhelfen. Michele ist überzeugt, dass jeder im Leben einen ganz bestimmten Zweck erfüllt - manche brauchen nur einen kleinen Anstoß, um ihn zu entdecken.

6. Zeichen

> Gib gut acht auf die Blätter, die Blumen, die Vögel und die Tautropfen. Wenn du innehältst und genau hinschaust, erkennst du den geliebten Menschen wieder und wieder in neuer Form. Dann wirst du die Freude des Lebens wiederentdecken.
>
> Thich Nhat Hanh

Die ganze Welt wird von Gottes Liebe beherrscht und durch ihn gelenkt. Wenn wir einmal verstanden haben, dass alles miteinander in Verbindung steht, dann entdecken wir immer wieder neue spirituelle Gaben. Synchronistisch ablaufende Ereignisse sind fester Teil des Lebensverlaufs. Viele von uns erhalten Zeichen eines nahestehenden Verstorbenen. Immer wieder sendet die Natur solche Botschaften der Liebe.

Aus dem Jenseits senden uns die Seelen immer wieder Zeichen der Hoffnung, damit wir wissen, dass sie uns noch nah sind. Manchen Menschen erscheinen an entscheidenden Punkten ihres Trauerprozesses wunderschöne, farbenprächtige Regenbögen. Immer wieder flattern Schmetterlinge als Symbole der Transformation herbei. Sie erinnern uns sanft daran, dass die Verstorbenen nicht tot sind, sondern nur ihre Form verändert haben. An besonders schweren Tagen liegt vielleicht ein herzförmiges Blatt auf einmal auf dem Boden.

Andere Menschen finden Münzen auf ihrem Weg. All diese Botschaften der Hoffnung wispern leise: "Ich bin bei dir. Du bist nicht allein."

Auch Tiere kommen als Boten zu uns. Bestand schon im Leben eine geistige Verbindung beispielsweise zu Bussarden oder Adlern, zeigt sich eine dieser gefiederten Kreaturen oft hoch am Himmel. Oder das entsprechende Zeichen kommt in Form einer Feder. Einige Hinterbliebene erfahren verblüffende Fälle von Stromausfall, sehen Lichter an- und ausgehen oder hören plötzlich Songs von persönlicher Bedeutung auf ihrem Smartphone. Andere bemerken plötzlich wiederholt bestimmte Zahlenfolgen oder Kurznachrichten auf fremden Nummernschildern, wenn sie eine Aufmunterung besonders dringend brauchen. Wieder andere berichten von gesprochenen Nachrichten, die nach dem Tod eines nahestehenden Menschen unerklärlicherweise auf der Mailbox erscheinen.

Dieses Kapitel berichtet in neunzehn Geschichten von Zeichen der Verstorbenen aus dem Jenseits. Einige Zeichen bleiben subtil und leise, andere treten dramatischer in Erscheinung. Doch jedes Zeichen bleibt einzigartig, eine persönliche, individuelle und bedeutsame Botschaft an die Empfänger. Diese Zeichen bringen uns die Hoffnung, dass das Leben ewig währt und die Liebe über das Grab hinaus andauert. Überall auf der Welt warten magische Zeichen von oben - an uns ist es nur, diese Liebesbotschaften zu entziffern.

Regenbogen-Segen

Joanne Hadley

Nie werde ich den Tag vergessen, an dem der eindrucksvollste Regenbogen, den ich je in meinem Leben gesehen habe, über Myrtle Beach erschien. Vorbeifahrende Autos hielten an und stiegen aus, um dieses atemberaubende Schauspiel zu bestaunen, das sich da am Himmel über die ganze Länge des Strandes spannte. Ich ging auch hinaus. Die Farben waren lebhafter und intensiver als alles, was ich jemals gesehen hatte. Wir alle waren uns einig, einem ganz außerordentlichen Naturschauspiel beizuwohnen. Das war kein normaler Regenbogen. Er füllte den ganzen Himmel und schien wie aus einer anderen Welt.

Später erzählte mein Mann, dass die Mutter der Familie Smith in unserer Nachbarschaft an diesem Vormittag einen kleinen Jungen geboren hatte, dass das Kind aber mit einem unheilbaren Herzfehler zur Welt gekommen war. Anders als sein älterer Bruder, der mit einem ähnlichen Geburtsfehler dank mehrerer Operationen überlebt hatte, war dieses Baby schon kurz nach seiner Geburt wieder verstorben. Und in dem Moment, als der Kleine starb, während sein Vater ihn noch im Arm hielt, war ein aufsehenerregender Regenbogen draußen erschienen – das denkwürdige Geschenk eines besonderen kleinen Jungen an seine Eltern. Und zur selben Zeit waren wir anderen ganz unerwartet in Myrtle Beach zusammengekommen und hatten den schönsten Regenbogen unseres Lebens bestaunt.

Joanne Hadley ist zweifache Mutter und seit dreißig Jahren glücklich verheiratet. Als Künstlerin von Beruf weiß Joanne besonders die zauberhaften kleinen Momente im Leben zu schätzen, die ihr zeigen, dass die Welt ein noch weit großartigerer Ort ist, als sie sich je hätte träumen lassen.

Botschaften von Meghan

Nancy Kuhn

Unsere wunderbare Tochter Meghan Rae Kuhn feierte ihren einundzwanzigsten Geburtstag am Flughafen Shannon auf dem Heimweg von einer Traumreise nach Irland, bei der sie eine Freundin aus dem College besucht hatte. Fünf Wochen danach am 5. Mai 2007 verstarb sie friedlich im Schlaf an einem Virus in ihrem Herzen, von dem niemand etwas gewusst hatte. Wir waren am Boden zerstört. Es fühlte sich an, als ob wir in einer Art betäubendem Nebel weiterleben würden. Und doch fanden um uns herum überall die merkwürdigsten "Zufälle" statt. Diese Begebenheiten, die Meghans Verbundenheit mit uns immer wieder bewiesen, halfen uns schließlich, unsere Trauer zu bewältigen.

Schon ein Erlebnis unserer Familie am Memorial Day drei Wochen später ließ mich aufhorchen. Mein Mann, unsere drei Kinder und ich nahmen eine Red-Sox-Flagge, eine Schmetterlingsfigur und ein paar Klappstühle mit auf den Friedhof, um Meg nahe sein zu können. Als ich so dasaß und die vielen Pflanzen und anderen Dekorationen auf ihrem Grab betrachtete, blieb mein Blick an einer Friedenslilie hängen, die eine gute Freundin dort gepflanzt hatte. Auf einer der großen weißen Blüten bemerkte ich ungewöhnliche braune Flecken. Ich traute meinen Augen kaum, aber sie bildeten eindeutig das Wort "Hi". Konnte das etwa eine Nachricht von Meghan sein? Ich machte meine Kinder und meinen vernünftigen Ehemann darauf aufmerksam - in der Erwartung, dass sie mir den Kopf zurechtrücken würden. Doch nach genauerer Untersuchung kam sogar mein Mann zu dem Schluss, dass die Flecken echt waren. Aufgeregt machten wir Fotos von den Blüten, aber hinterher zögerte ich doch, sie jemandem zu zeigen. Es schien mir zu übernatürlich. Trotzdem war die Erfahrung sehr tröstlich für mich. Mittlerweile weiß ich, wie wichtig es ist, Botschaften aus dem Jenseits mit anderen zu teilen, egal in welcher Form sie eintreffen. Mit Gottes Hilfe ist alles möglich.

Nach diesem Tag begann ich, ein Tagebuch für Meg zu führen. Rückblickend auf die letzten Wochen konnte ich schon viel aufschreiben. Ich fand Trost in dieser neuen Art, die Verbindung zu meiner Tochter aufrechtzuerhalten. Dann kam der Tag, als ich am Friedhof vorbeifuhr und laut aufschluchzte: “Meghan, wo bist du? Geht es dir gut? Was kann ich für dich tun?” Kaum hatte ich das ausgerufen, hörte ich einen dröhnenden Bass aus meinem Autoradio. Ich drehte die Lautstärke auf und hörte den Song “Like a Prayer”, in dem Madonna beschreibt, dass eine Stimme wie ein Zuhause sein kann. Als ich die Begebenheit abends aufschrieb, wurde mir bewusst, dass dieses Lied in diesem Moment nicht zufällig gespielt worden war. Ich hatte Meghan Fragen gestellt, und sie hatte einen Weg gefunden, mir zu antworten. Ich musste die Zeichen nur erkennen.

An Meghans erstem Todestag wollte ich morgens den Sonnenaufgang am Plymouth Beach erleben. Ich bat die Familie und unsere Freunde, an diesem Morgen besonders an Meg zu denken. Als mein Mann, die Kinder und ich an dem Strand ankamen, war es ein erhebendes Erlebnis: Wagen um Wagen bog auf den noch dunklen Strandparkplatz ein, die Scheinwerfer schienen hell durchs Morgengrauen. Über achtzig Menschen waren gekommen, umarmten uns und feierten Meghans Leben mit uns. Meghan hatte die Menschen immer gern zusammengebracht, je mehr desto besser. Wir feierten mit Tränen in den Augen. Und selbst wenn die Sonne an diesem Morgen die Wolkendecke nicht wirklich durchdrang, wussten wir doch alle, dass sie da war.

Trotz der vielen subtilen Botschaften sehnte ich mich doch danach, direkt mit Meg in Kontakt zu treten. Ich wandte mich an ein seriöses spirituelles Medium, war aber enttäuscht, weil die Kommunikation nicht so direkt verlief, wie ich es mir erhofft hatte. Das Medium erwähnte mehrmals die Namen Hoops und Yoyo, die mir gar nichts sagten. Zehn Tage später stand ich in einem Grußkartenladen auf einmal vor einer Dekoration aus einigen Cartoonfiguren. Genau auf Augenhöhe fielen mir besonders zwei Wackelkopf-Figuren auf – eine war ein rosa Kätzchen namens Hoops und die andere ein grünes Kaninchen namens Yoyo. Die Botschaft auf der Hoops-Figur lautete: "Ich habe mein Glück gefunden." Und auf Yoyo stand geschrieben: "Ich bin in der sorgenfreien Zone." Diese Botschaften trösteten mich sehr, umso mehr als ich später erfuhr, dass Meghan diese beiden Figuren gemocht und häufig eCards mit ihnen an Freunde verschickt hatte. Botschaften können auf sehr originelle Weise übermittelt werden.

Colby College lud unsere Familie freundlicherweise zur Abschlussfeier des Jahrgangs von 2008 ein. In diesem Mai hätte auch Meghan ihren College-Abschluss gemacht. Wir beschlossen, ihr zu Ehren an der Feier teilzunehmen. Und auch wenn es schwer war, ohne unsere Tochter dabei zu sein, konnte ich doch Meghans Präsenz den ganzen Tag lang bei uns spüren. Auf einem Foto, das meinen Mann und mich mit ihren Freunden zeigt, erschien direkt über meinem Herzen eine Art weiße Flamme – genau dort, wo ich einen Anhänger mit einem Foto und einer Haarlocke von Meg trage. Wow! Wieder hatte meine wunderbare Tochter einen Weg gefunden, um uns zu zeigen, dass sie bei uns war.

Wir lieben Meghan und vermissen ihre physische Anwesenheit jeden Tag. Mir als Mutter helfen aber die vielen keinen Zeichen und Botschaften, die ich von ihr bekommen habe, weil sie mich wissen lassen, dass es Meghan gut geht und sie keine Sorgen mehr hat. Ich weiß, unsere Verbundenheit wird andauern bis zu dem Tag, an dem ich wieder bei ihr bin und selbst erfahren kann, wo sie ist. Und dafür bin ich auf ewig dankbar.

Nancy Kuhn lebt und arbeitet in der großartigen Gemeinde von Plymouth, Massachusetts. Sie ist Gott und ihrer Familie sowie ihren Freunden sehr dankbar für ihre Unterstützung.

Himmel auf Erden im Sommercamp

Ali Lerner Doyle

Für viele Kinder mit schweren oder unheilbaren Krankheiten ist das Sommercamp "Double H" der Hole in the Woods Ranch eine Art Himmel auf Erden. In diesem Ferienlager, das von der Paul-Newman-Stiftung gefördert wird, steht das Leben im Vordergrund, nicht der Tod, Lachen ist wichtig, nicht die Tränen. In Double H triumphiert die Freude über Schmerzen, Träume über Ängste, und das Leben ist ein Grund zum Feiern. Im Sommer 2000 war ich neunzehn Jahre alt und durfte als Betreuerin in Double H arbeiten. Meine Zeit dort mit den Kindern, den anderen Betreuern, Schwestern, Pflegern, Ärzten und Freiwilligen war eine unglaubliche Erfahrung. Ich erklärte den kleinen Camp-Teilnehmern oft, dass sie die wahren Lehrer waren, nicht wir. Sie fanden den Gedanken aber kaum weniger albern als unsere Kartoffelbrei-Wettessen.

Für viele der Kinder dort war das Camp eine höchst willkommene Abwechslung vom Krankenhaus-Alltag und eine rare Gelegenheit für ganz normale Kindheitserfahrungen. Zu unseren wöchentlichen Aktivitäten gehörten eine Fahrt in den Freizeitpark Six Flags, eine Kirmes, ein Tanzabend, eine Talentshow, Angeln, Tauziehen, Schwimmen, Essensschlachten und vieles mehr. An einem Tag war ich die "Foxy Lady"-Beraterin in der Hütte der "Füchsinnen", einer Gruppe zehn- bis vierzehnjähriger Mädchen. Eine davon war die zwölfjährige Kelly, die Krebs hatte. Unsere Freundschaft begann über einer gemeinsamen Vorliebe für Batikhemden und wurde enger, als wir am ersten Tag in der Hütte der Füchsinnen Freundschaftsarmbänder flochten. In kürzester Zeit wurden wir gute Freundinnen. Wir tanzten zusammen in unseren Lieblingsbatikshirts und grünen Halstüchern. Bei der Talentshow brachten wir gemeinsam Britney Spears' unsterblichen Sommerhit "Oops! ... I Did It Again" zu Gehör. Abends wollte Kelly nicht einschlafen, bevor ich ihr nicht gute Nacht gesagt und sie zugedeckt hatte.

Am Tag der Kirmes war Kelly bei einer anderen Betreuerin namens Katy, zu der sie auch eine enge Beziehung aufgebaut hatte. Als Kelly in ihrem Rollstuhl auf die Kirmes fuhr, entdeckte sie eine leuchtend gelbe Sonnenblumenpuppe, deren Grinsen von einem Ohr zum anderen exakt dem breiten Lächeln auf Kellys Gesicht entsprach. Kelly wollte die Puppe unbedingt gewinnen, und nach hartnäckigem Einsatz an der Losbude hielt sie tatsächlich ihre ersehnte Puppe in den Händen und strahlte. Bis zum Ende des Camps saß die Sonnenblumenpuppe jede Nacht an Kellys Bett und hielt Wache. Und als Kellys Mutter sie am Ende ihrer Campzeit abholen kam, drückte Kelly sich die Puppe noch immer fest an die Brust.

Zwei Wochen danach teilte man mir mit, Kelly gehe es schlechter. Ich begegnete in der letzten Gruppe des Sommercamps zufällig einer früheren Zimmergenossin von Kelly aus dem Krankenhaus. Sie sagte mir, Kelly gehe es nicht gut, sie erzähle aber noch immer ganz begeistert von all dem Spaß, den sie im Camp gehabt hatte. Ich war besorgt und schrieb Kelly rasch einen Brief mit Fotos vom Camp. Ich wollte Kelly außerdem im Krankenhaus besuchen. Sie wurde in einer Klinik behandelt, die etwa eine Stunde Autofahrt vom Camp entfernt lag. Als ich am Montag Kellys Mutter anrief, erfuhr ich, dass niemand mehr damit rechnete, dass Kelly das nächste Wochenende noch überleben würde. Ich machte mit ihr aus, dass ich am Mittwoch zu Besuch kommen wollte. Noch bevor ich an diesem Morgen in der Klinik ankam, war Kelly verstorben. Ich hatte meine Chance auf einen letzten Besuch verpasst.

Kellys Bestattung fand am Freitagmorgen statt. Außer mir nahmen Katy und noch einige andere Kollegen vom Camp am Gottesdienst teil. Ihre Familie hatte einen Tisch mit einigen von Kellys

Stofftieren aufgestellt, die man sich als Erinnerung an sie mitnehmen durfte. Auf diesem Tisch saß auch Kellys Sonnenblumenpuppe mit dem breiten Grinsen auf dem gelben Gesicht. Katy und mich berührte der vertraute Anblick, und Katy nahm die Puppe an sich. Sie drückte sie ebenso fest an ihre Brust, wie Kelly es immer getan hatte.

Nach diesem traurigen Abschied ging auch das Sommercamp einen Tag nach der Beerdigung abrupt zu Ende und ich saß im Flugzeug zurück nach Washington, DC, bereit für den Beginn meines dritten Studienjahrs an der American University. Als ich angekommen war, wartete ich den ganzen Samstag lang vergeblich auf die vereinbarte Anlieferung meiner Habseligkeiten aus der Zwischenlagerung. Nichts zu machen - sie blieben verschwunden. Am frühen Sonntagmorgen durchsuchte ich den Postraum nach einem Brief von meinen Eltern mit allen Quittungen der Lagerfirma. Doch zu allem Überfluss blieb auch diese Sendung verschwunden. Dafür fand ich zu meiner Überraschung ein Päckchen von meinen Großeltern vor.

Enttäuscht, dass ich meinen Sachen nicht nähergekommen war, ging ich langsam in mein Zimmer zurück, das kleine Päckchen von meinen Großeltern unter dem Arm. Ich setzte mich aufs Bett und riss den ordentlich verpackten braunen Karton auf. Als ich die Schachtel öffnete und sah, was darin lag, ließ ich sie fallen und begann zu weinen. Darin lag eine leuchtend gelbe Sonnenblumenpuppe - exakt dieselbe, die Kelly auf unserer Kirmes gewonnen hatte. Das kann man nun natürlich als Zufall abtun. Aber ich bin überzeugt, es war ein Zeichen des Himmels, von wo aus Kelly mir einen Gruß gesandt hatte. Nur eineinhalb Tage nach ihrer Bestattung konnte niemand in meiner Familie etwas von Kelly oder ihrer Puppe gewusst haben. Erst mehrere Wochen darauf war ich in der Lage, meinen Großeltern davon zu erzählen.

Ich denke, dass es Kelly irgendwie gelungen ist, mir durch zwei mir auf der Erde nahestehende Menschen eine Botschaft aus dem Jenseits zukommen zu lassen. Ich glaube, alles geschieht aus einem bestimmten Grund, und auf diese Weise wollte Kelly mir sagen, dass es ihr gut geht und dass sie vom Himmel aus auf uns herabsieht. Nach diesem Sommer in Double H weiß ich jetzt ganz sicher, dass jeden Tag Wunder geschehen. Wir müssen nur unsere Augen und Herzen für sie öffnen.

Ali Lerner Doyle ist eine Ärztin aus Omaha, Nebraska. Ihrem wunderbaren Ehemann Mark begegnete sie auf der Double H Ranch. Als Absolventen der Ross University School of Medicine sind sie jetzt beide als festangestellte Ärzte an der Upstate Medical University beschäftigt.

Schneegestöber im April

Regis McDuffee

Im Frühjahr 2001 fühlte ich mich wie der glücklichste Vater auf der Welt. Ich hatte drei großartige Söhne. Jacob besuchte die Highschool in Peterborough, New Hampshire, Eric studierte im zweiten Jahr am Assumption College in Worcester, Massachusetts. Und mein ältester Sohn Morgan war eineinhalb Jahren zuvor von Ohio nach Lewiston, Maine, aufs Bates College gewechselt und stand dort kurz vor seinen Abschluss. Obwohl ihre Mutter Lisa und ich uns vor über sechs Jahren hatten scheiden lassen, waren wir doch immer einer Meinung gewesen, wenn es um das Wohlergehen unserer Jungs ging. Ich war auf jeden meiner Söhne stolz. Aber mir war klar, dass nichts davon selbstverständlich war. Morgan stand gerade erst an der Schwelle seines Erwachsenenlebens.

In den frühen Morgenstunden des 3. März 2002 veränderte sich mein Leben drastisch. Mein Sohn Morgan war gestorben. Er war drei Kommilitonen zu Hilfe gekommen und dabei erstochen worden. Der tragische Vorfall hatte sich in der Innenstadt von Lewiston ereignet, weil die drei mit einer Gruppe Teenager aus dem Ort in Streit geraten waren. Der Streit artete in eine Prügelei aus. Kurz davor war Morgan in Begleitung seiner Verlobten Suzi und seines Bruders Eric vorbeigekommen. Er erkannte seine jüngeren Studienkollegen, die auch im selben Lacrosse-Team wie er gespielt hatten, und riet ihnen, den Streit zu beenden und nach Hause zu gehen. Er glaubte, die anderen hätten auf ihn gehört, als wenige Minuten später seine Kommilitonen schon am Boden lagen und mit Tritten traktiert wurden. Morgan ging dazwischen und bezahlte es mit seinem Leben.

Unser ganzer Familien- und Freundeskreis war tief erschüttert. Morgan war ein Sohn, wie ihn sich jeder Vater nur wünschen konnte. Seit seinem Tod finde ich nur dann noch überhaupt eine Art von Trost über diesen sinnlosen Akt der Brutalität, wenn Morgans Freunde uns von ihren Erinnerungen an ihn und davon, was für ein wundervoller Mensch er war, berichten. An diesem furchtbaren Morgen musste jeder in unserer und in Suzis Familie an seine inneren Grenzen gehen, um sich von der Tragödie nicht völlig zerstören zu lassen. Ich bin sicher, dass wir alle von Morgans emotionaler und spiritueller Kraft profitiert haben, um den tiefen Kummer und die Verzweiflung über seinen Tod durchzustehen.

Ich hatte immer schon gewusst, dass Morgan ein ganz besonderer Mensch war. Natürlich war mein Stolz auf ihn teils auch durch ganz gewöhnliche Gedankengänge geprägt, wie sie wohl jeder Vater hat, der seinen Sohn bedingungslos liebt. Aber in den Monaten und Jahren, die auf seinen Tod folgten, denken bis heute sehr viele Menschen (das kann ich mit Sicherheit sagen), Familienmitglieder und andere, die Morgan nahestanden, sehr ähnlich über ihn. So warmherzig und engagiert, wie er war, so leidenschaftlich und respektvoll, fiel es ihm stets leicht, Freunde zu gewinnen. Mit seiner großen, kräftigen und sportlichen Statur und seinem guten Aussehen hatte er eine ausgesprochen positive Aura. Und niemand, der ihn kannte, wird je sein ansteckendes Lächeln vergessen.

Morgan machte sich viele Gedanken. Ihm war sehr daran gelegen, gut auf seine kleinen Brüder Jacob und Eric achtzugeben. Vor dem alljährlichen Lacrosse-Camp sorgte Morgan immer dafür, dass seine Brüder umsonst ebenfalls teilnehmen konnten, indem er im Tausch dafür unbezahlte Trainingsstunden gab. Er telefonierte gern und häufig mit Jacob und Eric und gab ihnen Ratschläge für die Wahl ihrer Highschool-Fächer, um ihre Chancen auf ein gutes College zu verbessern. "Hey Morgan", ermahnte ich ihn oft im Scherz, "das ist doch Aufgabe der Eltern!" Doch er ließ sich nie davon abhalten, sich einzumischen, so viel war ihm an uns gelegen – er hinterlässt eine so große Leere.

In seinem dritten Collegejahr wurde Morgan nach nur einer Spielsaison schon zum Captain seines Lacrosse-Teams gewählt. Diese Ehre haben sonst nur Studenten im letzten Jahr. Morgans Team hielt sogar so viel von seinen Führungsqualitäten, dass es ihn bis zum Ende seines Abschlussjahrs als einzigen Captain behielt. Sein Lacrosse-Trainer Peter Lasagna sagte: "Morgan war voll glühender Energie. Er war der Mann, den man zum besten Freund haben wollte, zum Sohn, Schwiegersohn, zum Bruder, zum Captain. Er war für alle da." Auch sein Studium hatte Morgan sehr ernst genommen. Seine früh fertiggestellte Abschlussarbeit verschaffte meinem gewissenhaften und fleißigen Sohn die Ehre des ersten posthum verliehenen Bachelor-Abschlusses am Bates-College.

An dem Abend seines Todes hatten seine Mutter und ich noch mit Morgan und ein paar seiner Lacrosse-Mitspieler sowie deren Familien zu Abend gegessen, um den vorangegangenen Sieg des Teams zu feiern. Wir saßen alle zusammen um einen langen Tisch in einem Restaurant nahe des Bates-Campus. Ich erinnere mich noch genau an den überwältigenden Stolz, den ich fühlte, als Morgan mit einem der anderen Väter sprach. Es ging darum, dass der Mann im Urlaub nach Australien wollte und Morgan ihm begeistert von der wunderbaren Reise berichtete, die er mit seiner Verlobten Suzi einige Monate zuvor dorthin unternommen hatte. Der Vater lauschte Morgans Ausführungen gebannt, und ich war wirklich gerührt, wie souverän mein Junge sich und seine Gedanken mitteilen konnte.

Morgan war wirklich erwachsen geworden, und die ganze Welt lag ihm zu Füßen. Ich weiß noch, dass ich an Morgans Zukunft dachte und keinerlei Zweifel hegte, dass er Erfolg haben würde. Als die Rechnung bezahlt war, umarmte mich Morgan so wie immer und sagte: "Hab dich lieb." Dasselbe tat er mit seiner Mutter. Ich fuhr zurück nach Newburyport, Massachusetts, und Morgens Mutter zurück nach New Hampshire. Einige Stunden später waren wir beide schon wieder unterwegs nach Maine, weil wir die schreckliche Nachricht bekommen hatten, dass Morgan erstochen worden war.

Die fantastische Zukunft, die ich noch wenige Stunden zuvor für meinen Sohne vorausgesehen hatte, war auf ewig zerschlagen.

Nach fünf langen, schweren Jahren mit mehr als einer Gerichtsverhandlung wurde Morgans Mörder schuldig gesprochen. Der Richter bat Familienmitglieder und Freunde meines Sohnes, Wirkungserklärungen zu verfassen, um dem Gericht zu helfen, ein angemessenes Strafmaß für den Täter zu bestimmen. Als ich die zahlreichen Wirkungserklärungen überflog, die das Gericht erhielt, war ich überrascht, wie viele Menschen Morgan als ihren besten Freund betrachtet hatten. Mein Sohn war so sehr für jeden Einzelnen von ihnen da gewesen, dass sie sich alle als wichtigster Mensch auf der Welt gefühlt hatten. Morgan hatten seine Freundschaften sehr viel bedeutet.

Einen Monat nach Morgans Tod geschah etwas ganz Außergewöhnliches. An einem auffällig warmen und sonnigen Tag im April besuchte ich meine Freundin Lise in New Hampshire. Ich blieb trotz des guten Wetters im Haus. Ich vermisste meinen Sohn. Während ich so allein dasaß, hörte ich Andrea Bocelli mit dem Titel *Con Te Partiro* im Radio. Als ich dieses Lied zum ersten Mal gehört hatte, fiel draußen der Schnee; er schien im Takt zur Musik zu fallen. Ich liebe den Schnee, und ich liebe dieses Lied. Ich ging hinüber in Lises Zimmer und sagte zu ihr: "Immer wenn ich dieses Lied höre, wünsche ich mir, es würde schneien."

Aufgeregt winkte Lise mich zu sich heran und deutete aus dem Fenster. Das Wetter war dramatisch umgeschlagen; aus dem ungewöhnlich warmem Sonnenschein war plötzlich ein Schneegestöber geworden, das in nur drei Minuten den Boden dicht bedeckte. Ich hatte mir Schnee gewünscht, und er fiel etwa eine halbe Minute länger, als das Lied im Radio lief. Danach wurde das Wetter ebenso blitzartig wieder warm und sonnig wie vorher. Dieses Schneegestöber war ein unerwartetes Geschenk. Erst später am Abend kam es mir in den Sinn, dass Morgan vielleicht etwas mit diesem himmlischen Zeichen zu tun gehabt haben könnte. Ich rief Lise von zu Hause an und erzählte ihr von meiner Vermutung. Lise stimmte mir zu, dass es sich ganz offensichtlich um ein Geschenk von Morgan gehandelt hatte. Ich war sehr dankbar, dass Lise das auch verstanden hatte.

Nach dem Schneefall blieb bei mir ein gutes Gefühl zurück, das noch Tage andauerte. Doch wahrhaftig verblüfft war ich dann erst später bei einem Telefongespräch, das ich mit einer Frau führte, der ich nie begegnet war. Morgans Verlobte Suzi hatte mir von einem großartigen Telefonat berichtet, bei dem sie mit einer Frau aus Colorado namens Anrahyah gesprochen hatte. Eine Freundin meiner Exfrau hatte Suzi gesagt, sie sollte sich mit Anrahyah in Verbindung setzen, weil diese eine wunderbar intuitive Verbindung zu Morgan hätte. Als Suzi mit mir sprach, war sie noch ganz aufgeregt, weil sie über zwei Stunden mit Anrahyah telefoniert hatte. Anrahyah hatte Suzi sehr viele Informationen zu Morgan verraten können, darunter auch absolut intime Details, die außer den beiden niemand hätte kennen können. Suzi riet auch mir, unbedingt mit dieser Frau zu sprechen, und gab mir ihre Telefonnummer.

Ich versuchte über eine Woche lang, Anrahyah in Colorado zu erreichen, bevor wir schließlich eine Verbindung herstellen konnten. Als es mir gelungen war, sprachen wir über zwei Stunden lang miteinander. Bei einer Sache, über die Anrahyah mit mir sprach, ging es um ein Gespräch zwischen mir und Morgen vor seinem Tod. Niemand außer uns beiden hätte davon wissen können. Anrahyah berichtete mir, dass es Morgan wirklich sehr gut ging. Irgendwie war er fähig, über Anrahyah mit uns zu kommunizieren. Ich bekam jede Menge private Details zu hören, die mich überzeugten, dass wir wirklich mit Morgan in Verbindung standen. Als wir unser Gespräch fast beendet und uns bereits verabschiedet hatten, warf Anrahyah noch etwas ein: "Morgan möchte Ihnen noch sagen, wie froh er ist, dass Sie es verstanden haben."

"Was genau meinen Sie damit, Anrahyah?"

"Sie wissen doch, das Schneegestöber." Es haute mich glatt um! Der Schnee war tatsächlich ein Geschenk von Morgan gewesen! Auf der Stelle fühlte ich mich zurückversetzt an diesen warmen Frühlingstag in New Hampshire, zu Andrea Bocellis *Con Te Partiro* ... und zum Schnee! Ich hatte ja gleich das Gefühl gehabt, dass Morgan mir den Schnee gesandt hatte, und jetzt wurde mir das von Anrahyah auf so unglaubliche Weise bestätigt. Interessant an diesem Moment war auch das Lied. Sein Titel lautet auf Englisch *Time To Say Goodbye*. Das Schneegestöber war also Morgans Art gewesen, sich von mir für den Augenblick zu verabschieden. Und Anrahyah bestätigte mir, dass Morgan weiterlebt.

Einige Monate vor Morgans Tod hatten er und Suzi mir eine Postkarte aus Australien geschickt. Die beiden waren um die halbe Welt geflogen und verliebt; es war eine magische Zeit für beide gewesen. Morgan berichtete auf der Karte begeistert von einem Segeltrip zu den Pfingstsonntagsinseln. Er schrieb: "So bin ich noch nie gesegelt ... Und bei meinem Morgenlauf zum Gipfel des Berges kann ich das Korallenriff sehen, wie es sich meilenweit unter mir erstreckt. Dad, dir würde es hier großartig gefallen."

Auf derselben Reise rief mich Morgan von Thailand aus an dem Tag der Anschläge aufs World Trade Center an. Sie waren gerade weit entfernt von jeder größeren Stadt, und niemand dort sprach Englisch. Morgan sah alle gebannt auf ihre Fernsehbildschirme starren und dachte, sie sähen sich irgendeinen Katastrophenfilm an. Sobald er wusste, was wirklich geschehen war, rief er sofort bei uns an. Morgan hatte in den vergangenen zwei Jahren einen Sommerjob in Morans Restaurant im World Trade Center gehabt. Morgan kannte den Besitzer gut und auch eine Menge anderer Leute, die dort oder in der Nähe arbeiteten, darunter waren auch Cousins und ein Onkel von ihm. Er machte sich um jeden Einzelnen Sorgen und gab mir eine lange Liste von Namen, nach denen ich mich erkundigen sollte. Morgans Fürsorge und Rücksicht machten mich immer besonders stolz auf meinen Ältesten.

Mit den Jahren, in denen ich mit so vielen Menschen sprechen konnte, die Morgan gekannt und geliebt hatten, wurde mir immer bewusster, wie unglaublich sinnlos der Mord an ihm war. Besonders sinnlos, weil sein Mörder keine Ahnung hatte, wen er da erstochen hatte. Mein Sohn war nur eines seiner zufälligen Opfer gewesen. Hätte sein Mörder Morgan auch nur eine Minute lang kennengelernt, wäre es ihm unmöglich gewesen, das Leben dieses bemerkenswerten jungen Mannes einfach auszulöschen. Morgan wurde von Menschen mit jeder Art von sozialem Hintergrund und jeden Alters bewundert. Hätte er nur die Chance gehabt, bin ich ganz sicher, dass er seinen Mörder mit einem Lächeln vom tödlichen Stich abgehalten hätte.

Hunderte Menschen nahmen an Morgans Bestattungsfeier, Begräbnis und Trauergottesdienst am Bates College teil. Wir stellten Fotos von ihm auf, vom Babyalter bis zur Collegelaufbahn. Auf allen Bildern erkannte man, wie strahlend sein Lächeln und seine ganze Persönlichkeit gewesen waren. Viele Worte wurden über diesen außerordentlichen, loyalen, lebenslustigen jungen Mann gesprochen, der der Welt viel hinterlassen hatte. Selbst der Dekan des Bates College sprach bei seinem Gottesdienst. Er sagte: "Morgan war eine Führungspersönlichkeit und ein Vermittler. Alles, was Morgan wollte, war, seinen Freunden zu helfen. Würden wir nicht alle gern so selbstlos handeln?"

Ich vermisse Morgan noch immer. Wenn es besonders schlimm wird, erinnere ich mich immer an die vielen wunderbaren Momente, die ich mit ihm hatte, und an Anrahyahs tröstliche Worte. Niemals aber werde ich Morgans Schneegestöber an diesem besonders warmen Apriltag in New Hampshire vergessen, während Andrea Bocelli *Time To Say Goodbye* sang. Heute höre ich mir, wenn es schneit, immer dieses Lied an und denke an diesen ganz besonderen Moment mit meinem verstorbenen Sohn.

Regis McDuffee handelt mit Büromöbeln. Er fährt mit seinen Söhnen Jacob und Eric Ski, segelt und paddelt mit ihnen bei jeder Gelegenheit. Sie alle erinnern sich gern an ebenso schöne gemeinsame Zeiten mit Morgan.

Seans Besuch

Bonnie O'Neil

Am 30. Mai 2000 nahm sich mein Sohn Sean im Alter von zwanzig Jahren das Leben. Schon seit seiner Teenagerzeit hatte er mit schweren Depressionen gekämpft und war bei dem Versuch, seinen inneren Schmerz zu betäuben, auf Drogen verfallen. Unsere ganze Familie war nach seinem Verlust am Boden zerstört. Es war unerträglich, daran zu denken. Außer mir hinterließ Sean seinen Vater, drei Schwestern, eine Ehefrau und seine sechs Monate alte Tochter Ciara. Aber nach seinem Tod begann er, uns feine kleine Botschaften aus dem Jenseits zu schicken. Die deutlichste Erfahrung dieser Art machte ich etwa ein Jahr, nachdem er verstorben war.

Sean liebte Fahrzeuge aller Art – vom VW Käfer bis hin zu Trucks von Ford. Elf Tage vor seinem Tod hatte er noch einen brandneuen weißen Truck gekauft, den er in meiner Garage abstellte. Seinen anderen und ebenfalls neuen Lieferwagen für die Arbeit hatte er bei sich zu Hause. Etwa ein Jahr nach Seans Tod lag ich abends oben im Schlafzimmer und las, als ich mein Garagentor mehrmals auf- und zugehen hörte. Erst dachte ich, dass meine älteste Tochter vielleicht einkaufen ging. Aber sie hatte nichts davon erwähnt und es war auch schon reichlich spät dafür. Ich stand also auf und ging nach unten, um herausfinden, was los war. Meine Tochter war in ihrem Zimmer und sah ganz blass aus. "Mom!", rief sie, "eben ist auf einmal das Garagentor auf- und zugegangen, drei- oder viermal hintereinander. Ich wollte nachsehen gehen, aber aus irgendeinem Grund lässt sich die Tür zur Garage nicht öffnen!"

Wir gingen zusammen los und wollten die Tür gemeinsam öffnen. Diesmal ließ sich die Klinke ganz leicht herunterdrücken. Wir gingen in die Garage - niemand außer uns war dort. Seans Truck stand an seinem Platz, und alles war so, wie ich es früher am Tag zurückgelassen hatte. Wir schauten uns noch ein wenig um, konnten aber keine Veränderungen entdecken. Wir waren beide ganz verstört, denn ohne Zweifel war etwas an diesem Abend geschehen, das wir uns nicht erklären konnten. Es ergab einfach keinen Sinn. Das willkürliche Auf und Zu des Garagentors hat sich seitdem nicht wiederholt. Ich frage mich, ob vielleicht Sean an diesem Abend in der Garage war und nach seinem Truck gesehen hat, dabei aber nicht von seiner Schwester entdeckt werden wollte. As ich an diesem Abend wieder ins Haus ging, war außerdem wie von selbst eine Lampe in meinem Geschirrschrank angegangen, die ich definitiv vorher ausgeschaltet hatte.

Nachdem ich lange über diese Ereignisse nachgesonnen hatte, kam ich zu dem Schluss, dass Sean auf einen letzten Besuch bei uns vorbeigeschaut hatte. Er wollte uns aber nicht erschrecken oder aufregen, sondern nur wissen lassen, dass er noch bei uns war und über uns wachte. Seitdem hatte auch meine jüngere Tochter mehrere Begegnungen mit ihrem Bruder, eine davon im Traum, ein andermal hörte sie seine Arbeitsstiefel auf der Treppe oder spürte seine Anwesenheit bei sich im Auto. Jahre später träumte Seans Tochter Ciara davon, wie ihr Vater sie auf den Arm nahm und der ganzen Familie vorstellte.

Auch wenn ich meinen einzigen Sohn nicht mehr im Arm halten kann, weiß ich doch, dass er noch bei mir ist. Ich kann ihn und seine Liebe zu uns jeden Tag fühlen, und das macht mir immer wieder neuen Mut. Manchmal werde ich gefragt, ob ich an ein Leben nach dem Tod glaube. Ich zögere nie mit meiner Antwort. Ich brauche nicht zu zögern. Ich weiß, dass mein Sohn weiterlebt und über uns wacht.

Bonnie O'Neil ist alleinerziehende Mutter von vier Kindern. Sie stammt aus Chicago, Illinois, und lebt mit ihrer Familie in Arizona. Bonnies Hobbys sind Kochen, Ahnenforschung, Lesen, Tiere und ihre drei entzückenden Enkelkinder Ciara, Liam und Mary Grace.

Kristens Schmetterlinge

Laura Ouellette Lauria

Kristen Ann Montanari war meine beste Freundin. Wir unternahmen alles zusammen. Wir gingen immer gemeinsam mit unseren jeweiligen Freunden aus, bekamen unseren ersten Job beim selben Arbeitgeber, gingen gemeinsam zum Schulabschlussball und auch aufs selbe College. Nichts konnte uns trennen. Manchmal stritten wir uns zwar, aber Kristen und ich hatten einander aufrichtig gern. Wenn es hart auf hart kam, standen wir immer füreinander ein – so auch als Kristen im Alter von nur dreiundzwanzig Jahren die furchtbare Diagnose eines Non-Hodgkin-Lymphoms (NHL) bekam.

Alle waren immer gern mit Kristen zusammen, weil man mit ihr so viel Spaß hatte. Sie war eine wunderschöne Frau – innerlich wie äußerlich mit ihrem langen braunen Haar, ihren braunen Augen und langen Wimpern. Kristens Begeisterung und ihr Lachen waren ansteckend. Es war sehr schwer, deprimiert zu bleiben, wenn Kristen in der Nähe war – selbst dann noch, als ich sie im Krankenhaus auf der Krebsstation besuchte.

Kristen hatte so eine Art, die anderen half, sich gut und besonders zu fühlen, einfach nur weil sie bei ihnen war. Sie war vielen eine wunderbare Freundin, eine tolle Zuhörerin und immer hilfsbereit. Ich habe nie eine wichtige Entscheidung getroffen, ohne sie vorher um Rat zu fragen. Ob es um einen Aufsatz an der Highschool ging oder um ein Date mit einem neuen Freund, als Erstes sprach ich immer mit Kristen. Sie war immer aufrichtig zu mir und hatte manchen guten Rat für mich, ohne mich je zu verurteilen. Von Kristen lernte ich sehr viel über Freundschaft und Liebe.

Am 18. Juli 1993 verlor Kristen nach sieben Monaten ihren Kampf gegen den Krebs. Ich war verzweifelt. Irgendwie hatte ich nie glauben können, dass es wirklich passieren würde. Vielleicht weil ich den Gedanken nicht ertragen konnte, ohne sie hier auf der Welt zu sein. Kristen war so sehr Teil meines Lebens, dass ich nicht wusste, wie ich ohne ihre Freundschaft und Unterstützung weiterleben sollte.

Wochenlang trauerte ich um meine Freundin und wurde das Gefühl nicht los, dass sie mich alleingelassen hatte. Ich konnte nachts nicht schlafen und mich auf nichts konzentrieren. Es fiel mir schwer, irgendetwas außer Kummer und Einsamkeit zu fühlen. Ich verbrachte viel Zeit mit Kristens Eltern, Geschwistern und Freunden. Die ganze Zeit wartete ich verzweifelt auf ein Zeichen von Kristen, das mir zeigen würde, dass es ihr gut ging und dass sie gar nicht fort, sondern noch hier bei uns war. Ich betete sogar darum. Es dauerte zwar einige Monate, bis das erste Zeichen kam, aber als es dann geschah, war es einfach unglaublich. Kristen besuchte mich im Traum.

Als der Traum kam, hatte ich gerade meinen Hochschulabschluss hinter mir und meine erste Stelle als Vertrauenslehrerin an einer Grundschule angetreten. In dem Traum war ich wieder im Zuhause meiner Kindheit. Die Haustür stand offen, und ich ging gerade in die Küche, als es klingelte. Ich drehte mich um, und da stand Kristen in der Tür - braungebrannt und mit Sonnenbrille. Sie strahlte. "Ich dachte, du wärst tot", stammelte ich aufgeregt im Traum. "Alle glauben, du wärst tot. *Wo warst du denn bloß?*" Ihr Anblick machte mich so glücklich, gleichzeitig liefen mir die Tränen übers Gesicht. Endlich war Kristen wieder bei mir und sah schöner aus denn je!

"Ach", antwortete Kristen leichthin, "ich brauchte einfach mal Urlaub."

Ich umarmte meine beste Freundin, und wir gingen Arm und Arm ins Haus. "Kristen, du musst zu Hause anrufen!", rief ich. "Alle denken doch, du bist gestorben."

Sie ging ans Telefon bei uns in der Küche und nahm ganz lässig den Hörer ab. Dann wandte sie sich zu mir um und sagte: "Ich höre, du hast endlich eine Stelle bekommen. Wurde ja auch verdammt Zeit!" Dann sprach sie in den Hörer: "Hallo, Mom?" So fragwürdig ihre Wortwahl vielleicht war, zeigte sie mir doch ganz deutlich, dass es wirklich eine Nachricht von Kristen war, denn Kristen hätte exakt dieselben Ausdrücke benutzt und sich auch genau so verhalten. An dieser Stelle wachte ich aus dem Traum auf. Ich war glücklich und aufgeregt, weil ich noch immer glaubte, Kristen sei am Leben. Als mir klar wurde, dass es gar nicht stimmte und ich nur geträumt hatte, war ich zuerst bitter enttäuscht. Aber innerhalb von Minuten wurde mir klar, dass das einfach Kristens Art gewesen war, mir zu zeigen, dass es ihr gut ging. Das war das Zeichen, auf das ich so sehnsüchtig gewartet hatte!

Ein paar Monate später hatte ich wieder einen Traum. In diesem Traum war Kristen am Leben, aber ihre Mutter war gestorben. Wir saßen vor ihrem Haus unter einem Ahornbaum am Straßenrand. Wir unterhielten uns über ihre Mutter (die ich immer Mrs. M nenne) und darüber, was für ein wunderbarer Mensch sie war. Ich versicherte Kristen, wie sehr ich Mrs. M gemocht hatte und wie ich sie eigentlich als meine zweite Mutter sah. Ich lobte auch, wie gut sich ihre Mutter um Kristen gekümmert hatte, als sie krank war.

Kristen gab zurück: "Und du weißt noch längst nicht alles. Meine Mutter hat so viel für mich getan, Laura, das kannst du dir gar nicht vorstellen. Sie war einfach die Beste! Ich bin so dankbar, dass ich sie in meinem Leben hatte." Kristen machte ein Pause und fragte mich dann: "Was jetzt?" Da wachte ich auf. Ich hatte das überwältigende Gefühl, dass Kristen von mir wollte, dass ich ihrer Mutter diese besondere Botschaft übermittelte. Das tat ich auch. Mrs. M weinte und dankte mir. Ich glaube, sie war sehr gerührt von meinem Traum. Es war völlig klar, dass Kristen hier ihrer Liebe und Wertschätzung für ihre Mutter hatte Ausdruck geben wollen.

Nach Kristens Tod sammelte ich alle Briefe, Karten und Erinnerungsstücke, die mir von Kristen geblieben waren, und legte einen ganz speziellen Gedenkordner für Kristen an. Ich wollte nichts von ihr verlieren und alles an einem Ort aufbewahren, zu dem ich immer Zugang hatte, sobald ich mich mit meinen Gedanken an sie zurückziehen wollte. Einige Jahre nach ihrem Tod war ich einmal am Valentinstag ohne Partner und ganz allein zu Hause. Ich fühlte mich sehr einsam. In den Jahren, die ich gemeinsam mit Kristen verbracht hatte, war ich häufiger einmal am Valentinstag allein gewesen und Kristen nicht. Aber meiner Freundin war es jedes Mal gelungen, mich aufzumuntern und zu verhindern, dass ich mich allzu schlecht fühlte. Diesmal hatte ich keine Kristen, um den Tag gut zu überstehen. In der Hoffnung, dass Sauberkeit und Ordnung mir helfen würden, beschloss ich, meine Wohnung zu putzen.

Als ich das Bett beiseite rückte, um darunter zu saugen, fiel mir eine Karte auf, die zwischen dem Lattenrost und der Matratze festklemmte. Ich nahm die Karte an mich und erkannte sie auf der Stelle. Ich musste weinen, denn es war eine alte Geburtstagskarte, die mir Kristen aus Versehen zwei Jahre in Folge gegeben hatte – wir hatten damals sehr darüber gelacht. Ich hatte keine Ahnung, wie die Karte dorthin gelangt war. Ich hatte alle Karten von ihr doch sorgfältig in meinem Kristen-Ordner abgelegt. Ich öffnete die Doppelkarte und las den handschriftlichen Text, in dem Kristen unsere Freundschaft beschrieb und mir fürs kommende Lebensjahr alles Liebe wünschte. Als ich die vertraute verschnörkelte Handschrift betrachtete, konnte ich fühlen, wie meine Einsamkeit verflog. Erstaunlich: Noch neun Jahre nach ihrem Tod hatte Kristen die Fähigkeit, mich zu trösten.

Im selben Jahr trat Mike in mein Leben, ein wunderbarer Mann. Im November 2002 verlobten wir uns. Ich war immer davon ausgegangen, wenn ich einmal heiraten würde, würde ich natürlich Kristen anrufen, egal wie spät es war, und ihr die aufregende Neuigkeit als Erster erzählen. Ich war furchtbar traurig, dass ich meine Freude nun nicht mit ihr teilen konnte. Stattdessen besuchten Mike und ich Kristens Eltern und erzählten es ihnen.

Da ich im staatlichen Schulsystem arbeitete, entschieden wir uns für eine Hochzeit im Sommer, als ich Ferien hatte. Als wir den Saal für den Hochzeitsempfang buchen wollten, wurde uns klar, dass es auch im Sommer kaum noch freie Termine gab. Einer von den zwei einzigen noch freien Terminen war der 19. Juli 2003 - Kristens zehnter Todestag. Das würde ohnehin schon ein so schwerer Tag werden ohne Kristen als Brautjungfer. Nach langer Überlegung entschieden Mike und ich uns schließlich ganz bewusst für diesen Tag, weil wir an unserem Hochzeitstag auch an Kristen denken wollten. Ihr zu Ehren wollten wir nach der Hochzeit Schmetterlinge fliegen lassen.

Ich suchte nach Schmetterlingsfarmen in der Nähe und fand schließlich eine, die bereit war, mir Schmetterlinge nach Hause zu liefern. Da Monarchfalter allerdings schwer zu züchten sind, waren sie sehr teuer. Ich bestellte mir schließlich ein paar Monarchen zusammen mit einigen dekorativen Distelfaltern für die Hochzeit.

Da es Brauch ist, dass eine Braut bei ihrer Hochzeit auch etwas Geborgtes tragen soll, bat ich Mrs. M, mir für meine Hochzeit etwas von Kristens Schmuckstücken auszuleihen. Im Stillen hoffte ich auf die Engelsbrosche, die vor Kristens Tod ihre Handtasche geziert hatte. Außerdem schrieb ich Kristen ein paar Tage vor der Hochzeit einen Brief. Am Abend vor der Hochzeit überreichte mir Mrs. M Kristens Fußkettchen und tatsächlich die Engelsbrosche. Ich gab Mrs. M meinen Brief zu lesen. In dem Brief hatte ich Kristen geschrieben, dass ich hoffte, einer der Schmetterlinge würde mir irgendein Zeichen geben, das mir zeigen würde, dass sie bei meiner Hochzeit bei mir war.

Direkt nach der Hochzeitszeremonie führten mein Mann und ich die ganze Hochzeitsgesellschaft zur Kirchentür hinaus, um die Schmetterlinge zum Gedenken an Kristen fliegen zu lassen. Als wir die Schachtel öffneten, krallten sich die meisten Schmetterlinge noch an dem weißen Netz darin fest. Wir mussten lachen, als wir die Falter vorsichtig aus ihrer Deckung hervorlockten und freiließen. Ich warf Mrs. M, die nahe bei uns stand, einen Blick zu. An ihrer

Miene konnte ich erkennen, dass sie meinen Brief an Kristen gelesen hatte. Dann sahen wir beide im selben Moment nach unten auf mein Kleid. Ein einzelner Schmetterling war darauf gelandet und blieb eine ganze Weile auf mir sitzen. Mrs. M und ich sahen uns an und lächelten. Kristen war wirklich bei uns. Ihre Mutter und ich wussten es.

Danach kamen noch mehr Schmetterlingszeichen. An manchen kritischen Wendepunkten meines Lebens erschienen wie aus dem Nichts auf einmal Monarchfalter. Ob als Hoffnungszeichen, während mein Mann operiert wurde, oder als Entscheidungshilfe beim Beenden einer alten Freundschaft - so ließ Kristen mich wissen, dass sie noch immer bei mir war. Als ich einmal wie jedes Jahr zu Kristens Geburtstag bei ihren Eltern anrief, erzählte ich ihnen, wie sehr der sonnige Herbsttag mit dem bunten Laub draußen mich an Kristen erinnerte. Dann berichtete ich von Kristens vielen Schmetterlingszeichen an mich. Am selben Abend rief mich Mr. M zurück und berichtete, dass der *Boston Globe* an diesem Tag einen Leitartikel über Monarchfalter gebracht hatte. Wow. Ein Zeitungsartikel über Monarchfalter ausgerechnet an Kristens Geburtstag! Das war ein wirklich schönes Geschenk für Kristen und für mich.

Am selben Tag spielte mein kleiner Sohn Nicholas mit einer Spieluhr, die mir meine Mutter ein paar Jahre davor geschenkt hatte, um mich an Kristen zu erinnern. Die Spieluhr spielte Kristens Beerdigungslied "Wind Beneath My Wings." Ich hatte die Spieluhr ein paar Tage früher Nicholas gezeigt und sie für ihn aufgezogen. An diesem Tag aber, Kristens Geburtstag, hatte niemand die Spieluhr aufgezogen oder auch nur angerührt. Als Nicholas sie spontan aufhob, fing laut und deutlich Kristens Lied an zu spielen. Tränen traten mir in die Augen, als ich mit meinem Sohn auf dem Kinderzimmerboden saß. Als ich die Spieluhr in die Hand nahm, sah mich Nicholas mit einem lausbübischen Lächeln an und streckte mir dann frech die Zunge heraus, genau wie Kristen es immer getan hatte. Ich bin wirklich dankbar für jedes Mal, an dem Kristen mich wissen lässt, wie nah sie mir noch ist. Danke, Kristen, dass du meine beste Freundin bist. Danke für die Schmetterlinge. Und danke, dass du bei mir bleibst und weiterhin Wind unter meine Schwingen lenkst.

Laura Ouellette Lauria arbeitete zwölf Jahre als Grundschullehrerin, bevor sie sich entschied, als Hausfrau und Mutter bei ihren Kindern zu bleiben. Laura schreibt gern, spielt Golf und liebt ihre Familie über alles. Sie lebt mit ihrem Mann Mike und ihren zwei Söhnen in der Nähe von Boston.

Kleiner Racker

Elissa Davey

Oft werde ich gefragt: "Aber wie können Sie denn Babys begraben? Das muss doch furchtbar schwer sein!" Meine Antwort lautet stets: "Wie könnte ich es nicht tun?" Als Gründerin von Garden of Innocence, einer gemeinnützigen Organisation, die ausgesetzten Babys eine würdige Bestattung ermöglicht, kümmere ich mich seit 1995 um verlassene verstorbene Kinder. Ich habe viel von ihnen gelernt. Diese Babys mögen nicht mehr sichtbar und physisch unter uns sein, doch sie merken und wissen noch ganz genau, was um sie herum geschieht. Manche helfen und leiten uns sogar noch bei unserer Aufgabe.

Eine dieser Geschichten möchte ich gern erzählen. Sie handelt von einem keinen Mädchen, das tot in der Nähe des Sunrise Highway in San Diego County aufgefunden wurde. Das Neugeborene hatte in eine selbstgestrickte Decke gewickelt und noch mit dem Krankenhausbändchen am Bein zwei Jahre dort gelegen. Kein Tier, auch kein Insekt, hatte seinen kleinen Körper angerührt, der nach einem kalten Winter regelrecht mumifiziert war. Sobald wir bei Garden of Innocence davon erfuhren, nahmen wir uns der Kleinen an. Wir nannten sie Michaela und bereiteten ihre Bestattung vor.

Ich sollte mich gerade mit dem Fahrer treffen, der Michaela abholen sollte, als der mich anrief und erklärte, sein Lieferwagen sei voll und ich müsse das Baby selbst in meinem eigenen Wagen vom Leichenschauhaus abholen. Ich hatte in meinem Auto noch nie eine Leiche transportiert und wusste auf der Fahrt nicht recht, was ich tun sollte. Schließlich sang ich Michaela jedes Kinderschlaflied vor, das mir einfiel, um sie wissen zu lassen, dass jemand sich um sie sorgte. Ich sang noch immer, als wir bei der Leichenhalle ankamen, in die ich sie überführte. Ich sang die letzte Strophe zu Ende und erklärte ihr dann, dass sie noch ein klein wenig im Kühlschrank der Leichenhalle bleiben müsse, danach würde sie einen eigenen Trauergottesdienst und eine wunderschöne Bestattungsfeier bekommen. Ich entschuldigte mich dafür, dass ich ihre Ruhe gestört hatte, versprach ihr aber, sie würde bald heimkehren können. Ich trug sie in dem winzigen Sarg, den wir für Transporte benutzen, hinein, wickelte sie liebevoll in eine neue handgestrickte Decke und übergab sie den fähigen Mitarbeitern der Leichenhalle.

Am Morgen darauf hatte ich mich gerade auf unseren Beifahrersitz gesetzt, als die Türen des Wagens verriegelt wurden, bevor mein Mann einsteigen konnte. Mein Mann sah mich fragend an, und ich antwortete wahrheitsgemäß: "Ich habe die Türen nicht angerührt." Genau denselben Scherz hatte mein Mann öfter mit mir getrieben und die Autotüren verriegelt, sobald ich versuchte einzusteigen. Er fand das witzig. Ich hatte nie darüber lachen können. Im Gegenteil, mir war das immer ziemlich gemein vorgekommen.

Diesmal aber verschlossen sich die Türen, nachdem ich eingestiegen war und er noch draußen stand. Ich entriegelte die Türen für ihn, doch bevor er sie öffnen konnte, schnappte der Riegel wieder zu. Mein Mann war jetzt verärgert und zeigte mir das mit einer unschönen Geste. Ich wiederholte, dass ich es nicht war, die die Türen verriegelte. Wieder öffnete ich, und wieder schnappte der Riegel blitzartig zu. Als er zum vierten Mal versuchte einzusteigen, ging das Schloss nur immer wieder wild auf und zu. Schließlich sagte ich laut: "Michaela, wenn du hier drin bist, dann hör auf mit dem Unfug!"

Der Riegel öffnete sich auf der Stelle, und das Ganze wiederholte sich kein einziges Mal mehr. Ich lächelte, weil ich wusste, dass die kleine Michaela bei mir war und meinem Mann ein wenig von seiner eigenen Medizin zu schmecken gab. So wie ich ihr Zuneigung und Respekt gezeigt hatte, so hatte Michaela mir auf ihre eigene verspielte Art bewiesen, dass sie auf meiner Seite war. Ich habe Michaela sehr lieb und bezeichne sie oft als meinen kleinen Racker. Ich wette, wenn sie hätte leben dürfen, wäre sie immer vergnügt und zu Scherzen aufgelegt gewesen.

Elissa Davey ist Mutter, Großmutter und Maklerin, außerdem Gründerin der Organisation Garden of Innocence National, die zur Zeit in fünf US-Staaten und in Polen tätig ist. Elissa hofft, ihre Arbeit eines Tages durch die Großzügigkeit und Unterstützung vieler auf alle fünfzig Staaten und ins Ausland ausweiten zu können.

Engelsgeflüster auf Libellenflügeln

Angela Rodriguez

Am 2. August 2009 saßen mein Mann und ich im Wohnzimmer und sprachen über unseren geliebten Sohn, als die Uhr Mitternacht schlug. Ich wurde von unsäglichem Schmerz ergriffen und die Tränen schossen mir in die Augen - es war der erste Todestag unseres Francisco Jr. Wir hatten unser Baby nach erst sieben Monaten an Spinale Muskelatrophie verloren. Nun saßen wir beide da und sehnten uns nach dem Lächeln, das uns so viel Freunde gebracht hatte. Wir wünschten so sehr, wir könnten noch einmal in diese glänzenden großen braunen Augen schauen und ihm durch die langen dunklen Locken streichen.

Kurz entschlossen holte ich Franciscos Stoffhund, nahm meinen Mann an der Hand und öffnete die Haustür. Wir gingen hinaus, um zu den Sternen aufzusehen und zu trauern. Draußen begrüßte uns eine hübsche kleine Libelle, die auf einem Balken vor der Tür saß. Es war die hübscheste Libelle, die ich je gesehen hatte! Auf der Stelle hörten wir auf zu weinen. Unsere Herzen waren von Frieden erfüllt. Francisco war bei uns, er war uns ganz nah, das spürten wir beide mit absoluter Klarheit. Die Libelle war ein Zeichen unseres Babys.

Ich ließ die Libelle auf meine Hand krabbeln und setzte mich auf den Boden, um den Moment auszukosten. Ich hielt die Libelle gute fünf Minuten in der Hand, während ich immer wieder unserem Sohn für dieses tröstliche Zeichen dankte, das er uns am schlimmsten aller Tage gesandt hatte. Wir hielten diesen Augenblick mit der Handykamera fest. Das war nicht das erste Mal, dass Francisco eine Libelle zu uns geschickt hatte, aber zum ersten Mal hielten wir eines dieser Zeichen nun greifbar in Händen. In dieser Nacht blieben mein Mann und ich einige Stunden draußen und erzählten Francisco, wie sehr wir ihn liebten und vermissten. An diesem Tag floss keine einzige Träne mehr. Selbst wenn wir hätten weinen wollen, wir konnten es einfach nicht. Es war ein ganz neues Gefühl, anders als all unsere gewohnten Emotionen. Ein sonderbarer Friede lag in der Luft.

Seitdem erwarten uns bei jedem Besuch, den mein Mann und ich Franciscos Grab abstatten, schon die Libellen zum Gruß. Einmal waren wir sogar während eines Gewitters am Grab. Während wir im Regen auf den Knien lagen und Gott weinend fragten, warum er uns unseren Sohn genommen hatte, während wir Gott anflehten, ihn uns zurückzugeben, flog mitten durch den pfeifenden Wind eine riesige Libelle auf uns zu, blieb eine Weile bei uns und flog dann wieder fort. Immer wenn der Verlust unerträglich zu werden droht, ist Francisco zur Stelle und sendet ein Zeichen, das uns wieder aufmuntert. Engel existieren. Sie lassen uns wissen, dass sie immer nah bei uns sind. Wir müssen nur unsere Augen und Herzen öffnen, um ihre Nähe zu spüren.

Jeder Moment, den wir mit unserem wunderbaren Kind verbringen konnten, war ein wahrer Segen für uns. Ruhe in Frieden im Himmel, Panchito. Eines Tages werden Mommy und Papi wieder bei dir sein und dich in die Arme schließen. Wir freuen uns schon auf diesen Tag. Bis dahin leben wir weiter, Tag für Tag. Wir lieben und vermissen dich mehr denn je.

Für Angela Rodriguez und ihren großartigen Ehemann Francisco Sr. war es ein wahr gewordener Traum, Eltern von Francisco Jr. zu sein. Diese sieben Monate waren die besten ihres Lebens. Was wirklich zählt im Leben, sind die kleinen Dinge.

Auf ewig verbunden

Barbara Desclos

"Sollte je ein Tag vergehen, an dem ich dir nicht sage, dass ich dich liebe, dann sei gewiss, es ist so." Diese Worte sind zusammen mit zwei langstieligen Rosen und einem Schmetterling auf einer kleinen Glastafel eingraviert, die mir mein Sohn Matthew zum Muttertag 1999 geschenkt hat. Matthew war sehr stolz auf dieses Geschenk, denn es war das erste Muttertagsgeschenk, das er mit seinem selbst verdientem Lohn als Packhilfe in einem kleinen Supermarkt im Ort bezahlt hatte.

Matthew war mein einziges Kind. Kurz nach seinem sechzehnten Geburtstag wurde mein attraktiver, einsachtzig großer Sohn mit den braunen Locken und blitzblauen Augen bei einem Autounfall getötet. Er starb an einem heißen Sommernachmittag nur zwei Blocks von zu Hause entfernt. Einige Zeit vorher hatte mir mein Sohn noch gesagt, er habe keine Angst vor dem Tod; wenn seine Zeit gekommen wäre, würde er gerne gehen. Gleichzeitig versicherte er mir, dass er immer bei mir sein würde. Heute weiß ich genau, dass Matthew jeden Tag und überall bei mir ist.

Kurz vor seinem Tod war Matthew mit ein paar Freunden schwimmen gegangen, als die beiden Titel von 2Pac Shakur "Life Goes On" und "I Ain't Mad at Cha" im Radio gespielt wurden. Matthew sagte seinen Freunden, diese beiden Songs wünsche er sich für seine Beerdigung. Leider haben seine Freunde mir das erst einige Wochen nach der Bestattung erzählt. Ich war überrascht, dass ein gesunder Teenager solch tiefen Einblick in sein Leben und seinen Tod haben konnte. Woher hatte Matthew gewusst, dass seine Zeit auf dieser Erde nur kurz bemessen sein würde?

Seit mein Sohn tot ist, hat er mich auf vielfältige Art wissen lassen, dass es ihm gut geht. Beim ersten Mal ging es dabei um die Organspende seiner Netzhaut. Matthew und ich hatten zuvor über Organspenden gesprochen. Und mein Junge hatte beschlossen, sich, sobald er seinen Führerschein bekam, als Organspender registrieren zu lassen. Nur hatte er dann keine Gelegenheit mehr gehabt, das zu tun. Als das Krankenhaus mich fragte, ob ich die Organe meines verstorbenen Sohnes spenden würde, hatte also Matthew mir in gewissem Sinn bereits die Entscheidung abgenommen. Seine Netzhäute wurden einer Organbank gespendet, weil ich wusste, dass er genau das gewollt hätte. Ich teilte der Organbank auch mit, dass ich mich freuen würde, falls einer der Empfänger mit mir in Kontakt treten wolle.

Einige Tage vor meinem ersten Weihnachtsfest ohne Matthew stand ich allein an seinem Grab und weinte, wie ich es oft tat. Ich war hier auf der Erde ohne ihn, und er war irgendwo da draußen ohne mich. Ich musste mich vergewissern, dass mein Sohn in Sicherheit war. Und ich bat ihn, mir auf irgendeine Weise mitzuteilen, dass es ihm gut ging.

Am nächsten Tag bekam ich Post von der Organbank. Darin war ein Brief von einem jungen Mann, der mir für Matthews Netzhaut dankte. Durch meine Spende in Matthews Namen konnte dieser Mann wieder sehen. Matthew hatte rasch auf meine Bitte reagiert! Und so hart dieses erste Weihnachten ohne ihn auch für mich war – zu wissen, dass ein Teil von Matthew noch auf dieser Erde lebte, half mir durch die schweren Tage.

Monate vergingen, und schon nahte der erste Muttertag seit siebzehn Jahren ohne meinen Sohn. Wie würde ich den Tag überstehen? Ich wurde von widerstreitenden Gefühlen überwältigt: War ich überhaupt noch Mutter? Überall sah ich Mütter mit ihren Kindern, und ich dachte immer nur: *Wo ist mein Sohn?* Ich konnte einfach nicht glauben, dass mir das widerfuhr.

Am Tag vor Muttertag bekam ich einen weiteren Brief von der Organbank. Ich öffnete ihn und fand einen Brief vom Empfänger der anderen Netzhaut von Matthew. Der Herr schrieb, dass die Netzhautspende es ihm ermöglicht hatte, seine Stelle zu behalten. Nun könne er bis zum Ende seines Arbeitslebens genug verdienen, um seinen Töchtern die Collegeausbildung zu bezahlen und könne einmal seine Enkel aufwachsen sehen. Ich weinte, als ich den Brief las. Ich war so stolz auf meinen Sohn. Doch der Schmerz über seinen Verlust blieb - ich vermisste ihn so sehr.

Am schwersten fällt mir immer die Weihnachtszeit ohne Matthew. Zu den Festtagen 2001 war ich auf Besuch bei meinen Eltern, als mir in ihrem Esszimmer eine kleine gerahmte Fotografie von Matthew auffiel. Ich hatte dieses Foto noch nie gesehen. Freunde meiner Eltern hatten die Aufnahme auf der Hochzeitsfeier meines Bruders 1996 gemacht. Sie hatten das Foto gerahmt und meinen Eltern zu Weihnachten geschenkt. Ich bat meine Mutter darum, das Bild mitnehmen und mir eine Kopie davon machen zu dürfen. Als ich zu Hause ankam und das Foto aus dem Rahmen nahm, fand ich nicht nur ein, sondern zwei Fotos vor. Unter dem ersten Bild steckte noch ein weiteres von mir und Matthew. Ich hatte auch dieses Bild noch nie gesehen - aber auch meine Eltern hatten nichts davon gewusst. Was für ein schönes Weihnachtsgeschenk von meinem Sohn! Wieder hatte er einen Weg gefunden, um mir durch ein Zeichen zu sagen, dass nichts uns trennen konnte.

Matthews Tod liegt nun über sieben Jahre zurück. Matthew sorgt nach wie vor für mich und verhilft mir immer wieder zu neuer Kraft, um ohne ihn weiterleben zu können. Im November 2005 starb meine Mutter, als sie ihren mutigen Kampf gegen den Bauchspeicheldrüsenkrebs verlor. Wenn ich in diesen letzten Tagen ihres Lebens auf dem Weg zu ihr war, hielt ich oft am Friedhof an und besuchte Matthews Grab. Ich flehte meinen Sohn an, mir beim Verlust eines weiteren Menschen, den ich liebe, zu helfen. Ich weiß, dass er mich gehört hat. Kurze Zeit später kam ich gerade ins Zimmer, in dem meine Mutter lag, als ich sie mit jemandem sprechen hörte. Ich sah mich um, aber niemand war da. Dann rief meine Mutter meinen Sohn laut beim Namen. Sofort wusste ich, dass

Matthew dort bei uns war und meine Mutter auf die lange Reise vorbereitete, die vor ihr lag.

Bei unserer letzten Unterhaltung an dem Nachmittag des Tages, an dem sie verstarb, bat ich meine Mutter, sich bitte gut um Matthew zu kümmern, wenn sie sich wiedersähen. Sie versprach es mir. Das Gespräch hat mir inneren Frieden verschafft. Matthew und seine Großmutter sind jetzt beieinander. Er hat seine Grammy geliebt, und es tröstet mich sehr zu wissen, dass er nun nicht mehr allein dort draußen ist.

Obwohl Matthew nicht mehr physisch in meiner Nähe ist, ist unsere emotionale Verbindung so stark wie eh und je. Ich bin froh, dass ich nun weiß, mein Sohn gibt auf mich acht. Ich spreche nach wie vor mit ihm und weiß tief in meinem Herzen, dass er mich hören kann. Matthew wird mich immer lieben, und ich werde ihn immer lieben - wir sind auf ewig verbunden.

Barbara Desclos lebt mit ihrem Mann und vier Stiefkindern, außerdem zwei Hunden und vier Katzen in New Hampshire. Als geprüfte Schwesternhilfe arbeitet Barbara als ehrenamtliche Hospiz-Helferin in einem Pflegeheim.

Das Leben ist schön

Donna Craig

Wir hatten ein schönes Leben. Ich weiß noch, wie ich beim Überqueren einer großen Straße mein Baby Robby auf dem Arm hielt und meinen zweijährigen Sohn Hunter an der Hand. Ich ermahnte meine fünfjährige Tochter Allison, sie solle sich an Robbys Fuß festhalten, erst in beide Richtungen schauen und dann zügig über die Straße gehen. Ich denke noch oft an diese schöne Zeit zurück, als meine Kinder klein und glücklich und in Sicherheit waren. In dieser Zeit fühlte auch ich mich sicher und glücklich.

Im Herbst 1999 begann unsere Tochter Allison ihr Abschlussjahr am Colby Sawyer College. Hunter besuchte nur 30 Fahrminuten entfernt das New England College im ersten Jahr. Unser Jüngster Robby war fast mit der High School fertig, und mein Mann und ich arbeiteten fleißig in unserem Eisenwarenladen im Nachbarort. Wir alle lebten so, wie wir es uns selbst zum Ziel gesetzt hatten.

Als Hunter am New England College angenommen wurde, freuten wir uns alle. Hunter war ein großartiger Sportler und sah aufgeregt seiner ersten Spielzeit mit dem Lacrosse-Team des NEC entgegen. Hunter hatte in diesem Sport das zweitbeste Punkteergebnis des Jahres in ganz Massachusetts erzielt, und die Lokalpresse nannte ihn "Goodwill Hunter". Sein kleiner Bruder Robby hatte fast jedes von Hunters Toren mit vorbereitet, und die beiden waren mit ihren zweiundzwanzig Monaten Altersunterschied ein prima Duo. Sport hat in unserer Familie immer eine große Rolle gespielt.

Als Captain seines Highschool-Teams erhielt Hunter den Trainerpreis für herausragende Teamführung. Ich denke, Hunter wusste ganz intuitiv, was jedes Teammitglied brauchte. Unser Sohn steckte seine ganze Kraft und Leidenschaft in dieses Spiel - wie in alles, was er tat. Er war ein lustiger und lebhafter Junge, der in seiner Klasse beliebt war. Auf seinem blonden Haar sah man über den blitzblauen Augen oft eine gelbe Baseballkappe mit dem Schriftzug "Das Leben ist schön". Für viele war Hunter ein guter und rücksichtsvoller Freund, der sich nie drückte, wenn einer seiner Freunde Hilfe brauchte.

Hunters Zeit am New England College endete nach nur sechs Wochen. Er starb bei einem tragischen Autounfall am 19. Oktober 1999. Sein Freund Mike saß am Steuer. Hunter und seine Freundin Amanda saßen auf der Rückbank. Sie konnten sich nicht anschnallen, weil ihre Gurte klemmten. Mike fuhr viel zu schnell, und die beiden schrien Mike an, er solle langsamer fahren.

Als Mike Amanda zu Hause absetzte, bat sie ihn noch einmal, doch bitte langsamer zu fahren. Er hörte nicht auf sie. Nur wenige Minuten später krachte der Wagen mit 130 km/h gegen einen Baum. Mike und Hunter wurden aus dem Fahrzeug geschleudert. Mike lag mit schweren Kopfverletzungen einen Monat lang im Koma. Der dritte ihrer Freunde hatte angeschnallt vorn gesessen und konnte schon einen Tag später das Krankenhaus verlassen. Hunter ließ bei dem Unfall als Einziger sein Leben.

Als mein Sohn starb, dachte ich nicht darüber nach, ob ich wohl einmal eine Verbindung zu ihm ins Jenseits haben würde. Mir ging es darum, mich und andere daran zu erinnern, dass das Leben schön war. Ich musste einfach nach vorn sehen. Außerdem wollte ich Teenagern beibringen, wie wichtig verantwortungsvolles Handeln war und dass sie selbst die Konsequenzen ihrer Entscheidungen zu tragen hatten. Es ging mir nicht um Hunters Tod. Es ging um Hunters Leben und wie gut er die Menschen darin beeinflusst hatte.

Am 15. November 1999 war Hunters Geburtstag - drei Wochen nach seinem Tod. Ich ließ fünfzig gelbe Anstecker mit "Das Leben ist schön" anfertigen und verteilte sie an seiner ehemaligen Highschool. Mittlerweile habe ich über 8000 solcher Anstecker verteilt, vor allem an Highschool-Schüler, vor denen ich über verantwortungsvolles Entscheiden und Verhalten gesprochen hatte.

Zum ersten Weihnachtsfest nach Hunters Tod schenkte Allison einer Freundin einen Teddy mit einem handgestrickten gelben Pullover und dem "Das Leben ist schön"-Anstecker. Hunter zu Ehren nannten wir den Teddy "Hunter Bear". Nun verschenken wir jedes Jahr mindestens hundert solcher Hunter Bears an Fahranfänger in Marblehead und Swampscott, um sie daran zu erinnern, dass das Leben zu schön ist, um es zu verschwenden. Bitte fahrt vorsichtig und schnallt euch an!

Zwei Jahre nach Hunters Tod schenkte mir meine gute Freundin Gail zu meinem fünfzigsten Geburtstag eine Sitzung bei einem Medium. Sie meinte: "Lass uns beide hingehen und einfach schauen, was passiert." Der Name des Mediums war George. Nach dreißig Minuten war ich nicht nur sicher, dass George meinen Sohn kannte, sondern vor allem auch, dass es Hunter gut ging. George sagte mir Dinge, von denen nur ich wissen konnte, und beschrieb mir auch einige Entwicklungen in meiner Zukunft. Er erklärte mir, dass es Hunters Aufgabe im Jenseits sei, den Menschen beim Übergang vom Diesseits ins Jenseits zu helfen.

Ich suche George jetzt immer um Hunters Geburtstag herum auf. Bei einer Sitzung fragte er mich, ob ich ungewöhnliche elektrische Signale von Hunter erhalten hätte. Ich hatte tatsächlich Straßenlampen beobachtet, die mehrfach aus- und wieder angingen. Manchmal schaltete sich mein altes Autoradio scheinbar von selbst an und aus oder die Bremslichter blieben an, nachdem ich alles abgestellt und den Wagen geparkt hatte. Sehr oft zeigt die Uhr für mich einundzwanzig Minuten nach an, wenn ich an Hunter denke – das passiert heute noch sehr häufig. Hunters Hockeyspielerzahl war die Einundzwanzig. Selbst wenn ich den Kopf voller Dinge habe und morgens aus der Tür hetze, ist es fast immer einundzwanzig Minuten nach der vollen Stunde. Ich sage dann nur noch: "Guten Morgen, Hunter."

Auch mein Mann Hunter Sr. hat diese Zahlenerlebnisse. Neulich bekam er einen Hut von unserer Tochter und ihrem Mann geschenkt, den die beiden während ihrer Flitterwochen in Irland gekauft hatten. Versehentlich vergaß mein Mann diesen irischen Hut in einem Einkaufswagen. Auf dem Rückweg merkte er, dass er seinen Hut vergessen hatte, und rief sofort im Supermarkt an. Man versprach ihm, den Hut für ihn zurückzulegen, wenn ihn jemand fände. Am nächsten Abend fuhr mein Mann wieder zum Supermarkt, und als er auf den Parkplatz einbog, wunderte er sich, wie schnell er den Weg zurückgelegt hatte. Die Uhr im Innenraum zeigte 17.21 Uhr an. Spontan bedankte er sich bei Hunter. Als er sich dem Stellplatz näherte, auf dem er tags zuvor geparkt hatte, entdeckte er seinen Hut gleich ganz oben auf den abgestellten Einkaufswagen! Solche Erlebnisse haben wir sehr oft.

Bei einer anderen Sitzung mit dem Medium fragte mich George nach *dem Baum*. Ich antwortete, dass Hunter mit dem Unfallwagen an einen Baum geprallt war. "Nicht dieser Baum, ein anderer", sagte George. Als ich das Baumhaus vorschlug, in dem die Kinder früher gespielt hatten, lehnte er auch ab. "Nein. Ich sehe Hunter unter einem Baum sitzen. Vielleicht ist das etwas, von dem Sie noch nichts wissen, aber er möchte Ihnen von einem Baum erzählen." Einen Monat später bekam unsere Familie einen sehr netten Brief vom New England College. Sie wollten einen Baum in Hunters Namen pflanzen. Der Baum wurde 2003 gepflanzt, also in dem Jahr, in dem Hunter seinen Abschluss gemacht hätte. Ich wusste, dass unser Sohn darauf sehr stolz war und diesen Stolz mit uns allen teilen wollte. Bei meinen gelegentlichen Besuchen bei George oder einem anderen Medium erfahre ich immer wieder, dass die Informationen, die ich dort bekomme, einfach das bestätigen, was ich tief im Inneren bereits weiß.

Als ich einmal morgens zur Arbeit ging, war es bei meinem Blick auf die Uhr wieder einmal 09.21 Uhr. Ich ging zu meinem Wagen und fand daneben einen Penny - vielleicht einen, der vom Himmel gefallen war. Ich sah meinen Terrier Paddy an und fragte laut: "Hat das alles etwas zu bedeuten?" Paddy legte nur den Kopf schief. Genau in diesem Moment flog eine schwarze Krähe direkt über unsere Köpfe. Ich sah mir den Penny genauer an und entdeckte als Prägungsjahr 1980, Hunters Geburtsjahr. Ich lächelte dankbar, weil mich mein Sohn offensichtlich einmal wieder wissen ließ, dass es ihm gut ging. Danke, Hunter. Ich liebe und vermisse dich sehr!

Donna Craig ist Mutter dreier großartiger Kinder und Oma zweier großartiger Enkel. Seit fünfunddreißig Jahren ist sie mit ihrer ersten großen Liebe verheiratet. Nach dem Verkauf ihres Eisenwarenladens konzentriert sie sich nun ganz auf das nächste aufregende Lebenskapitel als Großmutter. Das Leben ist schön!

Bestätigung einer Mutter

Mary Beth Sweet

Auf dem Weg ins Krankenhaus diskutierten mein Mann und ich, ob wir nun wissen wollten, welches Geschlecht unser Baby haben würde; noch zu Beginn des Ultraschalls waren wir uns uneinig. Aber der seltsame Blick der Arzthelferin, als sie sich rasch entschuldigte und den Raum verließ, vertrieb augenblicklich alle Gedanken an rosa oder blaue Babydecken. Nach zweiunddreißig Wochen meiner ansonsten normal verlaufenen Schwangerschaft schien auf einmal die Welt stillzustehen. Die folgenden zwei Wochen waren eine einzige dumpfe Folge von Tests, Spezialisten und schlaflosen Nächten, die nur ein Ergebnis hatten: Das kleine Mädchen, das ich im Bauch trug, würde vermutlich den Rest der Schwangerschaft nicht überleben, ganz zu schweigen von der Entbindung. Unsere Tochter hatte ein seltenes Syndrom, das mit den üblichen pränatalen Tests nicht nachweisbar war. Bis heute haben wir nur eine annähernde Diagnose erhalten. Doch die zweite Ultraschalluntersuchung bestätigte, dass sich ihr Gehirn nur ansatzweise ausgebildet hatte und dass sie nur geringe Chancen hatte, die Geburt zu überleben. Wir waren am Boden zerstört.

Es war zu dieser Zeit keine zwei Jahre her, dass ich meine Mutter – die beste Freundin, die ich auf der Welt hatte – an den Krebs verloren hatte. Ich hätte mir nicht träumen lassen, dass ich so bald wieder mit einem so schrecklichen Verlust konfrontiert würde. Es war schon schwer für mich gewesen, dass meine Mutter meine Schwangerschaft nicht mehr erlebt hatte. Bei ihrem Tod war sie erst seit zwei Jahren Großmutter gewesen, und ihr größtes Bedauern war, dass sie ihre Enkel nicht mehr aufwachsen sehen konnte.

Als wir die Realität über das Schicksal unser ungeborenen Tochter langsam akzeptierten, stellten wir unsere Pläne darauf ein. Sie sollte gleich nach der Entbindung getauft werden. Dann sollte sie neben meiner Mutter beigesetzt werden mit einer kleinen privaten Bestattungsfeier. Während meine Tochter noch munter in meinem Bauch strampelte, planten wir bereits ihr Begräbnis – und sie hatte noch nicht einmal ihren ersten Atemzug getan.

So wie die Dinge standen, waren die letzten Wochen der Schwangerschaft mental und körperlich kaum zu ertragen. Am Abend, bevor die Geburt eingeleitet werden sollte, setzten die Wehen auf natürliche Weise ein. Zwölf Stunden später wurde ich mit dem süßesten aller Klänge belohnt: Mein Kind hatte die Geburt überlebt und schrie! Ich war sehr froh, dass ich mein kleines Mädchen noch kennenlernen und sie wissen lassen durfte, wie sehr wir sie liebten. Mein Mann und ich nannten sie Lauren. Wir wussten, dass uns nur wenig Zeit miteinander bleiben würde, und kurz nach der Entbindung kam ein Geistlicher zu uns in die Kinder-Intensivstation. Lauren schien unwohl, unruhig und von Schmerzen geplagt – bis der Geistliche ihr im Gebet die Hand auflegte. Sofort wurde sie ruhig und hörte auf zu weinen. Ein Gefühl tiefer Ruhe legte sich über den ganzen Raum. Aus den Minuten mit ihr wurden Stunden, aus den Stunden ein Tag und aus dem Tag eine Woche.

Nach zehn Tagen, an denen wir so viel Zeit wie nur möglich mit Lauren verbrachten, um ihre letzten Minuten nicht zu verpassen, fragte uns das Klinikpersonal, ob wir sie mit nach Hause nehmen wollten. Mit dieser Frage hatten wir nicht gerechnet; Lauren hatte jede Erwartung übertroffen! Sie lernte sogar, eigenständig zu trinken, als der Ernährungsschlauch entfernt wurde. Sie bekam die Milch aus einem speziellen weichen Fläschchen zwischen ihren Atemzügen direkt von uns in den Mund geträufelt. Also bereiteten wir ihren Umzug nach Hause vor. Sie brauchte eine ganz bestimmte Babyschale fürs Auto, in der ihr Kopf gestützt wurde. Normalerweise muss man so eine Schale erst mit langer Wartezeit bestellen. Und doch fanden wir so eine Babyschale gleich im ersten Fachgeschäft, das wir aufsuchten. Wir bestellten eine sehr gute Kinderschwester einmal täglich ins Haus. Da wir wussten, dass Lauren bei uns ihre letzten Stunden verbringen würde, meldeten wir uns auch bei der Polizei und dem Rettungsnotdienst. Dazu gehörte auch eine formelle Anordnung zu dem Verzicht auf wiederbelebende Maßnahmen - das schlimmste Dokument, das ich je unterzeichnen musste.

In den folgenden Wochen - ja, Wochen! - durchliefen wir die ganze Bandbreite menschlicher Emotionen. Die Zeit mit Lauren war unglaublich, aufregend und anstrengend. Wir gaben uns jede Mühe, um Lauren ein Leben zu bieten, wie jedes Baby es verdient. Sie war ein aktiver Teil unserer Familie und nahm an unseren alltäglichen Aktivitäten teil: Einkaufen im Supermarkt, Fahrten zum Kindergarten, um ihre Schwester abzuholen, und Familienfeiern mit Festmahl zum St. Patrick's Day und zu Ostern. Sie bekam sogar einen Sitz auf dem Bürgersteig, um die Läufer beim Boston Marathon anzufeuern. Lauren war eine ständige Quelle der Freude und Besänftigung für uns. Jeder, der uns besuchen kam, machte eine Bemerkung darüber, wie friedlich dieses Kind wirkte.

An einem ungewöhnlich warmem Apriltag saß ich allein mit Lauren auf der Veranda und gab ihr das Fläschchen. An diesem Nachmittag sangen die Vögel besonders fröhlich und so laut, dass ich wieder ins Haus ging, um Laurens Atemzüge hören zu können. Drinnen wurde mir dann klar, dass ich sie nicht mehr atmen hörte. Ich legte sie hin und presste mein Ohr an ihre Brust, aber ich hörte nichts mehr. Sie war von uns gegangen. Tief unglücklich rief ich meinen Mann und die Kinderschwester an; ich brauchte Unterstützung und Trost.

Wie es Vorschrift ist, wenn ein Todesfall im Haus geschieht, wurden die Polizei und der Rettungsnotdienst verständigt. Sie betraten das Haus sehr zurückhaltend und respektvoll und warteten mit uns gemeinsam auf das Bestattungsunternehmen. Ich berichtete von den Geschehnissen des Nachmittags und wandte mich dabei an niemand Bestimmten, nur an die Anwesenden allgemein: meinen Mann, meine Schwester, eine Freundin, die Kinderschwester, die

Polizisten und Rettungskräfte. Ich betonte, was für ein friedlicher Tag es gewesen war mit der Sonne, der warmen Brise und dem Vogelgezwitscher. Laurens Tod war ruhig und sanft vor sich gegangen. Ich sah erst mein totes Baby und dann meine Schwester an. "Glaubst du, sie ist jetzt bei Mom?", fragte ich. "Ich wünschte, ich könnte sicher sein, dass sie bei Mom ist!"

Als sei es eine direkte Antwort auf meine Frage, brannte die Glühbirne in der Lampe neben mir durch. Bemerkenswert daran ist, dass meine Mutter wusste, wie sehr ich diese Lampe hasste. Tränen schossen mir in die Augen, aber ich begann auch zu lächeln. Erleichtert verkündete ich: "Mom hat sie bei sich. Sie ist dort!" Für mich war das genau die Bestätigung, die ich gebraucht hatte: Meine Mutter hatte endlich das kleine Enkelkind, das sie vermisst hatte.

Mary Beth Sweet ist mit Paul verheiratet. Sie haben drei irdische Engel, Lindsay, Leah und Landon, und ihren kleinen Engel Lauren im Himmel. Mary Beths Engel erfreuen, erstaunen und beflügeln sie jeden Tag aufs Neue.

Lucas die Schildkröte

Nance Welles

Mein Enkel Lucas Daniel Giaconelli wurde bei einem Unfall mit Fahrerflucht getötet, als er mit seinem Skateboard auf die sicherere Straßenseite kommen wollte. Er war erst fünfzehn Jahre alt. Alle nannten ihn Schildkröte wegen seines langen Halses und seiner riesengroßen braunen Augen.

Ein paar Wochen nach Lucas' Tod besuchte ich die Friedhöfe in meiner Umgebung, um einen passenden Ruheort für seine Asche zu finden. Eine besondere Stelle auf dem Eternal Hills Cemetery in Oceanside erschien mir vielversprechend. Eine Marienstatue stand dort, und unter der Statue stand eine Marmorwand mit mehreren Tafeln, hinter denen Urnen lagerten. Vor der Statue kniete die Figur eines männlichen Gläubigen, der anbetungsvoll zu Maria aufsah. Ich beschloss, die Stelle Lucas' Schwester Andrea zu zeigen und sie nach ihrer Meinung zu fragen.

Als wir zusammen ankamen, schien die Stelle Andrea nicht besonders zu gefallen. Ich war enttäuscht, versuchte das aber nicht zu zeigen. Dann fiel mir etwas an dem ausgestreckten Arm der Bewundererfigur auf. Da ich mich auf meine Sehkraft nicht mehr verlassen kann, rief ich meine Enkelin und fragte: "Andrea, was ist das?"

"Das ist eine Schildkröte, Nana", erwiderte sie. Zuerst war sie der Meinung, ich hätte die Schildkröte absichtlich dorthin gesetzt, um sie ein wenig zu trösten. Aber das hatte ich natürlich nicht. Es war eine kleine, grob geschnitzte Holzschildkröte, die gemächlich auf dem Arm der Statue ruhte. Ich glaube, das war ein Zeichen von Lucas, der uns wissen ließ, dass er, die Schildkröte, nun an einem besseren Ort war. Wir nahmen die Schildkröte mit nach Hause. Lucas hatte Andrea sehr viel bedeutet. Ihr einziger Bruder war immer der Fels in der Brandung unserer Familie gewesen. Seit diesem Tag trägt Andrea die kleine Schildkröte stets bei sich.

Danke dir, Lucas, für diese Botschaft der Liebe und des Trostes. Wir alle lieben und vermissen dich sehr. Kein Tag vergeht, an dem wir nicht an dich denken, und wir werden dich immer in unseren Herzen tragen.

Nance Welles ist eine engagierte freiwillige Helferin für das Trauma Intervention Team von North County. Nance und ihre Enkelin Andrea sammeln Spenden für die Vista Skatepark Coalition, mit der sie im Gedenken an Lucas einen Skaterpark im kalifornischen Vista bauen wollen.

Glitzermädchen

Nancy Cincotta

Nach fünfunddreißig Jahren als Sozialarbeiterin habe ich so manchem Kind beigestanden, das mit einer lebensbedrohlichen Krankheit zu kämpfen hatte. Viele Hundert Kinder, mit denen ich gearbeitet habe, sind gestorben. Daher kenne ich auch viele aufregende Geschichten von ihren Eltern und Verwandten – Erfahrungen, die mein Verständnis von Leben und Tod und von der Möglichkeit einer Kommunikation nach dem Tod eines Kindes erweitert haben. Mir wurde klar, dass man nicht alles, was auf der Welt geschieht, verstehen und erklären kann.

Trauernde Eltern berichten sehr oft von Zeichen und Empfindungen, die nahelegen, dass ihre verstorbenen Kinder ihnen Botschaften senden. Die meiste Zeit über sind diese Erfahrungen eher tröstlich, manchmal rufen sie eher Unruhe hervor. Auf jeden Fall aber sehnen sich Eltern nach Kontakt zu ihren Kindern. Und manche, die während des Tages vielleicht keine Botschaften erhalten, erzählen von der Präsenz ihres Kindes in ihren Träumen.

Ich hatte das Glück, mit einem Mädchen namens Alice arbeiten zu können, die ihrem Alter immer weit voraus zu sein schien. Schon mit zehn Jahren ähnelte sie eher einem Teenager, und sie fand schnell Kontakt zu Kindern jeder Altersstufe. Die Kinder und auch ihre Eltern kamen wunderbar mit ihr aus. Je älter sie wurde, desto mehr verstärkte sich Alices tief religiöse Überzeugung, dass sie mit einer bestimmten Absicht hier auf diese Erde gesendet worden war. Dieses außerordentliche junge Mädchen war eine Quelle der Inspiration für viele andere Kinder und Familien, die von Fanconi-Anämie (FA) betroffen waren – derselben seltenen

Erbkrankheit, unter der auch Alice litt. Obwohl sie ihr ganzes Leben lang Bluttransfusionen brauchte, betrachtete Alice ihre Krankheit doch nie als eine Last, sondern als etwas, das ihrem Leben zusätzlichen Sinn verlieh. Diese muntere Kleine hatte eine Art, die alles letztlich in Ordnung erschienen ließ – egal, was los war.

Über die Jahre hatte ich in regelmäßigen Abständen Gelegenheit, mit Alice zu sprechen. Ich bat sie manchmal, anderen Kindern und Teenagern mit Fanconi-Anämie Ratschläge zu geben und ihren Eltern Mut zu machen. Außer unserer beruflichen Zusammenarbeit hatten wir auch eine enge persönliche Verbindung. So fröhlich und kreativ, wie Alice war, machte es immer großen Spaß, in ihrer Gesellschaft zu sein. Begeistert nahm sie an allen Bastel- und Handarbeitsprojekten und unseren Gruppentreffen teil und war immer die Erste, die ein Lied anstimmte oder auf die Tanzfläche sprang. Alice erzählte gern und wollte, dass die ganze Welt von ihren Erfahrungen mit Fanconi-Anämie erfuhr.

Eines Nachmittags kam ich von der Arbeit nach Hause und entdeckte, dass mein Küchenfußboden vollgestreut mit Glitzerkonfetti war. Ich war sehr verblüfft – wie war das geschehen? Niemand war in meiner Wohnung gewesen, seit ich sie morgens verlassen hatte, und ich bewahrte das Glitzerkonfetti zum Basteln gut verstaut in einem anderen Zimmer auf. Als ich den Anrufbeantworter abhörte, fand ich eine Nachricht von Alices Mutter. Sie klang so angespannt, dass ich sie sofort zurückrief. Ich erfuhr dann, dass Alice gestorben war; und zwar zu genau der Zeit, während der ich nicht in meiner Wohnung gewesen war. Nach einigen Nachforschungen blieb mir zuletzt nur der Schluss, dass die immer zu Scherzen aufgelegte Alice sich aus dem Jenseits bei mir gemeldet und das Glitzerkonfetti verteilt hatte.

Bei dem nächsten jährlichen Treffen der Fanconi-Anämie-Gruppe mussten wir alle an Alice denken. Es ist Tradition in der Gruppe, bei jedem Treffen Luftballons für die Kinder fliegen zu lassen, die verstorben sind. Als wir die Ballons an diesem Tag fliegen ließen, erschien ein wunderschöner Regenbogen am Himmel – ein starkes Zeichen, das uns alle mit großer Hoffnung erfüllte.

Seit Alices Tod sind fünf Jahre vergangen. Als ich dieses Jahr zum Fanconi-Anämie-Treffen ging, kamen mir wieder viele schöne Erinnerungen an Alice in den Sinn. Und als danach die Luftballons in den Himmel stiegen, flog ein Vogel heran und folgte den Ballons, bis sie nicht mehr zu sehen waren. Alice war ihren Freunden und Leidensgenossen bei der FA-Gruppe sehr stark verbunden. Und ich denke weiterhin an Alice, sobald ich mit der Gruppe zu tun habe. Ich denke überhaupt oft an sie. Sie bleibt meine Inspirationsquelle.

Nancy Cincotta ist die Leiterin des Psychosozialen Dienstes im Camp Sunshine am Sebago-See in Casco, Maine. Während ihr Beruf sich lebensbedrohlich erkrankten Kindern und ihren Familien widmet, richten sich ihre Forschungsinteressen auf die Hoffnung und Stärke der Familien, die derartig tragischen Herausforderungen begegnen müssen.

Schmetterlingseffekt

Pamela Healey

Schmetterlinge – flatternd, bezaubernd, auf wundersame Weise der Raupe entsprungen – sind bekannte Symbole der Transformation und Auferstehung und werden daher oft als Inbild der geliebten Menschen gesehen, die uns entrissen wurden. Unser Sohn Conor wurde mit der stark lebensverkürzenden genetischen Störung Trisomie 18 geboren und starb schon wenige Stunden nach der Entbindung bei uns zu Hause. Seitdem sind mir und anderen Familienmitgliedern zahlreiche Schmetterlinge erschienen, fliegende kleine Schätze mit der beruhigenden Botschaft, dass Conors Seele noch hier bei uns ist.

Wenn unsere zwei adoptierten Kinder einen Monarchfalter oder Schwalbenschwanz entdecken, holen sie mich immer gleich; andere Schmetterlinge finden direkt zu mir. Ein Beispiel dafür ist Conors sechster Todestag. Als ich den Kinderwagen mit meiner Tochter über den kurvenreichen Boden eines Naturpfades manövrierte, tauchte aus dem Sumpf ein hübscher schillernder Schmetterling auf. Er flatterte zielstrebig ins Innere des Kinderwagens. Meine Tochter lachte und streckte das Händchen nach ihrem stummen Besucher aus, bevor er sich wieder in den Himmel schwang.

Einige Jahre später hatten meine Kinder beschlossen, dass wir ein Feuer im Kamin anzünden müssten, um Anfang Dezember meinen Geburtstag zu feiern. Mein Mann schleppte einen Armvoll Brennholz herein und schichtete es neben dem Kamin auf. Als wir vor dem Kamin saßen und Kuchen mit Eiscreme aßen, kreiste auf einmal ein großer blauschwarzer Schmetterling über unseren Köpfen. Ich lächelte still und freute mich, dass Conor einen Weg gefunden hatte, an unserem Familienfest teilzunehmen. Da es draußen bitterkalt war, behielt ich den Schmetterling so lange im Haus, bis mir eine Naturkundelehrerin versicherte, dass er überleben würde. Sie erklärte mir, dass es ein Trauermantel gewesen sei, der typischerweise in Felsspalten überwintert und, so nahm sie an, wohl auch in Holzstößen. Wir heizen unser Haus seit zehn Jahren mit Holz, aber nur dieses eine Mal hatte sich ein Schmetterling aus den Holzscheiten erhoben. An diesem Abend hatte ich zwei Kinder zu meinen Füßen und eines in meinem Herzen, das mir zum Geburtstag besondere Freude und Hoffnung gebracht hat.

Nach einer fünf Tage dauernden Konferenz der SOFT-Gesellschaft zur Unterstützung der Familien von Kindern mit seltenen Trisomien fand unser nächstes Schmetterlingserlebnis statt. Einige andere Mitglieder berichteten von Zeichen in Form von Regenbögen oder auch von Schmetterlingsbesuchen, die sie als Botschaften ihrer verlorenen Kinder verstanden. Ich war gebeten worden, einen Artikel über "Zufälle" zu verfassen, über Ereignisse, die nicht rational erklärt werden konnten und die eine Beteiligung von Engeln vermuten ließen. Ich notierte gerade einige Ideen dafür, als wir Rochester verließen und über den New York Thruway fuhren. Ich dachte über Conor nach und über ein anderes Kind namens Jillian, das auch mit Trisomie 18 geboren worden war und neun Jahre lang gelebt hatte. Beide Kinder waren am selben Tag geboren, dem 2. April 1986. Conor kam in Boston zur Welt und Jillian in Deutschland, wo ihr Vater stationiert war. Ich dachte an die erste SOFT-Konferenz, die ich viele Jahre zuvor besucht hatte, und daran, dass das erste Kind, das ich in der Hotellobby gesehen hatte, die sechsjährige Jillian gewesen war. Ich überlegte, ob es wohl Zufall oder statistische Wahrscheinlichkeit sein konnte, dass zwei Kinder mit derselben seltenen Krankheit exakt am selben Tag geboren wurden. In diesem Moment landeten zwei Monarchfalter zugleich auf der Beifahrerseite der Windschutzscheibe. Sie blieben dort lang genug sitzen, bis sie von jedem von uns bemerkt worden waren, dann glitten sie offensichtlich unverletzt wieder davon. Obwohl der Wagen 100 km/h schnell fuhr, ließen sich die beiden Falter nicht trennen und wurden auch nicht vom Fahrtwind zerquetscht. Dieser Auftritt war sicher kein Zufall!

Schmetterlinge besuchen uns oft, am Strand oder beim Autorennen oder bei einem Fußballspiel. Einmal begrüßte uns ein Schmetterling, als mein Mann und unsere beiden Kinder gerade aus dem Wald heraustraten, um den Aufstieg zum Mount Monadnock zu beginnen. Wenn wir auf diese Tour gehen, was zur alljährlichen Familientradition geworden ist, werden wir jetzt immer von Schmetterlingen begleitet. Und jedes Mal überraschen, entzücken und trösten sie uns gleichermaßen.

Conor hat uns nicht nur zahlreiche Schmetterlingsbesuche zuteilwerden lassen, er hat uns auch auf andere Weise überrascht. Einmal wachte ich am Weihnachtsmorgen zeitig auf, um die Strümpfe zu füllen, Blumen in Conors rotweißen Weihnachtsstrumpf und Spielzeug und Süßigkeiten in die anderen. Ich fand eine rotweiß gestreifte Schleife und beschloss, damit die weiße Keksdose mit der Eule zu dekorieren, in der ich meine Quittungen aufbewahre. Weil der Eulenkopf zu groß für die vorgefertigte Schleife war, nahm ich den Kopf ab, zog die Schleife über den Eulenhals und setzte ihr den Kopf wieder auf. Da bemerkte ich einen schmalen Papierstreifen mit rosa und grünem Muster oben auf der Schleife, der da wie ein Schmetterling auf seinem Nest ruhte. Darauf stand "Ein Luftballon flog in den Himmel zum Gedenken an Conor Michael Healey ..." Diese Erinnerung an eine SOFT-Konferenz vor einigen Jahren hatte tief unten in der Keksdose gelegen. Die Wanderung des Papierstreifens bis auf den Deckel lässt sich logisch nicht erklären - außer durch einen Überraschungsbesuch unseres Sohns am Weihnachtsmorgen.

Dr. phil. Pamela Healey kümmert sich nach mehr als vierzig Jahren Behindertenerziehungsarbeit um Familien, deren Leben sich durch Trisomie verändert hat. Pam schreibt und fotografiert gern, mag Reisen mit ihrer Familie und freut sich immer auf die nächste Begegnung mit Schmetterlingen.

Blütengrüße von Matthew

James Troland

Mein erstes Enkelkind Matthew James Troland wurde am 5. Januar 2007 geboren. Das war der glücklichste Tag meines Lebens. Ich weiß noch genau, wie ich ihn drei Stunden nach seiner Geburt im Krankenhaus besuchte. Als ich den Klinikflur hinunterging, konnte ich Matthew schon laut schreien hören. Die Liebe, die ich für ihn empfand, ging tiefer als alles, was ich bis dahin gefühlt hatte. Es war eine unglaublich bewegende Erfahrung für mich, dass mein Kind, das ich mit meiner Frau aufgezogen hatte, nun ein eigenes Kind hatte.

Sechs Wochen später wandelte sich meine Freude in Kummer. Bei meinem Enkel hatte man Spinale Muskelatrophie diagnostiziert, einen genetischen Defekt, der dem ALS-Syndrom bei Erwachsenen gleicht. Der Arzt sagte, Matthew würde seinen ersten Geburtstag nicht mehr erleben. Ich verließ das Krankenhaus damals voller Ungläubigkeit, Zorn und Trauer.

In den ersten fünf Monaten seines Lebens ging es Matthew noch sehr gut. Er war ein ausnehmend fröhliches Kind und hatte die besten Eltern, die man sich nur wünschen kann. In der kurzen Zeit, in der er bei uns war, taten sie so viel für ihn, wie sie nur konnten. Oft nahmen sie Matthew mit in den Southwick Zoo, wo es ihm besonders gut gefiel. In dem Gehege, in dem wilde Rehe lebten, kamen die Rehe immer ganz nah an meinen Enkel heran und bestaunten ihn.

Gleich nach dem Vatertag wurde Matthew sehr krank und wurde per Helikopter in die Bostoner Kinderklinik eingeliefert. Nach einer Woche intensiver Bemühungen, ihn dort zu stabilisieren, entließ man ihn mit einem Hospizdienst nach Hause. Leider verstarb er dort in den Armen seiner Eltern am 27. Juni. Mein Herz brach in eine Million Stücke. Er fehlt mir immer noch sehr.

Drei Tage nach Matthews Beerdigung sah ich mir den Azaleenbusch in meinem Garten an, der nur vom späten April bis zum frühen Mai Blüten trägt. Zwischen all den toten Blüten entdeckte ich plötzlich eine frische kleine rosa Knospe in voller Blüte. Als ich sie sah, fühlte ich mich auf einmal ganz glücklich, traurig und freudig erregt zugleich. Für mich war das ein Zeichen, dass die Liebe zwischen meinem Enkel und mir noch immer lebendig war. Matthews Zuneigung würde mir auch nach seinem Tod immer gewiss sein. Im Herbst desselben Jahres brach eine einzelne violette Blüte auch auf meinem Rhododendron hervor.

Als das Datum von Matthews erstem Geburtstag kam, hielten wir eine kleine Familienfeier ab. Matthew zu Ehren ließen wir in der Dämmerung im Garten Ballons fliegen. Als sie in den Himmel stiegen, tauchten nur etwa dreißig Meter entfernt in aller Stille acht Rehe auf. Wir staunten nur stumm. Ich hatte noch nie so viele Rehe auf einmal in der freien Natur gesehen, und das hat sich danach auch nie wiederholt. Die Rehe waren gekommen, um meinem Enkel zu seinem ersten Geburtstag zu gratulieren.

James Troland, Ehemann, Vater und Großvater, hat drei erwachsene Kinder. Als früherer Fabrikarbeiter lebt er nun in Rente mit seiner Frau Mary in Bellingham, Massachusetts, und auf Cape Cod. Sie gehen gern auf Reisen oder machen Ausflüge in die Natur.

Wie eine sanfte Brise

R. Jill Biller

Manchmal tritt ein Mensch nur für kurze Zeit in unser Leben und verändert es doch grundlegend. Michael war einer dieser Menschen. Dieser junge Mann hatte sich in den frühen 1980er-Jahren mit HIV/AIDS infiziert, also zu einer Zeit, als man über dieses Virus noch wenig wusste. Die Öffentlichkeit war verunsichert und verängstigt. Niemand wusste genau, wie sich die Krankheit verbreitete, und man empfand sie als eine Art Seuche wie die Pest. Am schlimmsten aber war die Masse an Vorurteilen gegen die erste Gruppe, die man mit dieser schlimmen Krankheit in Verbindung brachte - gegen schwule Männer. Ganz zu Anfang bezeichnete man AIDS sogar als GRID "Gay-related immunodeficiency disease", also Immunschwächekrankheit der Schwulen. Die Infizierten hießen PWA für "People with AIDS". Viele waren der Meinung, dass die PWA in Lager verbannt und vom Rest der Gesellschaft getrennt werden sollten. Andere waren allen Ernstes der Meinung, dass nun Gottes Zorn endlich deren gleichgeschlechtliche Ausrichtung bestrafe. Unzählige Familienmitglieder, enge Freunde, Ärzte, Schwestern und Pfleger ließen diese Menschen im Stich aus Angst, sich anzustecken. Es war eine schreckliche Zeit.

Ich stand damals einer gemeinnützigen Organisation vor, welche die Regierung finanzierte, um im nördlichen Indiana AIDS-Aufklärung zu betreiben. Meine Aufgabe war es, an Schulen, in Kirchen, Krankenhäusern und allen anderen Interessierten zu erklären, wie das Virus tatsächlich übertragen wurde und wie scheußlich die Infizierten behandelt wurden. Ich leitete Selbsthilfegruppen und beschäftigte mich mit vielen Infizierten und deren Familien und

Freunden. Wir arbeiteten bei ihnen zu Hause, in Krankenhäusern oder Bestattungsfirmen. Ich verbrachte viel Zeit mit Menschen, die die Krankheit fürchteten und hassten, und ebenso viel Zeit mit solchen, die von ihr befallen waren. Unter Letzteren lernte ich viele wunderbare Menschen kennen, und einer von ihnen war Michael.

Zum ersten Mal begegnete ich Michael im Krankenhaus. Er lag im Koma und kämpfte mit seinem durch AIDS geschwächten Immunsystem gegen das Zytomegalievirus (ZMV) an. Da Michaels Tod unmittelbar bevorzustehen schien, besuchte ich ihn häufig und sprach oft mit seinen alternden Eltern, die selbst mit Gesundheitsproblemen zu kämpfen hatten. Sie sahen mit Angst und Schrecken dem Tod ihres einzigen Kindes entgegen. Michael war früher Pastor gewesen, doch seine Kirche und seine Freunde hatten ihn fallen lassen, als bei ihm HIV festgestellt wurde. Dann geschah etwas Unvorhergesehenes: Michael wachte aus dem Koma auf und konnte mit einem Hickman-Shunt in der Brust nach Hause und der Pflege seiner Eltern übergeben werden. Der Shunt erleichterte den Zugang zu seinen Venen für die vielen benötigten Medikamente und reduzierte die Injektionen, die Michael sonst gebraucht hätte. Doch der Shunt erforderte auch eine stetige Überwachung, um Infektionen vorzubeugen. Seine Eltern fügten sich hingebungsvoll in ihre Pflegerrolle, fütterten ihn, säuberten den Bereich um den Shunt und ermöglichten ihrem Sohn die dringend benötigte Ruhe.

Einige Tage später rief mich Michaels Mutter an. Der Bereich um den Shunt sei gerötet, heiß und angeschwollen. Ich sagte, ich käme gleich zu ihr, doch Michael müsse sofort seinen Arzt konsultieren. Als ich bei ihnen war, telefonierte Michael mit seinem Hausarzt. Danach legte er auf und sah uns an: "Der Arzt will mich nicht weiter behandeln", sagte er tonlos. "Er sagt, ich müsste jemand anderen dafür finden. Er sagt, ich hätte das hier verdient und ihm sei es gleich, was aus mir würde." Ich hielt den Atem an. Ich konnte kaum glauben, dass es ein Arzt war, der diese furchtbaren Dinge gesagt hatte. Dann wurde ich von einem brennenden Zorn erfasst, den ich in den vielen Jahren der AIDS-Arbeit mit Schwulen schon so häufig verspürt hatte. Diese jungen Männer mussten leiden und sterben, und als sei das nicht genug, überschüttete man sie noch mit unmenschlicher Grausamkeit und Hohn.

Ich bot sofort meine Dienste an. Ich wollte alles nur Menschenmögliche für Michael tun. Er aber saß nur da, als habe man ihm gerade ins Gesicht getreten. Nach einer gefühlten Ewigkeit sagte er schließlich etwas. Er antwortete mir, dass er jetzt Ruhe brauche und mich am nächsten Tag anrufen wolle. "Michael, es ist ernst. Sie wissen doch, dass sich diese Infektionen schnell verschlimmern können", warnte ich ihn. "Sind Sie ganz sicher?" Aber obwohl ich am liebsten einen Arzt, die Anwälte und noch zehn Unterstützer mehr herbeigeholt hätte, konnte ich Michael nicht umstimmen. Ich bat seine Eltern inständig, mich anzurufen, sobald sie mich bräuchten, und fuhr mit Tränen des Zorns und der Trauer über all diesen Hass und diese schreiende Ungerechtigkeit in den Augen nach Hause. Mir brach es fast das Herz.

Zwei Tage später berichtete mir Michaels Mutter, dass Michael hohes Fieber hatte, sich aber weigerte, einen Arzt kommen zu lassen. Ob ich kommen könnte. Natürlich fuhr ich sofort hin. Sein bekümmerter alter Vater führte mich in Michaels Zimmer, wo ich mich auf den Stuhl neben seinem Bett setzte. "Michael, lassen Sie mich einen Arzt holen", bat ich eindringlich. "Sie brauchen eine Untersuchung und vermutlich eine ordentliche Dosis Antibiotika. Sie sind sehr, sehr krank. Sie können nicht weiter abwarten."

Aber Michael wartete gar nicht ab. Er hatte überhaupt nicht mehr vor, einen Arzt zu holen. Er wollte nie wieder so behandelt werden, wie dieser letzte Arzt ihn behandelt hatte. Alle hatten sich von ihm abgewandt, die Mediziner, seine Freunde und seine Kirchengemeinde, sobald sie von seiner Diagnose erfahren hatten. "Ich bin ein guter Mensch", begehrte er auf. "Vielleicht nicht herausragend, aber ich bin in Ordnung. Ich habe das nicht verdient. Niemand hat das verdient, und ich muss mir so etwas nicht länger anhören. Meine Eltern können mich nicht pflegen. Sie sind selbst alt und krank und werden kaum damit fertig.

Sie wissen es vielleicht nicht, aber ich bin tief gläubig. Ich bin ein Mann Gottes und habe mich ihm vor vielen Jahren ganz verschrieben. Ich weiß, dass es dort, wohin ich gehe, keinen Hass und keine Furcht gibt. Seit meiner Diagnose kenne ich nichts mehr als Hass und Furcht, das will ich nicht mehr. Ich habe das Recht, selbst zu entscheiden, ob ich medizinisch behandelt werden will. Ich will es nicht. Ich nehme an, das verstehen Sie nicht, und es tut mir leid, wenn es Sie kränkt. Ich weiß, wie wütend Sie sind, weil die Leute so schlecht mit mir umgehen."

"Michael, Sie kränken mich doch nicht. Aber was ist mit Ihren armen Eltern? Was ist mit deren Kummer?"

"Meine Eltern wissen, dass ich sterben muss. Es ist nicht wichtig, ob es jetzt oder nächsten Monat so weit ist. Ich erlebe ihren Kummer und Schmerz an jedem weiteren Tag, den ich hier lebe. Sie haben das auch nicht verdient. Sie können noch nicht mal ihren besten und langjährigsten Freunden erzählen, dass ihr Sohn AIDS hat. Es geht hier doch nicht nur um mich, sondern auch um sie. Sie haben so ein Leben nicht verdient - und ich auch nicht. Ich kann nicht mehr so weitermachen."

Ich saß da, sprachlos und voll tiefer Trauer um diesen guten und gütigen Mann. Ich fühlte mich hilflos, denn es gab nichts, was ich tun konnte. Sein Eltern hatten vor der Tür alles gehört, und ich konnte mir ihren Schmerz kaum ausmalen. Michael hatte die Entscheidung getroffen, sie zu schonen. Daran dachte ich auf meiner einsamen Rückfahrt.

Zwei Tage darauf rief mich Michaels Mutter wieder an. Ich solle rasch kommen, Michael liege im Sterben. Wieder wurde ich von Michaels Eltern, deren Augen rot waren vom vielen Weinen, in Michaels Zimmer geführt. Ich strich ihm über die brennend heiße Stirn. Bei meiner Berührung öffnete er die Augen. Ich setzte mich neben ihn und griff nach seiner Hand. Ich musste Tränen tiefer Trauer und rasender Wut unterdrücken - doch der Zorn verflog, als Michael mich ansah. "Ist alles in Ordnung mit Ihnen?", fragte er leise. Ich konnte nur nicken. "Sie sollen wissen, dass es mir gut gehen wird", sagte er. "Es macht mir keine Angst. Er holt mich jetzt heim, alles wird gut."

Seine Stimme war nur noch ein Flüstern. Dann schloss er die Augen. Ich konnte die Tränen nicht mehr zurückhalten. Ich saß einfach sehr lange dort bei ihm am Bett und hielt seine Hand, während die Sonne zum offenen Fenster hereinschien. Dann holte er einmal Luft, nur ganz kurz und flach - und war von uns gegangen. Ich beobachtete, wie ein schwacher Schimmer mit diesem letzten Atemzug von ihm wich. Dann bewegte sich die Gardine neben Michael leicht - es schien, als wehe eine sanfte Brise hindurch. Und doch war es im Zimmer völlig windstill. Ich stand auf und sagte Michaels Eltern, dass er verstorben war. Ich überließ den Toten ihrer privaten Trauer und zog mich diskret zurück. Ich wusste, dass sie mich anrufen würden, wenn sie mich brauchten.

Michael ist noch immer in meiner Nähe. Ich kann sein Zimmer vor mir sehen, das Bett und den Nachttisch mit der Lampe, das offene Fenster und die weißen Gardinen. Ich sehe auch sein Gesicht vor mir mit der endlich friedlichen Miene, noch bis in den Tod um andere besorgt und darum, ob es mir gut ging - als sei ich es, die hätte sterben müssen. Ich hatte geglaubt, Michael die Hand zu halten, während es in Wirklichkeit er gewesen war, der mir die Hand gehalten hatte. Ihn und mich verband derselbe tiefe Glaube, und der Moment seines schicksalhaften Todes veränderte meine Sicht auf das Leben und die Welt.

R. Jill Biller hat in den 1980er-Jahren in der AIDS-Aufklärung gearbeitet. Nachdem die Regierungsförderung für Aufklärungsarbeit in ländlichen Gebieten gestrichen wurde, fand sie einen neuen Heilberuf. Jill ist seit einundzwanzig Jahren Massagetherapeutin mit eigener Praxis.

Bis zum Mond und zurück

Fran Sawdei

Der Verlust meines einzigen Kindes Tom war das unvorstellbar tragischste und unbegreiflichste Ereignis meines Lebens. Im Februar 2009 starb mein Sohn im Alter von dreißig Jahren nach einem fast tödlich verlaufenen Unfall Fahrrad gegen Auto gepaart mit seiner darauffolgenden Abhängigkeit von Schmerzmitteln. Dass ich seine strahlende Persönlichkeit nie wieder erleben, sein großartiges Lächeln nie wieder sehen und nie wieder meinen Alltag mit ihm teilen werde, ist unglaublich schwer zu ertragen.

Acht Monate nach Toms Tod war ich an einem Tiefpunkt angekommen. Obwohl mein Glaube mir dabei geholfen hatte, den Schmerz und den Kummer, die ich auf meinem Weg durch die Trauer erfahren musste, Gott anzuvertrauen, sehnte ich mich doch danach zu wissen, dass es meinem Sohn gut ging. Ich versank in meiner Trauer und haderte furchtbar mit dem Leben, als ich unerwarteten Trost fand bei einem außergewöhnlichen Traumerlebnis. Erst nachdem ich mit einer Freundin über meine Erfahrung gesprochen hatte, wurde mir klar, dass ein Besuch von Verstorbenen im Traum tatsächlich möglich ist. Tom sah gut aus in diesem Traum, und er sagte mir immer wieder, dass er glücklich sei. Dann umarmte er mich ganz fest, und die Energie dieser Umarmung kann ich noch heute spüren. Rückblickend muss ich sagen, dass mir dieser Traumbesuch von Tom das Selbstvertrauen zurückgab, das ich brauchte, um meine Trauer loszulassen und um zu fühlen, wie nah mir mein Sohn innerlich noch war.

Durch den spirituellen Fortschritt mit Tom war ich wieder in der Lage, mein Leben zu leben, anstatt nur dem Tod nachzuspüren.

Während ich mich auf eine Verbindung zu seiner Seele konzentrierte, konnte ich ihn jeden Tag stärker spüren, wie er bei mir war und mich durch meinen Alltag leitete. Ich spürte, wie er von Glück und Stolz erfüllt über mich und seinen Vater wachte. Tom selbst war es, der mich wieder lehrte, zu lachen und das Leben wieder zu schätzen. Mir wurde erst jetzt klar, dass Trauer nicht die einzige Regung war, die meiner Liebe zu Tom Ausdruck verleihen konnte; denn auch meine neue Freude am Leben war auf Tom zurückzuführen. Meinem Mann hat die spirituelle Verbindung zu Tom ebenfalls geholfen; er spürt die Präsenz unseres Sohnes auch auf vielfältige Weise.

Den stärksten und sichtbarsten Beweis für meine Verbindung zu Tom hat mir die Natur gebracht. Nach Toms Tod flehte ich ihn immer wieder an, mir ein Zeichen zu senden, damit ich wusste, dass es ihm gut ging. Da erschien auf einmal ein wunderschöner großer Regenbogen direkt vor mir und meinem Mann am Himmel. Ich weiß noch, wie er immer bunter erstrahlte - aber meine frische und akute Trauer hielt mich davon ab, in ihm das ersehnte Zeichen von Tom zu erkennen. Vor kurzem sah ich morgens beim Aufwachen gleich als Erstes wieder einen solchen Regenbogen. Diesmal erkannte ich darin die wunderbare Botschaft meines Sohnes. Was für ein großartiger Tagesbeginn!

Auch über bestimmte Tierarten waren Tom und ich miteinander verbunden, etwa über Delphine und Rotschwanzbussarde. Jedes Mal, wenn ein Rotschwanzbussard über unserem Haus oder meinem Wagen kreist, fühle ich mich getröstet, weil ich weiß, mein Sohn ist bei mir. Wenn ich am Strand spazieren gehe und die verspielten Delphine sich besonders nah ans Ufer wagen, kann ich ihn ebenso spüren.

Fünf Monate vor Toms Tod zogen wir in ein Haus mit dem passenden Namen *La Bella Luna* - der namensgebende schöne Mond scheint tatsächlich direkt vor unserer Tür. In manchen Nächten wachen mein Mann und ich davon auf, wie hell der Vollmond bei uns durchs Schlafzimmerfenster scheint. Dann muss ich jedes Mal an Tom denken und wie er als Kind immer zu uns sagte:

"Ich hab euch lieb bis zum Mond und wieder zurück." Ich kann Tom auch spüren, wenn ich Blumen entdecke, die außerhalb ihrer Zeit blühen, wenn zwitschernde Vögel zu mir ins Fenster schauen oder Schmetterlinge mich umflattern. Manchmal, wenn mich die Trauer wieder zu überwältigen droht, erkenne ich persönliche Botschaften auf Nummernschildern. Oder es formieren sich Wolken zu Herzen oder zu seinem Todesdatum, wenn ich mich nach einem neuen Zeichen von Tom sehne. Sie spenden mir jedes Mal Trost, und ich bedanke mich immer mit einem innerlichen "Danke, ich liebe dich" bei meinem Sohn. Ich bin zutiefst überzeugt, dass Tom mir diese Zeichen und Botschaften sendet, um meinen Schmerz zu lindern. Mein Sohn bringt noch aus dem Jenseits Licht in unser Leben.

Ich bin froh und glücklich, dass ich meinen Sohn so häufig und regelmäßig spüre und erfahre. Nach der tiefen Verzweiflung und dem großen Verlustgefühl bin ich wie neu geboren mit einer frischeren und bewussteren Wahrnehmung des Lebens. Anstatt mich nur von Tag zu Tag zu schleppen, lebe ich es nun mit ihm gemeinsam voll aus. Noch nach seinem Tod scheint das Licht der Seele meines Sohnes hell in meinem Leben. Er hat mir bewiesen, dass die Liebe zwischen Eltern und Kindern niemals endet. Mein lieber Tom, ich werde dich immer lieben. Mögest du im Himmel stets mein Lachen hören und möge das Licht deiner Liebe und deines Trostes mich stets hier auf Erden erreichen.

Fran Sawdei ist pensionierte Lehrerin und seit einundvierzig Jahren mit ihrem wunderbaren Ehemann Mike verheiratet. Sie liest gern, geht gern lange spazieren und liebt ihre Familie und Freunde. Ihre fünfundneunzig Jahre alte, an Alzheimer erkrankte Mutter ist ein weiterer Quell der Liebe in Frans Leben.

Die Sternschnuppe

Maria Cleary

Meine Zwillinge Michael und MaKenzie kamen dreieinhalb Monate zu früh zur Welt. Um Michaels Überlebenschancen stand es wegen seiner ungenügend entwickelten Lunge schlecht, aber MaKenzies Gesundheit schien stabiler. Es wurden intensive medizinische Maßnahmen ergriffen, um Michaels Leben zu retten. Dann änderte sich alles schlagartig und unerwartet, als das Krankenhaus uns mitteilte, dass es nicht Michael, sondern MaKenzie war, deren Zustand sich verschlechtert hatte. Mein Mann und ich rasten ins Krankenhaus. Kaum vier Stunden später starb unsere kleine MaKenzie. Sie war zwölf Tage alt.

Bei aller Trauer um unsere Tochter hatten wir doch das Glück, dass es ihrem Zwilling Michael innerhalb weniger Tage viel besser ging. Wir waren überglücklich, dass wir ihn endlich nach Hause holen konnten. Er wuchs zu einem glücklichen, gesunden, mitteilsamen Jungen heran. Ungefähr ein Jahr nach MaKenzies Tod wollten wir wieder ein Kind. Eines Abends fuhr ich spät von der Arbeit nach Hause. Wie immer sprach ich auf der Fahrt mit MaKenzie. Mir war schon eine ganze Weile bewusst, dass MaKenzie irgendwie in der Lage war, unserer Familie über Herausforderungen und Probleme hinwegzuhelfen. Sie gab auf uns acht. Und an diesem Abend brauchte ich ihre Unterstützung. Als ich eine ganze Weile zu ihr gesprochen hatte, bat ich MaKenzie um ein Zeichen, dass sie mich gehört hatte. Kaum eine Minute später zog direkt vor mir eine Sternschnuppe am Nachthimmel vorbei. Ich wusste jetzt, dass meine Tochter mich gehört hatte. Und kurze Zeit darauf fand ich heraus, dass ich schwanger war.

Von Anfang an war ich überzeugt, dass ich ein Mädchen bekommen würde. Drei Wochen danach fragte mich nach einer Fruchtwasseruntersuchung die Schwester, ob ich wissen wolle, ob es ein Junge oder Mädchen sei. Ich antwortete: “Sie können es mir gern sagen, aber ich *weiß* bereits, dass es ein Mädchen ist. Ich hatte recht. Unsere Tochter Brooke wurde am 4. September 1998 geboren, auf den Tag genau zwei Jahre nach dem errechneten Geburtstermin für Michael und MaKenzie. Danke für deine Hilfe, MaKenzie. Wir sind dir sehr dankbar und möchten, dass du weißt, wie sehr wir dich alle lieben!

Maria Cleary ist Friseurin und hat große Freude an ihrem Beruf. Ihre Kinder sind für Maria das Wichtigste auf der Welt. Maria ist gern mit ihrer Familie und Freunden zusammen und macht am liebsten Strandausflüge mit Mike und Brooke.

Federgaben

Terry Lathan

Ich hatte gerade mit dem Abwasch begonnen, als es an der Tür klopfte und unser Leben sich von Grund auf veränderte. Das war am Donnerstag, dem 14. August 2008. Meine Frau Anne öffnete die Tür, und davor stand ein Seelsorger der Polizeiwache King County. Ich wusste sofort, dass etwas nicht stimmte. Ich ging zur Tür. Der Seelsorger fragte: "Sind Sie die Eltern von Cameron Lathan?" Von diesem Moment an verwandelte sich unser Leben in einen seltsam verzerrten Sog. Der Seelsorger teilte uns mit, dass unser zwanzig Jahre alter Sohn und unser einziges Kind in den frühen Morgenstunden im Schlaf verstorben war.

Im zarten Alter von drei Jahren hatte man bei Cameron Epilepsie diagnostiziert. Wir waren ständig bei wechselnden Spezialisten mit ihm, die seine Medikamente und Behandlungen immer wieder umstellten. Doch bald stellte sich heraus, dass unser kleiner Sohn sein Leben lang unter Epilepsie leiden würde. Obwohl sich die meisten Krampfanfälle nachts im Schlaf ereigneten, konnte es dennoch geschehen, dass ein Anfall so stark ausfiel, dass Cameron zu Boden ging. Er hatte sich dabei schon Knochenbrüche zugezogen.

Cameron ließ sich jedoch nie von der Krankheit beherrschen. Als Heranwachsender spielte er Fußball, Baseball und Basketball. Er machte sich gut bei den Pfadfindern und wurde sogar ein Eagle Scout. In dieser Zeit trat Cam einer Pfadfindergruppe namens *Orden des Pfeils* bei. In dieser stark an indianischer Tradition orientierten Gruppe begann seine Faszination für Federn, speziell für Rabenfedern. Der Rabe spielte eine große Rolle im *Orden des*

Pfeils. Die Mitglieder der Gruppe legten oft Indianerkostümierungen an und feierten typische Zeremonien.

Im Mai 2008 hatte sich Cameron eine berufliche Chance in Alaska geboten, und er war dorthin gefahren. Er hatte auf der Mt. McKinley Lodge gearbeitet, wo jeden Sommer Tausende Menschen ihren Urlaub verbrachten. Cameron arbeitete in der Personalküche. Er lernte dort nicht nur viel über das Hotelwesen, sondern fand auch rasch neue Freunde. Im Frühsommer flogen meine Frau und ich nach Alaska, um unseren Sohn zu besuchen. Wir übernachteten direkt in der Lodge und entführten Cam ein ganzes Wochenende nach Anchorage. Wir hatten keine Ahnung, dass wir diese wunderbaren Tage nicht mehr gemeinsam hätten verbringen können, wenn wir wirklich bis zum Spätsommer mit unserem Besuch gewartet hätten, wie wir es eigentlich vorgehabt hatten.

Die ersten paar Tage nach Camerons Tod erscheinen mir wie durch einen Nebelschleier. Ich muss immer noch bei anderen nachfragen, um mich an Einzelheiten dieser schrecklichen Zeit zu erinnern. Meine Frau, ihre Mutter und ich reisten am nächsten Tag nach Alaska, um Camerons Asche nach Hause zu holen. Als er noch klein war, hatte er auf Reisen immer auf meinem Schoß gesessen. Es war sonderbar, dass ich ihn auf unserem allerletzten gemeinsamen Flug nun wieder auf dem Schoß hatte.

Es dauerte fast eine Woche, bevor alles so weit geregelt war, dass wir seine Urne nach Hause bringen konnten. Um die Wartezeit zu überbrücken, unternahmen wir Tageausflüge in Anchorages Umgebung. So hatten wir wenigstens etwas zu tun, um uns zu beschäftigen. Auch wenn sich zu der Zeit alles wie ein Albtraum anfühlte, muss ich rückblickend doch sagen, dass diese Zeit recht heilsam war. Wir fuhren lange im Auto herum, oft ohne Ziel. So hatten wir Gelegenheit zu trauern, ohne dass andere Menschen uns ablenken konnten.

Camerons Arbeitgeber verhielten sich während der ganzen quälenden Zeit unglaublich zuvorkommend. Sie bezahlten uns die Anreise und ließen uns umsonst dort wohnen, wo Cameron gearbeitet hatte. Am Abend unserer Ankunft gaben sie für uns sogar ein kleines Dinner in der Lodge mit Camerons Arbeitskollegen. Obwohl die Atmosphäre zu Anfang etwas bemüht war, freuten wir uns am Ende doch aufrichtig, die Menschen kennenzulernen, die zuletzt ein wichtiger Teil von Cams Leben gewesen waren. Auch für die Mitarbeiter bedeutete der Abend eine wichtige Gelegenheit, sich freundlich von einem verstorbenen Kollegen und Freund zu verabschieden.

Als wir Camerons Sachen aus seinem Zimmer zusammenpackten, entdeckten wir ein paar Neuanschaffungen. Es war kaum überraschend, dass wir einen aus Elchgeweih geschnitzten Rabenkopf unter seinen Sachen fanden. Im Moment hängt der Kopf bei uns an der Wand gleich neben unserem "Schrein" für Cameron. In den folgenden Monaten machte ich mehrfach Erfahrungen von einer Art, die mit Logik allein nicht zu erklären sind. Ich begann, überall Krähen zu sehen, Dohlen, Amseln und natürlich Raben. Zuerst dachte ich, dass ich die Vögel nur öfter wahrnahm, weil ich sie eben sehen wollte. Ähnlich wie einem plötzlich überall eine bestimmte Automarke auffällt, die man sich vielleicht anschaffen möchte. Sogar sonntags nach der Kirche entdeckte ich überall in den Bäumen Amseln, und nicht wenige. Jedes Mal versammelten sich mindestens dreißig bis vierzig Vögel zugleich.

Ich fand plötzlich auch überall Vogelfedern. Das begann mit einzelnen Federn, die noch bedeutungslos schienen. Doch kaum hatte ich verstanden, dass die Federn mehr als komische Zufälle waren, da begegneten sie mir auf einmal in rauen Mengen. Auf einem Spaziergang fand ich einmal sechs verschiedene Federn direkt auf dem Weg.

An eine ganz besondere Feder kam ich auf bemerkenswerte Art und Weise. Ich war gerade von der Arbeit zurückgekehrt und hatte den Wagen in der Auffahrt geparkt. Kaum war ich im Haus, da fiel mir ein, dass ich vergessen hatte, die Post hereinzuholen. Auf dem Weg zum Briefkasten kam ich am Auto vorbei und holte die Post. Als ich schon fast wieder drin war, merkte ich, dass ich auch noch mein Handy im Wagen vergessen hatte. Ich wandte mich um, und da sah ich sie: An der Windschutzscheibe meines Autos steckte eine mittelgroße schwarze Feder. Sie lag nicht einfach auf der Scheibe, sondern sie steckte wirklich fest etwa einen Zentimeter weit unter den Scheibenwischern. Ich musste den Scheibenwischer erst anheben, um sie an mich zu nehmen. Die Feder hatte dort nicht gesteckt, als ich nach Hause gefahren war, und sie war auch nicht dort gewesen, als ich die Post geholt hatte. Selbst wenn sie doch dort gewesen und mir irgendwie entgangen wäre, wie hätte sich eine Feder von ganz allein so tief unter die Scheibenwischer bohren können?

Diese Erfahrung bestätigte mir ein für allemal, dass mein Sohn mir kleine Hinweise und Botschaften sandte. Cameron ließ mich wissen, dass er in meiner Nähe war. Sobald ich diese Erkenntnis einmal zugelassen hatte, fühlte ich mich sofort besser und gelöster.

Ich sehe immer noch oft Federn. Letzten November ging ich zum letzten Football-Spiel der Mittelschule. Es fand in dem Stadion statt, in dem Cameron die Spiele immer für unser eigenes Team auf Video aufnahm. An diesem Tag war ich traurig, dass die Spielsaison zu Ende ging. Das Spiel dort anzusehen hatte schöne Erinnerungen an besondere Nachmittage mit meinem Sohn in diesem Stadion heraufbeschworen. Während die Mannschaften sich noch aufwärmten, kam der gegnerische Trainer auf mich zu. Ich sah ihn und ging ihm entgegen. Nach etwa 30 Schritten musste ich stehen bleiben und mir den Schuh zubinden. Als ich mich vornüberbeugte, traute ich meinen Augen kaum: Unter meiner Sohle sah eine schwarze Feder hervor, mitten auf diesem Spielfeld! Ich grinste über beide Ohren. Als ich mich aufrichtete, war der andere Trainer bei mir. Er fragte mich, ob meine gute Laune daher rührte, dass ich glaubte, mein Team würde das Spiel haushoch gewinnen. Ich lachte nur, denn ich wusste, mit Cameron an meiner Seite würde es völlig egal sein, wie das Spiel ausging.

Glaube ich nun, dass eine Verbindung mit nahestehenden Menschen nach deren Tod noch möglich ist? Obwohl ich früher ein Skeptiker war, bin ich heute doch fest davon überzeugt. Es ist weit mehr im Spiel als nur mein Wunsch, diese Zeichen zu sehen. Ich habe Beweise, dass es so ist. Und selbst wenn ich mich irren sollte - mir wird jedes Mal warm ums Herz, wenn ich ohne besonderen Grund nach unten sehe und ein kleines Geschenk von meinem Jungen entdecke.

Terry Lathan und seine Frau Anne sind seit sechsundzwanzig Jahren verheiratet und wohnen gern am Star Lake südlich von Seattle, Washington. Terry ist Mittelschullehrer und Trainer. Er ist noch immer bei den Pfadfindern aktiv und besitzt eine ansehnliche Sammlung schwarzer Federn.

7. Träume

> Gebt gut auf eure Träume acht.
> Gottes Engel sprechen direkt
> zu unseren Herzen,
> wenn wir schlafen.
>
> Eileen Elias Freeman, *Begegnungen mit Schutzengeln*

Das nächtliche Träumen eröffnet uns eine ungewöhnliche Möglichkeit der Heilung. Trauernde Hinterbliebene begegnen ihren Verstorbenen sehr häufig im Traum. Fast immer erscheinen sie ihnen glücklich, gesund und mit vollkommen geheiltem Körper. Oft tragen sie die gewohnte Alltagskleidung, manchmal aber auch weiße Gewänder, manche sind vollkommen in Licht getaucht. Farben erscheinen in der Traumerfahrung oft intensiver; die Sinne der Träumenden sind geschärft, und auch ihre Gefühle erscheinen ihnen verstärkt. Um uns an unsere Träume zu erinnern, müssen wir sie normalerweise direkt nach dem Aufwachen niederschreiben, bevor sie verblasst sind. Doch an die Art von denkwürdigen Traumerscheinungen, um die es hier geht, erinnern die Betroffenen sich noch Jahre später genau, auch ohne Zettel und Stift.

Nicht alle Menschen können sich an ihre Träume erinnern. Doch für die, die es tun, ist so ein Traum eine starke, teils transformative Erfahrung. Im Traum verarbeiten wir unsere unbewussten Gedanken, Sorgen und Befürchtungen. Und obwohl viele Träume nur einen flüchtigen und kurzen Eindruck hinterlassen, gibt es doch andere, in denen wir ganz klar unseren Verlust und unsere Trauer abarbeiten.

Einen Traum dieser Art erlebte ich selbst nach dem Tod meiner leiblichen Mutter, zu der ich die meiste Zeit meines Lebens ein entfremdetes Verhältnis gehabt hatte. In dieser Zeit träumte ich oft, dass ich ihr durch lange Gänge hinterherlief. Sie blieb stets unerreichbar für mich, und ich wachte auf, bevor ich sie einholen konnte. So frustrierend diese Träume waren, so zutreffend waren sie doch als Metapher für unsere Beziehung. Schließlich war mir in einem Traum dann die Auflösung vergönnt: Wir lagen beide auf Krankenhaustragen, und mein Blut wurde direkt in ihren Körper übertragen. Ich wusste, dass sie sterben würde, dennoch wollte ich ihr gern diese Verlängerung ihres Lebens schenken. Dann erhob sich ihre Seele aus ihrem liegenden Körper und sagte zu mir, sie sei ihr ganzes Leben lang missverstanden worden. Sie habe mich verlassen müssen und keine andere Wahl gehabt. Dieses Traumerlebnis brachte mir endlich inneren Frieden. Und obwohl sie mir nie wieder im Traum erschien, sendet sie mir doch Regenbogen, um mich zu trösten, wenn es mir einmal nicht gut geht.

Heilung kann uns auf erstaunliche Weise in unseren Träumen widerfahren, indem wir schlicht wieder mit den Menschen vereint sind, die wir lieben. Diese Möglichkeit, sich des anderen zu vergewissern oder auch sich zu verabschieden, kann für die Hinterbliebenen alles bedeuten. Dieses Kapitel umfasst zehn Geschichten über bedeutsame Traumerscheinungen. Die Botschaften der Liebe und der Hoffnung darin bestätigen uns, dass die geliebten Menschen im Geiste fortleben.

Tanz mit David

Melissa Critchley

David stand mir immer sehr nahe. Er war exakt eintausend Tage älter als ich, was wir beide für eine magische Sache hielten. Es schien die tiefe geistige Verbindung zwischen uns zu erklären. Auf der Highschool waren wir neunzehn Monate lang zusammen, und obwohl er mich betrog, blieben wir doch gute Freunde, denn auch meine Familie hatte ihn in dieser Zeit adoptiert. Meine Mutter hatte ihm sogar das Fahren beigebracht.

Als ich wegzog und aufs College ging, schloss sich David den Marines an und heiratete bald darauf. Da seiner Frau die Vorstellung nicht gefiel, dass David mit einer Exfreundin befreundet blieb, beendeten wir den Kontakt. Zwei Jahre später beschloss ich, ihm eine E-Mail zu schicken. Kaum eine halbe Stunde später klingelte mein Telefon. David war dran. Ich sagte: "Du hast bestimmt gerade meine E-Mail gelesen!"

"Welche E-Mail?", fragte er. Ich dachte erst, er macht Witze, aber als ich nachsah, merkte ich, dass die E-Mail tatsächlich nicht versendet worden war. Was für eine unheimliche Verbindung! Selbst nach zwei Jahren ohne Kontakt spürten wir beide zur selben Zeit das Bedürfnis, dem anderen die Hand zu reichen.

Nach ein paar seltenen Gesprächen in den Jahren darauf erfuhr ich zu meinem Kummer, dass David bei einem Autounfall ums Leben gekommen war. Offenbar war er mit seinem Wagen zu knapp vor einem großen Truck ausgeschert und auf der Stelle getötet worden. Da ich wegen unaufschiebbarer beruflicher Verpflichtungen leider nicht an seiner Beisetzung teilnehmen konnte, trauerte ich ganz allein um ihn.

Einige Nächte später besuchte mich David im Traum. Er hielt meine Hand und führte mich einen Feldweg hinunter, der uns beiden vertraut war. Ich hatte das Gefühl wir seien in der Nähe einer Militärbasis, wusste aber nicht genau wo. Ich bemerkte ein offenes hölzernes Tor auf dem Weg vor uns. Es war ein sonniger und staubiger Tag, und obwohl es hätte heiß sein müssen, empfand ich keine Hitze. Wir näherten uns einer großen Gruppe glücklicher Menschen, die ein Grillfest feierten.

Als ich mich umsah, erkannte ich, dass wir im Garten meines Elternhauses standen. Fröhliche Musik spielte, und wir beide begannen zu tanzen - ein ruhiges, gleichmäßiges rhythmisches Wiegen unter guten Freunden. Wir sagten beide kein Wort, aber eine solch intensive Freude, wie sie mich beim Tanz mit David erfasste, hatte ich zuvor noch nie gefühlt, weder im Traum noch in der Wirklichkeit. Wie in einem seligen Taumel tanzte ich immer weiter mit ihm, bis ich aufwachte - und da wusste ich, dass es David gut ging.

Als ich einige Tage später über mein Traumerlebnis nachdachte, erinnerte ich mich plötzlich an einen Pakt, den ich Jahre zuvor mit David geschlossen hatte, als wir zusammen waren. Wenn einer von uns stürbe, würden wir dem anderen ein Zeichen geben und ihn wissen lassen, dass alles in Ordnung war. Wir versprachen uns auch, den anderen dabei nicht zu Tode zu erschrecken. Wie wunderbar, dass sich David nach all den Jahren der Trennung und obwohl ich selbst gar nicht mehr an diesen Pakt gedacht hatte, daran erinnert hatte.

Ich sprach mit kaum jemandem über diese Erfahrung, bis vor einigen Jahren einmal in einem Gespräch mit meiner Mutter Davids Name fiel. Ich erwähnte den Traum ganz nebenbei, als meine Mutter zu weinen anfing. "Warum hast du mir das denn nie gesagt?", fragte sie. Anscheinend hatte sich meine Mutter all die Jahre über die Schuld an Davids Tod gegeben, weil er bei ihr Autofahren gelernt hatte. Sie wusste, dass er oft zu schnell gefahren war. Nun meinte sie, wenn sie David öfter ermahnt hätte, langsamer zu fahren, wäre der Unfall vielleicht nie geschehen. Ich selbst glaube nicht, dass das den Unfall verhindert hätte. David war, wie er war - schnell und ungeduldig. Vielleicht wollte David sogar, dass ich meiner Mutter die Nachricht überbrachte, dass er in Ordnung war. Vielleicht hatte er deshalb ihren Garten als Ort für das Grillfest gewählt. Ich weiß es nicht. Aber ich weiß genau, dass das Erlebnis mit David in meinem Traum mir und meiner Mutter ohne Frage geholfen hat, seinen Tod zu bewältigen.

Melissa Critchley ist eine Künstlerin aus Minnesota und als Eventmanagerin für die University of Minnesota tätig. Darüber hinaus beschäftigt sie sich mit schamanistischen Methoden, um Stress am Arbeitsplatz zu senken.

Pudding-Wrestling

Sherri H. Epstein

Mein vorletztes Jahr am Bryant College in Smithfield, Rhode Island, war für mich eine großartige Zeit. Ich lernte viel über Freundschaften, die Liebe und das Leben. Da erlitt meine Großmutter Bertha einen Herzinfarkt. Ihr Zustand stabilisierte sich wieder, aber Nanas Herz war schwer angegriffen. Die Ärzte wussten nicht, wie lange sie noch überleben würde. Ich fuhr sofort los und besuchte sie jeden Tag im Krankenhaus. In den letzten zwei Wochen ihres Lebens erzählte meine Großmutter mir die tollsten Geschichten. Noch nie zuvor hatte ich diese Dinge gehört, zum Beispiel wie sie als kleines Mädchen mit neun Geschwistern immer mit Pferd und Wagen ausgefahren war. Sie berichtete mir auch, wie es war, als solch bahnbrechende Erfindungen wie das Radio, Autos oder Heimcomputer die Welt, in der sie lebte, von Grund auf veränderten.

Nana hatte alle vierundachtzig Jahre ihres Lebens voll ausgekostet. Ich hatte ihr all meine Geheimnisse anvertraut; sie war die beste Großmutter der Welt. Sie hatte nicht viel Geld, war dafür aber umso reicher an Liebe. Als sie im Mai 1988 starb, war sie der erste mir nahestehende Mensch, den ich je verloren hatte.

Nach Nanas Beerdigung und einer Trauerwoche kehrte ich ans College zurück. Ich versuchte, mich auf die Abschlussprüfungen vorzubereiten, denn mir blieben nur noch wenige Wochen. Aber ich konnte mich nicht konzentrieren. Immerzu musste ich an Nana denken. Wie konnte sie mich nur verlassen? Wem sollte ich jetzt meine geheimsten Gedanken anvertrauen? Würde sie mich noch immer hören können? Während die Prüfungstermine immer näher rückten, war ich einfach nicht in der Lage zu lernen. Ich brachte es kaum fertig, ein Buch aufzuschlagen.

Dann hatte ich eines Nachts einen lebhaften Traum. Ich ging allein im Wald spazieren und kam an eine Lichtung mit einem Picknicktisch. An diesem Picknicktisch saß meine Großmutter. Sie sah glücklich, gesund und zehn Jahre jünger aus. Verwundert und ohne jede Angst fragte ich sie: "Was machst du denn hier? Du bist doch tot!"

Nana lächelte und antwortete: "Ich kann verstehen, dass du gerade durcheinander bist, aber es ist wichtig, dass du für deine Prüfungen lernst. Bald beendest du dein Studium, und dann beginnt ein brandneues Kapitel in deinem Leben. Du *musst* lernen, es ist deine einzige Möglichkeit voranzukommen."

Ich schluckte und sagte ihr, wie sehr sie mir fehlte. Nana erwiderte: "Ich werde immer bei dir sein und dir zuhören." Sie lächelte beruhigend. "Mach dir keine Sorgen um mich. Mir geht es gut. Jetzt muss ich los; wir gehen gleich alle zum Pudding-Wrestling." Sie stand auf und ging. Ich dachte noch *Hm ... Pudding-Wrestling? Das klingt sonderbar ...* Mir meine pummelige, vierundachtzig Jahre alte jüdische Großmutter beim Ringen in Wackelpudding vorzustellen, fiel mir sogar im Traum schwer.

Dann wachte ich auf. Ich fühlte mich viel ruhiger und besser. Endlich konnte ich mich wieder hinsetzen und lernen. Dank Nana bestand ich alle Prüfungen und bekam im Mai darauf meinen Studienabschluss.

Im April 1990 saß ich gerade im Büro bei der Arbeit, als mich Kommilitoninnen aus meiner Studentinnenverbindung anriefen und aufgelöst berichteten, dass unsere Verbindungsschwester Kristin beim Joggen von einem Betrunkenen überfahren worden und gestorben war. Kristin war ein tolles Mädchen gewesen. Wir hatten ihr den Spitznamen Gizmo gegeben - nach dem kleinen Film-Gremlin, der aus der Schachtel springt und sich lautstark über die hellen Lichter freut. Wo sie auch war, hatte Kristin immer wie das

Licht gewirkt, das unser aller Stimmung aufhellte. Als sie starb, war Gizmo in ihrem vorletzten Studienjahr am Bryant.

Ich packte meine Sachen und fuhr nach Rhode Island, um meinen Verbindungsschwestern in dieser schweren Zeit beizustehen. Wir trafen uns alle im Verbindungshaus und setzten uns im Kreis hin. Eine hatte die Idee: "Jede erzählt jetzt von einer schönen Erinnerung an Kristin." So machten wir es reihum. Es war wunderbar, all diesen schönen Momenten zu lauschen. Als ich dran war, konnte ich nur sagen, dass ich gar keine Erinnerungen an persönliche Begegnungen mit Kristin hatte. So sehr sie mich mit ihrem warmherzigen und mitteilsamen Wesen berührt hatte, hatten wir doch zu wenig Zeit miteinander gehabt. Ich war schon im letzten Studienjahr, als Kristin sich in unser College einschrieb.

Einige Monate später hatte ich wieder einen Traum. Ich ging durch denselben Wald, in dem ich Nana begegnet war, und kam an dieselbe Lichtung mit demselben Picknicktisch. Diesmal saßen zwei an diesem Tisch: Nana *und* Kristin. Beide wirkten gesund und sehr zufrieden. Wieder fragte ich ruhig: "Was tut ihr hier? Ihr seid doch beide tot?"

Kristin antwortete: "Ich bin dir böse." Ich war sehr überrascht. Warum sollte diese glückliche und muntere junge Frau böse sein? Und warum ausgerechnet mir? Kristin fuhr in tadelndem Tonfall fort: "Ich konnte kaum glauben, dass du dich nicht mehr an unsere gemeinsam verbrachte Zeit erinnerst! Wir waren doch zusammen im Studentensenat! Und wir waren auf dieser Konferenz ..." Kristin zählte noch mindestens sieben Begebenheiten auf, an denen wir zwei gemeinsam beteiligt waren.

"Ach ja, du hast Recht!", rief ich lachend, als ich mich an diese lang vergessenen Momente erinnerte. Schließlich sagte Kristin: "Jetzt müssen wir zum Pudding-Wrestling, aber vergiss nie wieder, was wir zusammen erlebt haben." Da war der Traum vorbei und ich wachte verdutzt auf. Ich nahm mir Kristins Worte wirklich zu Herzen. Außer dass ich weiterhin meiner Großmutter meine geheimsten Gedanken verriet, vergaß ich auch nie mehr, was ich mit

Gizmo erlebt hatte und wie sehr mich die Vorstellung verwirrt hatte, dass meine alte Großmutter nun mit meiner Verbindungsschwester zum Pudding-Wrestling ging!

Die Zeit verging. Ich heiratete meinen lieben Mann Ken, und wir bekamen unsere wunderbaren Töchter Jessica und Rachel Beth. Rachel Beth, die mit ihrem zweiten Namen nach meiner Großmutter heißt, kam mit Morbus Canavan zur Welt. Das ist eine schreckliche Erkrankung des Nervensystems, die die Lebensspanne stark verkürzt. Bei all den Belastungen war ich nicht wieder an meinem alten College gewesen, obwohl seit Kristins Tod schon über siebzehn Jahre vergangen waren.

Doch im Herbst 2001 rief mich eine meiner Verbindungsschwestern an. Sie hatten in einem Zeitungsartikel von den Bemühungen meiner Familie gelesen, Spenden für die Forschung an einem Heilmittel gegen Morbus Canavan aufzubringen. Nun wollte die Studentinnenverbindung eine Benefizveranstaltung für unseren Forschungsfonds namens "Rachels Hope" veranstalten. Ich war über ihre Hilfsbereitschaft und Großzügigkeit für Rachel sehr gerührt. Meine Verbindungsschwester teilte mir mit, dass sie sich für ein Pudding-Wrestling-Match entschieden hatten! Die Veranstaltung sollte ein paar Wochen später stattfinden. Wobei man wissen muss, dass keine meiner Verbindungsschwestern etwas von meinen beiden Träumen mit Nana und Kristin gewusst hatten.

Meine ganze Familie, Ken, Jessi und Rachel, fuhr also mit mir zu unserem allerersten Pudding-Wrestling-Match nach Rhode Island. Auf dem Rückweg sprang uns ein weißer Kombi ins Auge, auf dessen Nummernschild BERTHA zu lesen stand – Nanas Name! Der Wagen blieb vor uns und fuhr an derselben Ausfahrt wie wir von der Autobahn ab. Wir folgten ihm bis in unsere Nachbarschaft und schließlich bis in die Sackgasse, in der wir wohnen!

Kurz bevor wir unser Haus erreichten, bog der weiße Kombi in die Auffahrt eines unserer Nachbarhäuser ein. Als ich geparkt und die Kinder aus dem Auto geholt hatte, sah ich nach – der weiße Wagen war verschwunden. Plötzlich wurde mir alles klar: Nana,

Gizmo und Pudding-Wrestling! Hinter all dem steckten Nana und Gizmo. Nana hatte mir viele Jahre vor Rachels Geburt im Traum gesagt, sie müsse zum Pudding-Wrestling, und Kristin hatte das auch erwähnt. Indem sie von etwas sprachen, das erst Jahre später eine so gewichtige Bedeutung bekommen würde, hatten die beiden mir klar gemacht, dass wir in besonderer Verbindung standen. Und dann waren wir einem Wagen mit Nanas Namen gefolgt, als wir von einer Veranstaltung kamen, die beide Verstorbenen in meinem Traum vorhergesagt hatten.

Als ich später meine Nachbarn nach dem weißen Kombi fragte, erklärten sie überrascht, keinen solchen Wagen zu kennen. Sie wussten nicht, wer dieses Fahrzeug gefahren haben könnte und kannten auch das Nummernschild nicht. Ich habe den Kombi nie wieder gesehen.

In Anbetracht von Rachels kurzer Lebenserwartung verschafft mir das Wissen, dass meine Tochter so wie Nana und Gizmo einmal glücklich und gut versorgt sein wird, großen Trost. Als ich ihre Diagnose erfuhr, war ich zuerst wie gelähmt vor Angst. Heute aber bin ich dank Nana und Gizmo überzeugt, dass es ein Leben nach dem Tod gibt. Und wenn ihre Zeit gekommen ist, wird meine süße kleine Rachel mir weiterhin nah sein. Sie wird einer der geliebten Menschen werden, denen ich meine geheimsten Gedanken und Gefühle anvertrauen kann.

Sherri H. Epstein, Ehefrau und Mutter, arbeitet an der medizinischen Fakultät der University of Massachusetts in der Geriatrieforschung. Sie ist Vorsitzende der Nationalen Vereinigung für Tay-Sachs und verwandte Erkrankungen (NTSAD) und widmet ihr Leben der Heilung von Morbus Canavan.

Von Topfpflanzen und jungen Hunden

Kim Jin-woo

Eines späten Abends im Juni 1994 kehrte ich von einem Universitätsfest in meine Wohnung zurück. Ich studierte zu dieser Zeit in Tokio. Bevor ich in meinem winzigen Apartment das Licht anschaltete, sah ich schon, dass das rote Lämpchen am Anrufbeantworter blinkte. Ich war erst einige Wochen zuvor nach Japan gezogen, und kaum jemand kannte meine Telefonnummer. Daher war ich ganz aufgeregt, dass mir jemand eine Nachricht hinterlassen hatte.

Ich drückte die Abspieltaste auf dem Anrufbeantworter. Die mechanische Stimme kündigte an, dass um 22.30 Uhr eine Nachricht hinterlassen worden war. Dann war schweres Atmen zu hören und eine atemlose Frauenstimme: “Mein lieber Sohn, bleib ruhig und hör gut zu. Dein Bruder ist im Krankenhaus. Es geht ihm sehr schlecht. Bete für ihn. Gott segne dich.” Es war die Stimme meiner Mutter aus Korea. Aber ich begriff einfach die Bedeutung ihrer Nachricht nicht und spielte sie immer wieder ab.

Schließlich verstand ich, dass etwas nicht in Ordnung war. Ich versuchte, meine Geschwister und andere Verwandten zu erreichen, aber niemand nahm ab. Ich wurde immer nervöser und auch wütend, aber ich versuchte es immer weiter am Telefon. Schließlich hob eine kleine Cousine von mir ab. Young-hi war noch im Grundschulalter. Ich sagte, ich wolle mit ihren Eltern sprechen, aber Young-hi sagte: “Niemand ist zu Hause.”

“Wo sind sie denn?”, fragte ich.

Sie antwortete: “Meine Eltern sind im Krankenhaus, weil dein Bruder Jin-su gestorben ist.” Sie fragte mich: “Warum bist du denn noch zu Hause?” Benommen legte ich auf. Ich konnte nicht fassen, was sie da gesagt hatte. Mein Bruder war achtunddreißig Jahre alt und gesund. Warum sollte er tot sein?

Am nächsten Morgen flog ich vom Flughafen Narita in Tokio zum Flughafen Kimpo in Südkorea. Sobald ich bei meinen Eltern ankam, konnte ich sehen, dass jemand verstorben war. Von draußen konnte ich deutlich klagende Stimmen vernehmen. Durch die offen stehende Haustür sah ich viele weiß gekleidete Menschen. In Korea tragen die Angehörigen eines Verstorbenen weiße Kleidung und klagen laut vernehmbar, um ihn zu betrauern.

Ich trat ins Haus. Meine ganze Familie trug weiße Baumwollsachen. Weiter hinten sah ich im Wohnzimmer einen offenen Sarg stehen Der Leichnam darin war komplett in weiße Baumwollstreifen gewickelt. Ich hätte nicht sagen können, ob das mein Bruder war. Sekunden später entdeckte ich ein Foto meines großen Bruders neben etwas brennendem Weihrauch vor dem Sarg aufgebaut. Der Raum war voller Blumen, hauptsächlich weiße Chrysanthemen. Es stimmte. Jin-su war tot; er war an einem Herzinfarkt gestorben. Und ich konnte meine Mutter nirgends entdecken.

Laut koreanischer Tradition müssen die Angehörigen eines Verstorbenen am Sarg laut klagen, um ihre Trauer zu beweisen. Sie müssen auch jede Menge Speisen und Getränke (vor allem Alkohol) für die Gäste der Trauerfeier bereitstellen. Und sie müssen den Großteil der Nacht über wach bleiben. Das ist eine emotional und körperlich sehr anstrengende Zeit für Hinterbliebene. Schließlich fand ich meine Mutter völlig erschöpft in einem Nebenzimmer. Sie lag blass und traurig auf dem Bett. Ich sagte kein Wort zu ihr, da ich es nicht noch schwerer machen wollte. Ich blieb kurz bei ihr und wandte mich dann zum Gehen. Als ich ihr schon den Rücken zugekehrt hatte, hörte ich meine Mutter noch tief aufseufzen und leise weinen.

Am nächsten Tag war Jin-sus Beerdigung, die wieder bei uns zu Hause stattfand. Das Wetter war sonnig. Die ganze Familie und alle

Freunde machten sich auf zum Berg, um meinen Bruder zu begraben. Er wurde neben dem Grab meiner Großeltern bestattet. In Korea wird man immer am selben Berg wie die Vorfahren begraben. So kennt jeder immer schon seine zukünftige Grabstätte. Während die Trauernden sich respektvoll vor meinem Bruder verneigten und letzte Worte zu ihm sprachen, rannten mein dreijähriger Neffe und meine zweijährige Nichte ums Grab ihres Vaters herum. Sie waren noch zu klein, um zu verstehen, dass er tot war.

Als alle Gäste gegangen waren, knieten sich meine Geschwister, meine Mutter und ich auf den Boden vor meines Bruders Grab. Wir wollten auch unsere letzten Worte an ihn richten, aber meine Mutter sagte immer und immer wieder: "Es tut mir so leid, mein Sohn. Ich habe vergessen, die Topfpflanze zu gießen und den kleinen Hund zu füttern. Bitte vergib mir meine Faulheit." Ich hatte keine Ahnung, wovon sie da sprach.

Als wir nach Hause kamen, sagte niemand ein Wort. Meine Mutter goss eine Topfpflanze und gab einem jungen Hund zu fressen, den ich vorher noch nicht bemerkt hatte. Sie nahm das Hündchen auf den Arm und wiegte es selbstvergessen. Es schien sie zu trösten. Ich fühlte mich ein wenig erleichtert, als ich sie beobachtete. Zumindest um den Verstand meiner Mutter musste ich mir keine Sorgen machen. Ich wusste zwar immer noch nicht genau, was meine Mutter da am Grab gemeint hatte, doch es stand mir nicht zu, ihr Fragen zu stellen. Ein paar Tage später erklärte mir meine Mutter, dass die Topfpflanze und der Welpe Jin-sus letzte Geschenke an sie gewesen waren, als sie ein paar Monate zuvor Geburtstag gefeiert hatte. Diese Geschenke waren Ausdruck der Liebe meines Bruders zu ihr. Sie wollte sich gut um sie kümmern.

Ich vermisse meinen Bruder. Seit seinem Tod habe ich einige Male von ihm geträumt. Im ersten Traum führte Jin-su einen jungen Hund spazieren und hielt dabei eine Topfpflanze im Arm. Er schien ruhig, friedlich, gesund und glücklich. Ich fühlte mich leer.

Am Todestag meines Bruders träume ich jedes Jahr wieder von ihm. Derselbe junge Hund und dieselbe Topfpflanze sind immer im Traum dabei. Manchmal hat Jin-su das Hündchen auf dem Arm, manchmal führt er es an der Leine. In anderen Träumen läuft es frei herum.

Beim ersten Mal, als dieser Traum kam, habe ich ihm nicht viel Bedeutung beigemessen. Als er im Jahr darauf jedoch wiederkehrte, schenkte ich ihm größere Aufmerksamkeit.

Als ich meiner Mutter von meinen Träumen von Jin-su berichtete, waren wir beide sehr erstaunt. Sie hatte auch von ihm geträumt – und zwar exakt die gleichen Träume wie ich! Mein Bruder kommt mit derselben Topfpflanze und demselben Welpen darin vor. Seitdem haben meine Mutter und ich jedes Jahr genau den gleichen Traum von meinem Bruder Jin-su. Es tröstet mich, dass ich diesen Traum mit ihr teilen kann. Es hilft mir viel, dass ich jetzt weiß, dass mein großer Bruder irgendwo weiterlebt. Wenn ich jetzt Topfpflanzen oder junge Hunde sehe, dann denke ich immer an die Liebe meines Bruders zu meiner Mutter und an ihre Liebe zu ihm.

Kim Jin-woo möchte mit dieser Geschichte helfen, die Trauer anderer Menschen zu lindern. Er ist dankbar, dass die tiefe Trauer seiner Mutter durch ihren spirituellen Traum und durch die Geschenke ihres Sohnes geheilt wurde. Kim mag Jazz und geht gern ins Kino.

In Papas Obhut

Debra Sue Richters

Im November 1991 brachte ich mein erstes Kind Danielle zur Welt. Als mein Mann und ich im Krankenhaus ankamen, hatte sie schon keinen Herzschlag mehr. Unsere Tochter Danielle wurde tot geboren. Ein paar Wochen darauf hatte ich einen unglaublichen Traum. Jemand reichte meinem Urgroßvater Papa, der einige Jahre zuvor verstorben war, ein wunderschönes, gesundes Neugeborenes. Papa war ein ganz erstaunlicher Mensch gewesen, und ich hatte ihn sehr geliebt. In meinem Traum saß er in einem Sessel und sah gesund und stark aus, so wie ich ihn in Erinnerung hatte. Dann fragte eine Stimme, die wohl Gott gehörte, Papa: "Bist du sicher, dass du dich um dieses Kind kümmern kannst?" Papa bejahte, ohne zu zögern.

In dieser schweren Zeit wollte ich nichts weiter als sterben; ich wollte bei meinem Kind sein. Der Traum aber half mir, diese schwierige Situation zu bewältigen. Ich bin überzeugt, dass Gott mich mit diesem Traum wissen lassen wollte, wie gut es Danielle ging. Dass sich mein lieber Papa um sie kümmern würde, beruhigte mich ungemein. Das ist zwanzig Jahre her. Meine zweite Tochter Holly hat gerade ihren Highschool-Abschluss gemacht und mein Sohn Kevin kommt im Herbst in die zehnte Klasse. Ich mag mir kaum vorstellen, dass ich diese großartigen Leben auf dem Gewissen gehabt hätte, wenn mich dieser Traum nicht davon abgehalten hätte.

Debra Sue Richters lebt mit ihrem Mann Darryl in Plymouth, Massachusetts. Sie hat zwei eigene und drei Stiefkinder. Debra dankt Gott jeden Tag für alles, mit dem er sie gesegnet hat, egal wie groß oder klein.

Wunderkind

Laura Alcazar-Vizcarra

Für mich war es ein großer Segen, dass ich nach acht Jahren Wartezeit endlich ein Kind erwartete. Ich kaufte Babyschuhe, Babykleidung und all die süßen kleinen Dinge, die Mütter während der Schwangerschaft anschaffen. Auf der 250 Kilometer langen Autofahrt zu meiner College-Abschlussprüfung spielte ich meinem Kind den Phil-Collins-Song *You'll Be in My Heart* vor, da ich gelesen hatte, dass Ungeborene im Mutterleib gern Musik hören.

Als ich dann im vierten Schwangerschaftsmonat zur frauenärztlichen Untersuchung ging, sagte mir die Gynäkologin, mein Baby sei gestorben. Ich fühlte mich so leer und verzweifelt, dass ich wünschte, die Erde würde sich auftun und mich verschlingen, damit ich diesen fürchterlichen Schmerz nicht aushalten musste. Ich ging nach Hause, nahm einen Abfallsack und warf unter Tränen alle Babysachen hinein, die schon im Schrank lagen. Ich wollte nichts sehen, das mich an meine Schwangerschaft erinnerte, und stellte den vollen Sack in die Garage. Dann kroch ich ins Bett, rollte mich zusammen und weinte mich in den Schlaf.

Nach ein paar Stunden hörte ich flüsternde Stimmen im Wohnzimmer. Meine Schwester kam zu mir herein und sagte: "Es tut mir so leid, dass du das hier erleiden musst, aber Gott allein weiß, warum es geschehen ist. Vielleicht verstehst du es jetzt noch nicht, aber eines Tages wirst du es verstehen." Ich war so böse auf die ganze Welt, besonders auf Gott, dass ich sie anfuhr: "Wenn Gott mir mein Kind nicht gegönnt hat, warum hat Er es mir dann erst gegeben? Warum bin ich schwanger geworden? Damit Er es mir wieder wegnehmen kann?"

"Ich verstehe ja, wie groß dein Schmerz ist", beschwichtigte meine Schwester. "Aber sei nicht böse auf Gott; du weißt gar nicht, was du da sagst."

Einige Tage später hörte ich denselben Phil-Collins-Song, den ich meinem Baby im Auto vorgespielt hatte, im Radio. Erst wollte ich abschalten, aber etwas in meinem Inneren hielt mich davon ab. Da erinnerte ich mich plötzlich so deutlich, als würde er mit einem Lichtstrahl beleuchtet, an einen Traum, den ich zwei Wochen vor dem Verlust meines Kindes geträumt hatte. Der Traum ist bis heute klar in meinem Gedächtnis geblieben.

In dem Traum war es dunkel, und dann wurde die Erde plötzlich von einem Erdbeben erschüttert. Ich fiel auf die Knie und betete zu Gott, dass das aufhören solle. Als ich heruntersah, erkannte ich, wie der Boden unter mir auseinanderbrach und ein Strom aus Lava und Glut sich daraus ergoss. Ich stand eine Todesangst aus und betete weiter. Dann schaute ich zum Himmel auf und sah, wie sich dort weiße Wolken teilten und den Blick auf eine so gewaltige Gestalt freigaben, dass ich wusste, es musste ein himmlisches Wesen sein. Ich konnte mir nur nicht vorstellen, warum es mir etwas sagen wollte.

Das mächtige Wesen kam dicht an mich heran. Es saß mit weißem langen Haar und einem langen weißen Bart in einem weißen Gewand auf einem goldenen Thron. Ich glaube, es war Gott selbst. Er strahlte so hell, dass ich ihn kaum ansehen konnte. Dann streckte er die rechte Hand aus und ergriff damit meine Hand. Das Erdbeben beruhigte sich, und aus der Dunkelheit wurde Licht. Jetzt ruhte auf seinem linken Arm ein Baby, und er stieg wieder in den Himmel auf.

Ich war erschrocken aus dem Traum aufgewacht. Obwohl ich über das Kind in Gottes Arm nie nachgedacht hatte, spürte ich aber doch auch großen Trost und Frieden. Noch ahnte ich nicht, dass mich Gott mit diesem Traum von meinem Schmerz erlösen wollte. Als ich die schreckliche Nachricht vom Tod meines Kindes erhielt, hatte die Frauenärztin auf meine Frage nach dem Wann geantwortet, das Kind sei ungefähr seit zwei Wochen tot - dieselbe Zeit, zu der mir der Traum erschien.

Ich hatte mit *You'll Be in My Heart* eigentlich mein Baby beruhigen wollen, nun benutzte Gott diesen Song, um mich zu trösten. Ich werde nie vergessen, wie Gott meine Hand hielt und mich wissen ließ, dass alles in Ordnung war. Er würde mein Baby und mich beschützen. Wenn ich heute über den Verlust meines Kindes spreche, muss ich nicht mehr weinen, weil ich weiß, dass mein Baby bei Gott im Himmel ist. Und wenn ich eines Tages sterbe, dann sehen wir zwei uns im Himmel wieder und werden nie wieder getrennt sein.

Nach dieser ersten Schwangerschaft verlor ich noch ein zweites Kind. Dann wurde ich zum dritten Mal schwanger. Ich hatte eine Fehlgeburt, während ich bei der Frauenärztin war. Die Arzthelferin sagte danach: "Schauen wir besser auf dem Ultraschall nach, ob alles heraus ist."

"Warum?", wollte ich wissen. Ich war vollkommen fertig. "Sie waren doch dabei. Ich habe eben mein drittes Baby verloren." Doch sie überredete mich noch zu dem Ultraschall. Bei der Untersuchung rief sie erstaunt: "Wow!" Ich fragte mich, was nun schon wieder los war. Die Arzthelferin sagte mir, dass alles in Ordnung war, denn die Fruchtblase war noch intakt und ein klarer Herzschlag des Kindes zu hören. "Soll das ein schlechter Scherz sein?" Ich war einer Ohnmacht nahe. "Ich habe mein Kind doch eben im Beisein der Ärztin verloren. Das kann einfach nicht sein." Aber die Arzthelferin erklärte mir, dass ich mit Zwillingen schwanger gewesen war. Das zweite Kind war noch gesund. Da allerdings ein hohes Risiko bestand, dass noch eine Fehlgeburt folgen könnte, verordnete man mir Bettruhe für den ganzen Rest der Schwangerschaft. Am 17. Oktober 2002 kam Mikael Vizcarra mit viereinhalb Kilo zur Welt - mein Wunderkind! Er kam auf den Tag genau zwei Jahre, nachdem mein erstes Kind hätte geboren werden sollen. Und ich gebar noch einen gesunden Sohn. Ich wollte zwar immer drei Kinder, aber heute bin ich sehr froh über meine beiden Söhne.

Ich weiß, dass Gott für jeden von uns einen Plan hat, und ich freue mich schon darauf, was er mit meinen Jungs vorhat.

Laura Alcazar-Vizcarra ist Mutter zweier großartiger Söhne. Laura ist mit ihrem besten Freund verheiratet und am allerliebsten mit ihrer Familie und ihren Freunden zusammen. Außerdem hat sie Spaß am Gärtnern und Fotografieren.

Begegnung mit meinem ungeborenen Sohn

Brent Ledgerwood

Mein ältester Bruder Steffan starb am 28. Oktober 1977 bei einem Autounfall. Kurz zuvor war er mit seiner Familie nach Mesa in Arizona umgezogen. Er, seine schwangere Frau und zwei Söhne waren an diesem Tag auf der Autobahn unterwegs. Wegen eines Unfalls vor ihnen bremste mein Bruder ab. Leider hatte der Fahrer des Trucks dicht hinter ihm weder den Unfall noch Steffans Bremslichter rechtzeitig gesehen und rammte ihren Wagen mit voller Geschwindigkeit.

Im ausbrechenden Feuer kam mein Bruder ums Leben. Sein ältester Sohn blieb unverletzt. Seine Frau trug Verbrennungen an den Händen und im Gesicht davon, als sie verzweifelt versuchte, ihre Jungen aus den Flammen zu retten und vom Rücksitz zu ziehen. Der Kleinere erlitt schwere Verbrennungen am Rücken, wo der Vinylsitz geschmolzen war. Seine Verletzung geschah in einer Zeit, bevor man sichere Kindersitze eingeführt hatte. Zur Zeit seines Todes war Steffan neunundzwanzig Jahre alt, es war zwei Wochen vor seinem dreißigsten Geburtstag. Wir alle – wir waren fünf Geschwister – hatten in diesen letzten Wochen vor der großen 30 gelitten. Und doch hatten wir sie alle unversehrt überstanden. Bis auf Steffan.

Mein Bruder war in den 1960er- und 70er-Jahren Schlagzeuger in mehreren Rockbands gewesen, einmal auch der einzige Weiße in einer schwarzen Band. Er war Höhlenforscher und hatte einen College-Abschluss in Naturwissenschaften. Steffan war begeistert von der NASA und ihrem damaligen Raumfahrtprogramm. Er sagte mir oft, dass ich mir viel zu viele Sorgen machte. Er liebte das Leben und war jedem gegenüber unglaublich offen. Seine Frau hatte sich oft beklagt, dass sie keine Bibel im Haus behalten konnte, weil Steffan sie ständig an Menschen verschenkte, die mehr über Jesus Christus erfahren wollten.

Am 12. Februar 1978 um 4 Uhr morgens hatte ich einen lebhaften Traum. Steffan und ich standen draußen auf einem Feld, umgeben von Bäumen, die im Sonnenlicht leuchteten. Mein Bruder stand mir gegenüber und kommunizierte eher telepathisch mit mir. Ich erinnere mich noch deutlich an die extreme Bandbreite der Gefühle, die ich während dieses Traums verspürte: intensives Glück und ebenso heftige Trauer. Beide Emotionen spiegelten, das wusste ich, das, was in Steffan vorging.

Mir war vollkommen klar, dass mein Bruder ein Geist sein musste. Er trug ein langes weißes Gewand und erzählte mir, dass er nach seinem Tod ein einzigartiges Erlebnis gehabt hatte: Er war seinem ungeborenen Sohn begegnet. Es war ihm eine unendliche Freude gewesen, ihn kennenzulernen, noch bevor er geboren werden würde. Dennoch war Steffan traurig, da er wusste, dass sein Sohn bald meine irdische Welt betreten würde. Er würde aus einer Welt ohne Leid und Schmerz in eine Welt kommen, in der es beides im Übermaß gab. Ich finde kaum Worte, um die intensiven Extreme des Glücks und des Kummers zu beschreiben, die sich meiner in diesem Traum bemächtigten.

Als der Traum vorüber war, war ich sofort hellwach. Ich dachte über diese außergewöhnliche Erfahrung nach und wusste, dass es damit zu tun haben musste, dass ich Steffan sehr vermisste. Normalerweise träume ich nicht so lebhaft. Ich führte zu dieser Zeit Tagebuch, daher holte ich es hervor und schrieb jedes Detail des Traums auf. Dann schlief ich wieder ein.

Morgens weckte mich das Läuten des Telefons. Meine Mutter rief an und sagte, dass Steffans Frau am frühen Morgen allein ins Krankenhaus gefahren war und dort einen gesunden kleinen Jungen zur Welt gebracht hatte. Weniger als sechs Stunden lagen zwischen der Zeit meines Traums und der Geburtsstunde von Steffan Junior. Da damals Ultraschall noch nicht routinemäßig bei Schwangeren zur Anwendung kam, hatte vor der Geburt noch niemand das Geschlecht des Kindes gekannt. In meinem Traum hatte mein Bruder aber keine Zweifel gelassen, dass es um seinen dritten Sohn ging. Mir war auch nicht bewusst gewesen, dass meine Schwägerin zu dieser Zeit in die Wehen kommen sollte. Es war eine völlig natürliche, komplikationslose Geburt. Alles verlief gut. Ich weiß heute, dass mich mein verstorbener Bruder Steffan tatsächlich im Traum besucht hat.

Einige Monate verstrichen, bis ich wieder einen ähnlichen Traum von Steffan hatte. Wieder ging es um starke Emotionen. Diesmal wachte ich um Mitternacht auf und schrieb alles in mein Tagebuch. Die Details kamen mir nicht ganz so glasklar ins Bewusstsein wie beim ersten Mal, aber der Eindruck blieb stark. Es war der 12. Februar 1979, und ich fragte mich, weshalb dieses Datum wohl bedeutsam für mich war.

Da fiel mir der erste Traum von Steffan wieder ein, und ich schlug rasch in meinem alten Tagebuch diesen ersten Traumeintrag nach. Ich fand ihn, und als ich auf das Datum sah, entdeckte ich, dass der letzte Traum nun exakt ein Jahr her war. An diesem Tag war Steffan Juniors erster Geburtstag - unglaublich!

Seitdem hatte ich noch einige weitere Träume, in denen Steffan eine Rolle spielte, doch keiner davon war so eindrucksvoll wie der erste. Es vergeht kein Tag, an dem ich nicht an meinen Bruder denke. Ich bin dankbar für die vielen guten Jahre, die uns zusammen vergönnt waren.

Brent Ledgerwood, Ehemann und Vater, ist Kernkraftinstrumententechniker im Vorruhestand. Er ist begeisterter Radler und Pianist, aktiv in seiner Kirchengemeinde und Freiwilliger an einem Hospizwohnheim mit Essensausgabe.

Unsere Kinder leben ewig

Elissa Al-Chokhachy

Nie werde ich die russische Ärztin vergessen, die mir anvertraute, dass man sie gezwungen hatte, ihre dritte Schwangerschaft abzubrechen. Russische Familien mussten ihre Kinderzahl auf zwei beschränken, und Alena hatte bereits zwei gesunde Kinder zu Hause. Sie flehte ihren Mann an, das dritte Kind behalten zu dürfen, aber er lehnte es hartnäckig ab, der Familie die Geldstrafe aufzubürden, die damit einhergegangen wäre.

Widerwillig ließ Alena den Abbruch über sich ergehen, war danach aber tief verzweifelt. Sie glaubte, einen Teil von sich, einen Teil ihrer Familie für immer verloren zu haben. Von diesem Tag an begegnete Alena ihrem ungeborenen kleinen Sohn immer wieder im Traum. Sie hielt Igor im Arm, stillte ihn und liebte ihn. Im Lauf der Jahre beobachtete Alena im Traum ihren Jungen dabei, wie er zu einem stattlichen jungen Mann heranwuchs. Sie stand stets mit ihm in Kontakt, während er alle Entwicklungsstufen von der frühen Kindheit über die Pubertät bis ins junge Erwachsenenleben durchlief. Manchmal schimpfte Alena Igor auch aus, ganz so wie die anderen beiden Kinder.

Am Tag, als ich mit Alena sprach, vertraute sie mir an, dass Igor nun über zwanzig Jahre alt war und sie regelmäßig im Schlaf aufsuchte. Tief im Herzen sehnte sie sich immer noch nach ihrem verlorenen Sohn. Doch ohne seine nächtlichen Besuche, da war sie sich sicher, hätte sie seinen Verlust emotional nicht verkraften können. Bemerkenswert, wie diese beiden Seelen auf so außergewöhnliche Weise in Kontakt bleiben konnten. Ein Körper kann unsere Seele nur vorübergehend aufnehmen, die Seele aber währt ewig. Unter welchen Umständen oder wie kurz das einzelne Leben auch immer geführt sein mag - eines ist klar: Unsere Kinder leben ewig.

Tante Mickey

Michelle Zaccaria

Ein Leben lang habe ich mit Mukoviszidose gekämpft, einer chronischen genetischen Erkrankung, welche die Lunge, das Verdauungssystem, die Leber und Bauchspeicheldrüse befällt. Bei mir wurde eine milde Form der Krankheit im Alter von vier Jahren diagnostiziert, zur selben Zeit wie bei meiner vier Monate alten Schwester Lisa. Unser beider Leben verlief anders als das der meisten Menschen. Ich habe schon immer meine Andersartigkeit gespürt, besonders als Kind. Ich musste vor dem Essen Enzyme einnehmen, um die Nahrung verdauen zu können. In der Schule musste ich mich dafür immer von den anderen absondern und bei der Schulschwester vorstellig werden. Meine Mitschüler fragten sich alle, was das sollte. Ich hatte außerdem immer Husten von der ständigen Verschleimung und wurde ständig gefragt, ob ich erkältet sei. Manchmal sagte ich ja, manchmal sagte ich, es sei Asthma oder eine Allergie. Nur drei enge Freundinnen von mir wussten von meiner wirklichen Krankheit.

Ich musste auch täglich zur Physiotherapie, was ich aus tiefstem Herzen hasste – das geht mir bis heute so. Ich fand es schrecklich, jeden Tag nach der Schule zu einem Physiotherapeuten zu gehen, der nur darauf wartete, mir auf die Brust zu schlagen. So konnte ich nie nach der Schule mit meinen Freundinnen nach Hause gehen oder an irgendwelchen Freizeitaktivitäten teilnehmen. Ich war sehr wütend, dass ich Mukoviszidose hatte. Obwohl ich den Namen meiner Krankheit kannte, verstand ich sie doch nicht wirklich. Ich wusste nur, sie war schuld daran, dass ich nicht so wie die anderen Kinder sein konnte, und nur das wollte ich.

Die Lage änderte sich, als ich mit neunzehn Jahren ins Krankenhaus kam. Ich begegnete dort vielen, vielen Menschen mit der gleichen Diagnose wie ich, die die gleichen Medikamente wie ich nehmen und die gleichen Behandlungen wie ich über sich ergehen lassen mussten. Ich fühlte mich ihnen sofort auf besondere Weise verbunden, und das war ein gutes Gefühl. Hier fühlte ich mich nicht ausgeschlossen und musste mich auch nicht schämen für meine Krankheit. Erst zu dieser Zeit lernte ich, die Mukoviszidose zu akzeptieren und mehr darüber zu erfahren. Ich fand es toll, so viele Leidensgenossen kennenzulernen. Aber etwas machte mir viel aus: Manche dieser Menschen standen kurz vor ihrem Tod, zu viele um genau zu sein. Ich bekam Angst. Ich fürchtete den Tod. Ich begann, an Gott und am Himmel zu zweifeln; der Tod war zu plötzlich zu real geworden.

Einige Jahre danach aber hatte ich drei bedeutungsvolle Träume von Tante Mickey, der Schwester meiner Urgroßmutter mütterlicherseits. Sie war eine sehr religiöse Frau, die ihr Leben ganz Gott gewidmet hatte. Wie Kevin M. Cronin es in seinem Buch *Friar's Joy* beschreibt, war Tante Mickey eine "kleine, alte, verblühte Italienerin ... eine Anhängerin der Kirche Abrahams. Auf ihrem winzigen gebeugten Leib saß ein Kopf mit einer Menge Falten und einem beinahe sorgenvollen Gesichtsausdruck." Und doch habe ich Tante Mickey als eine wunderschöne, zerbrechliche und schlanke Dame mit grauem Haar in Erinnerung, als einen so freundlichen und liebevollen Menschen, wie es überhaupt nur möglich ist. Die stille Frau, die fast ununterbrochen ins Gebet vertieft war, ging jeden Tag zur Messe.

Mein erster Traum von Tante Mickey kam kurz nach ihrem Tod. Obwohl ich das genaue Datum nicht notiert habe, hat der Traum eine bleibende Erinnerung bei mir hinterlassen. Ich träumte, dass Tante Mickey vom Himmel herabkam. Erst versicherte sie mir, dass sie und Gott für mich beteten. Dann fragte sie mich: "Möchtest du, dass wir für irgendetwas Bestimmtes beten?" Ich antwortete: "Betet dafür, dass ich nie wieder ins Krankenhaus muss. Betet, dass man ein Heilmittel gegen Mukoviszidose entdeckt." Tante Mickey beruhigte mich und erklärte, ich solle mich nicht vor dem Himmel fürchten. “Im Himmel ist es wunderbar”, versicherte sie mir. Sie offenbarte mir, dass ich bald sterben würde. Dann sagte sie, sie müsse in den Himmel zurückkehren. Ich weinte sehr, weil sie mich nicht verlassen sollte.

Einen Monat später hatte ich einen zweiten Traum von Tante Mickey. Darin rief sie mich an. Meine Mutter und Großmutter waren bei mir, aber ich bin nicht sicher, wo wir alle waren. Ich weiß noch, dass das Telefon klingelte, dass ich abhob und sagte: “Hallo?” Ich hörte Tante Mickeys Stimme: “Hi Michelle. Gut, dass du gleich drangehst. Ich möchte, dass du weißt, ich bete für dich.”

“Das weiß ich, Tante Mickey”, erwiderte ich.

“Ich habe eine Nachricht für dich. Du musst sie selbst entschlüsseln, wenn du aufgelegt hast.” Dann begann meine Urgroßtante zu buchstabieren. Obwohl ich sie durchs Telefon nur schlecht hören konnte, hörte es sich wie L - H - C - T - I an. Ich wiederholte die Buchstaben. Dann sagte Tante Mickey: “Ich hab dich lieb.” Und ich entgegnete: “Ich hab dich auch lieb.” Danach begann ich wieder zu weinen im Traum, aber diesmal waren es Freudentränen. Ich wachte auf und wusste sofort, dass die Buchstaben das Wort “Licht” bildeten. An diesem Abend sah ich zufällig eine Sendung über Mutter Angelica im Fernsehen. Es ging um die Schriftstellerin Joan Anderson, die Bücher über Erlebnisse mit Schutzengeln schrieb. Bevor ich einschlief, sprach ich lange mit Gott. Ich bat ihn, mir noch einen Traum von meinem persönlichen Schutzengel Tante Mickey zu senden. Zweieinhalb Jahre später träumte ich wirklich noch ein drittes Mal von ihr. Diesmal saß ich bei Tante Josie zu Hause und suchte nach einem hübschen Foto von ihrer Schwester, um es zu rahmen. Da stieg Tante Francis, eine andere Schwester von Tante Mickey, die gestorben war, vom Himmel herab. Ich fragte sie, ob man vor dem Himmel Angst haben müsse. “Im Himmel ist es wunderschön, ruhig und friedlich”, antwortete sie. Ich fragte sie, wo meine Tante Mickey sei, und Tante Francis erwiderte: “Tante Mickey gibt gerade jemand anderem Geleit und konnte daher nicht kommen." Genau da wachte ich auf. Ich fühlte mich viel ruhiger und lockerer.

Ich war nach allen drei Träumen in friedlicher und beruhigter Stimmung aufgewacht. Obwohl ich mit dem Tod, dem Verlust geliebter Menschen und der Vorstellung, wie es im Himmel sein wird, Probleme habe, kann ich doch ohne Zweifel sagen, dass meine Träume von Tante Mickey die besten und tröstlichsten Träume waren, die ich je geträumt habe.

Ich habe immer noch mit meiner Erkrankung zu kämpfen. Obwohl meine Diagnose auf eine milde Form lautet, brauche ich doch mehr Medikamente als bisher und muss nun zweimal im Jahr ins Krankenhaus. Ich fürchte mich noch manchmal. Aber das ist wohl nur normal. Ich bin jedenfalls nicht länger wütend auf Gott oder auf die Krankheit. Ich weiß, dass Gott mir nicht Mukoviszidose gegeben hat. Er gibt mir die Liebe, die Kraft und den Mut, die ich brauche, um weiterzukämpfen.

In der Therapie spreche ich über alles, was mir noch Angst macht, zum Beispiel das Gefühl, so viele Freunde an Mukoviszidose sterben zu sehen, und die großen Ängste, die jedes Mal hochkommen, wenn ich akut kränker werde. Aber ich gebe mir Mühe, daran zu denken, dass Gott über mich wacht. Er hat die Macht. Ich verstehe auch, dass es die Hinterbliebenen auf der Erde sind, die leiden müssen, nicht diejenigen, die sterben. Ich bin dankbar, dass ich weiß, wie friedlich und glücklich meine verstorbenen Verwandten wie Tante Mickey und Tante Francis tatsächlich im Himmel sind und dass ich dort eines Tages mit ihnen vereint sein werde.

Michelle Zaccaria verlor den Kampf gegen die Mukoviszidose am 3. Mai 2010 im Alter von fünfunddreißig Jahren. Diese Geschichte wurde von Michelle verfasst und mir mit Unterstützung ihrer Mutter, Schwester und Großmutter mitgeteilt. Sie finden Trost in dem Wissen, dass sich Gott und ihre Tanten nun im Himmel um Michelle kümmern.

Unser Schatz

Ann Morelli

Unsere Tochter Kim Morelli, unser hell glänzender Sonnenstrahl, erschien auf dieser Welt am 21. Juni, dem ersten Tag des Sommers im Jahr 1956. Ihre eineiige Zwillingsschwester Jo-ann überlebte nicht. Wir hatten keine Ahnung gehabt, dass ich Zwillinge erwartete, da nur ein Herzschlag erkennbar gewesen war. Die Ärzte sagten uns, dass Kims Schwester vermutlich schon seit sechs Wochen tot war, da sie zu wenig Platz in meinem Bauch gehabt habe. Meine Großmutter war auch als Zwillingskind geboren worden, und auch ihr Zwilling wurde tot geboren. Mein Mann bat darum, mir diese grausame Neuigkeit zu Hause schonend beibringen zu dürfen. Nun hatten wir einen Engel auf der Erde und einen im Himmel.

Als Kim vier Monate alt war, merkten meine Mutter und ich, dass mit ihr etwas nicht stimmte. Sie war krank. Damals machten Ärzte noch Hausbesuche. Als der Arzt sie bei uns untersucht hatte, stellte er nüchtern fest: "Solche Kinder werden dauernd krank."

"Welche Kinder?", fragte ich perplex. Da eröffnete er uns, dass Kim an zerebraler Kinderlähmung litt, der gefürchteten Krankheit, die mit schweren spastischen Krämpfen einherging. Ich stellte meine Tochter sehr vielen Ärzten vor, um einen zu finden, der ihr helfen konnte. Einer davon hatte die Füße auf den Schreibtisch gelegt und lehnte sich im Lehnstuhl zurück, während er uns folgenden Rat gab: "Machen Sie es wie die Chinesen mit ihren neugeborenen Mädchen. Setzen Sie sie in den Bergen aus und vergessen Sie sie." Hinter ihm stand auf einer Kommode ein Foto seiner beiden gesunden, normalen Kinder. Er hatte keine Ahnung, was ich in diesem Moment fühlte.

Alle Ärzte, an die mich wandte, behandelten mich herablassend. Zu dieser Zeit wurde noch nicht viel für Kinder mit Behinderungen getan. Die Ärzte sahen in uns nur eine Frau mit einem schwerbehinderten Kind, das ihrer Meinung nach nichts zu bieten hatte. Besonders traurig daran war, dass Kims Gehirn völlig normal funktionierte, was man uns erst an ihrem einundzwanzigsten Geburtstag bestätigte. Ich erinnere mich noch an den Tag, an dem das geschah. Ich trat hinaus in die Sonne und sagte laut: "Danke, Gott, für diesen kleinen Sieg."

Kim versuchte immer, unabhängig zu sein. Wenn ich sie auf die Schaukel setzte und ihre Hände an den Seilen umfasste, versuchte sie, sich selber festzuhalten. Sie wollte nie, dass ich ihr half. Wenn ihre jüngeren Geschwister spielten, kroch sie oft ans Spielbrett heran und warf es um. Dann lachte sie - wenn sie nicht mitspielen konnte, sollte es auch sonst niemand können. Kim liebte Soap Operas im Fernsehen, und wenn die Werbung kam, sah sie immer weg. Sie hatte Spaß an Musik und an Kindersendungen, besonders der Sendung *American Bandstand*. Ihr Vater oder ich nahmen sie oft in den Arm und tanzten mit ihr zur Musik, was sie sehr genoss.

Als Kim fünf Jahre alt war, versuchte ich es mit einer stationären Klinik für sie. Dort sagte man mir, ich dürfe meine Tochter sechs Wochen lang nicht sehen, damit sie sich in der Klinik eingewöhnen könne. Aber ich hielt es einfach nicht so lange aus; ich musste sie einfach sehen. Deshalb fuhr ich sie schon nach drei Wochen besuchen. Ich war schockiert darüber, wie ich Kim vorfand. Nicht nur hatte sie Eiterflechte im Gesicht, sie hatte auch an beiden Beinen infizierte Wunden von den Beinschienen, die man nur mit Alkohol behandelt hatte. Ich holte meine Tochter auf der Stelle nach Hause. Sie war völlig verändert. Ihre Spasmen hatten sich derart verschlimmert, dass ich mit ihr auf dem Boden schlafen musste, weil sie jede Nacht schreiend aufwachte.

Eine wunderbare Erfahrung war für Kim hingegen das Camp Pohelo (Potential through Healing and Love - Potenzial durch Heilung und Liebe). Viele junge Leute aus der Nachbarschaft halfen dort als Freiwillige. Da sie Kim seit ihrer Geburt erlebt hatten, gingen sie mit ihr ganz selbstverständlich um. Kims Schwestern Jill und Lisa halfen ebenfalls dort aus. Die Direktorin des Ferienlagers Mary Lou Morris war eine großartige Erzieherin. Sie war die Erste, die Kims großes Potenzial und inneres Wissen erkannte. Kims Fähigkeiten waren da, sie konnte sie nur niemals äußern, weil ihre Krankheit sie daran hinderte. Kim war von der ganzen Camp-Erfahrung begeistert.

Als sie älter wurde, kam Kim in mehrere andere Einrichtungen, passend zu ihrem jeweiligen Alter. Sie musste auch häufig wegen ihrer Atemprobleme ins Krankenhaus. Oft musste sie künstlich beatmet werden. Jedes Mal mussten mein Mann und ich entscheiden, was beim nächsten Anfall geschehen sollte. Was wäre das beste und liebevollste Vorgehen für meine Tochter? Bei ihrem Aufenthalt im Lennox Hill Nursing Rehabilitation Center, einer wunderbaren Einrichtung, die wir leider erst gegen Ende ihres Lebens entdeckten, beschlossen wir, einfach nur noch dafür zu sorgen, dass sie es schmerzfrei und bequem hatte. Letztlich schlief Kim friedlich mit einem Lächeln auf dem Gesicht ein. Sie verstarb am 29. Mai 1984.

Meine ganze Familie ist sicher, dass Kim uns nicht verlassen hat. Sie wacht über uns und lässt uns immer wieder wissen, dass sie uns nah ist. Zum ersten Mal wurde uns das klar, als Kims Schwester Jill sieben Monate nach Kims Tod ihren Smaragdring verlor. Jill hatte überall gesucht, im Bett, in ihrem ganzen Zimmer und all ihren Sachen, aber nirgends konnte sie den Ring finden. Jill war völlig außer sich. Ich schlug vor, sie solle Kim um Rat fragen. Nachdem sie ein kurzes Gebet an Kim gesprochen hatte, ging Jill in ihr Zimmer zurück - und fand den verlorenen Smaragdring prompt mitten auf dem Bett!

Jills Hochzeit fand an einem verregneten Tag ein Jahr nach Kims Tod statt. Als sie mit ihrem frisch angetrauten Ehemann aus der Kirche kam, sagte Jill zu ihm: "Ich wünschte, Kim wäre hier bei uns." In just diesem Moment hellte sich der Himmel auf, und leuchtende Sonnenstrahlen brachen durch die aufklarenden Wolken.

Jill wusste gleich, dass es ein Zeichen von Kim war. Ihre Schwester war bei ihr und erlebte diesen glücklichen Tag mit ihr zusammen.

Ich habe in den folgenden Jahren oft von Kim geträumt, aber ein Traum war ganz besonders lebhaft. Kim und ich waren zusammen draußen auf einer Wiese mit Wildblumen. Alles war ganz friedlich dort. Es war hell und sonnig und die Blumenwiese erstreckte sich endlos weit über den Horizont. Kim trug den dunkelblauen Wollrock und weißen Pullover, den ich an ihr immer besonders gemochte hatte. Anstatt nur über die Wiese zu gehen, schien Kim geradezu umherzuflitzen. Sie spielte mit einem anderen Mädchen. Die beiden schienen viel Spaß miteinander zu haben, tanzten und lachten einfach, ohne sich einem bestimmten Spiel zu verschreiben. Kim sah wunderhübsch und gesund aus. Ich muss jetzt noch weinen, wenn ich das erzähle. Kim bewegte sich frei und ohne jede Einschränkung - etwas, was sie in ihrem irdischen Leben nie gekonnt hatte. Das andere Mädchen sah ihr sehr ähnlich, hatte dieselben braunen Augen und kurzen dunklen Haare. Dann erwachte ich aus dem Traum.

Mein erster Gedanke war, dass beide Mädchen sich so ähnlich gesehen hatten. Ich dachte darüber nach. “Wie ein Ei dem anderen”, murmelte ich vor mich hin. Dann kam ich darauf - sie waren eineiige Zwillinge! Das andere Mädchen war Kims Zwillingsschwester Jo-ann gewesen. Dieser unglaubliche Traum war für mich die Bestätigung, dass Kim im Himmel und dort mit ihrer Zwillingsschwester zusammen war. Ich fühlte mich enorm beruhigt und versöhnt. Ich kann gar nicht mit Worten beschreiben, wie absolut glücklich Kim mir in diesem Traum erschienen war. Es war, als sei sie vorbeigekommen, um zu sagen: “Mir geht's gut, Mom. Ich kann laufen und sprechen. Ich kann all das tun, was du dir für mich immer gewünscht hast. Mir geht es richtig gut.” Nach diesem Traum hatte ich das unerschütterliche warme Gefühl, dass mit meinen beiden Mädchen alles in Ordnung ist.

Auch meine Nichte Julie erzählte uns von einem Traum von Kim. In dem Traum spazierten Kim und ihre Zwillingsschwester lächelnd durch den Garten vor dem Haus von Julies Eltern. In einem weißen Kleid und mit dem Schmuck, den ich ihr früher gekauft hatte, schien Kim sehr glücklich zu sein. Sie sagte zu meiner Nichte: “Sag deinen Eltern, dass ich jetzt bei meiner Schwester bin. Ich bin hier glücklich, sicher und in Frieden.” Diesen Traum hatte Julie an Kims Todestag geträumt.

Meine Tochter Kim hat mich gelehrt, was bedingungslose Liebe ist. Sie hat mich gelehrt, was Kraft bedeutet. Vor allem aber hat sie mir beigebracht, zu glauben und niemals aufzugeben, egal wie schwierig das Leben werden mag. Kim war nicht behindert - wir sind es. Kim war voller Liebe und hasste niemanden. Sie widmete sich jedem voller Hingabe und verlangte nichts zurück außer geliebt zu werden. Und geliebt wird sie noch immer. Kim wird immer ein Teil dieser Familie bleiben und uns zur Seite stehen. Mein Traum von ihr hat mich überzeugt, dass sie jetzt vollkommen geheilt und gesund ist, ebenso wie ihre Zwillingsschwester Jo-ann. Es macht mich aus tiefstem Herzen glücklich zu wissen, dass meine Zwillinge jetzt friedlich miteinander im Himmel spielen.

Ann Morelli und ihr Mann Al sind seit achtundfünfzig Jahren verheiratet und haben fünf wunderbare Kinder gemeinsam aufgezogen. Ann war Vorsitzende der internationalen "Operation Friendship" zum Jugendaustausch, Sonntagsschullehrerin und Fundraiserin für die Cerebral Palsy Foundation. Ann ist gern zu Hause oder in der Kirche, sie mag Quilten und andere Handarbeiten.

Endlich frei

Elissa Al-Chokhachy

Am Memorial Day 2010 erwachte ich aus einem Traum, in dem es um einen Jungen namens Benjamin Orton ging. Dieser kleine Kerl war zwei Tage zuvor im zarten Alter von acht Jahren verstorben. Er war mit einem ungewöhnlich kleinen Kopf und Gehirn auf die Welt gekommen, ein Zustand, der auch unter dem Namen Mikrozephalie bekannt ist. Trotz der vielen medizinischen Herausforderungen in seinem Leben hatte Benjamin Liebe und Licht ins Leben aller Menschen gebracht, die ihm begegneten. Von seiner Familie mit Liebe umfangen, hatte er die Erwartungen der meisten weit übertroffen. Ich war Benjamin und seiner Mutter Jahre zuvor auf einem Handwerkermarkt in New Hampshire begegnet. Er war damals noch ein Baby gewesen - eines, das ich nie vergessen werde. Ich fühlte mich geehrt, mein erstes Buch *The Angel With the Golden Glow* für diesen ganz besonderen kleinen Engel signieren zu dürfen.

Ich erfuhr von Benjamins Tod durch eine E-Mail von seiner Mutter Becky. Zehn Stunden später träumte ich von ihrem Sohn. In diesem Traum hatte ich ein Porträtfoto von Ben in der Hand, auf dem ihn ein kleines Mädchen umarmte, das ich für seine Schwester hielt. Ich wusste, dass er gestorben war, und hatte das Gefühl, ihn gern umarmen zu wollen. Auf einmal war Benjamin bei mir - in einem offenen Karton zusammen mit einem Schmetterling und einem halbvollen Milchfläschchen. Als ich ihn aus dem Karton und auf den Arm nahm, dachte ich: "Oh, schau mal, wie groß du geworden bist!" Doch als ich ihn dann im Arm hielt, war er doch wieder so klein wie das Baby, dem ich vor vielen Jahren einmal begegnet war. Benjamin war ganz glücklich, lachte und gurgelte fröhlich. Sein Kopf und Gesicht hatten perfekte Proportionen, und seine dunkelbraunen dicken Locken glänzten.

Als er auf meinem Schoß saß, wollte Benjamin mit der linken Hand nach seinem Fläschchen greifen. "Nein, Schatz, es tut mir leid. Das kannst du jetzt nicht haben", sagte ich und schob das Fläschchen fort. "Ich muss erst mit deiner Mom sprechen; du brauchst doch eine spezielle Folgemilch." Benjamin schien das recht zu sein. Er lächelte weiter, kicherte und betrachtete die anderen Menschen im Raum. Dann setzte ich mir Ben auf die linke Hüfte, so wie ich meine eigenen Kinder oft getragen hatte, als sie noch klein waren. Zu meinem Erstaunen hielt Benjamin seinen Kopf ganz von allein hoch, was er zu seinen Lebzeiten nicht gekonnt hatte.

Mir wurde bewusst, dass ich Becky informieren musste, dass Benjamin hier bei mir war, und ich wollte sie auch nach seiner speziellen Folgemilch fragen. Ich begann, nach Beckys Telefonnummer zu suchen. Dann wollte ich sie anrufen. Aber jedes Mal, wenn ich nach dem Telefon an der Wand greifen wollte, schnappte mir jemand vorher schnell den Hörer weg. Schließlich beschloss ich, sie von einem Handy aus anzurufen, das in der Nähe lag.

Ich hatte gerade Beckys Nummer eingetippt, als ich sah, dass der Schmetterling davonflatterte. "Oh nein, Ben, ich muss den weißen Schmetterling einfangen, mit dem deine Mom dich hergeschickt hat!" Ich wollte das Kind unbedingt komplett samt Fläschchen und Schmetterling bei Becky abliefern. Rasch bat ich jemanden, Benjamin für mich zu halten und erwähnte, dass er eine Stütze für den Kopf brauchte. Kaum hatte ich das gesagt, fiel mir ein, dass er ja eben schon selbst den Kopf hatte halten können.

Mittlerweile war der Schmetterling in den Raum und halb die Wand hinaufgeflattert. Er war riesig geworden, fast 30 Zentimeter groß. Ich wollte ihm die weißen Flügel nicht verletzen und versuchte, ihn an seinem Hinterleib und an den Beinen festzuhalten. Aber der Riesenschmetterling war furchtbar stark. Je stärker ich ihn zurückzuhalten versuchte, desto heftiger kämpfte er um seine Freiheit.

Schließlich bekam ich einen Krampf in der rechten Hand und musste ihn loslassen. Sofort verschwand der weiße Schmetterling außer Sichtweite.

Da wachte ich auf - mit dem starken Gefühl, dass Benjamin frei sein wollte. Dieser kleine Engel sollte nicht länger hier auf der Erde bleiben. Wie ein Schmetterling aus dem Kokon hatte sich Benjamin schließlich befreit, seine Schwingen ausgebreitet und war losgeflogen - nicht länger von den Einschränkungen seines irdischen Körpers behindert. Ich lächle jedes Mal, wenn ich an ihn denke. Ich weiß, dass Benjamin jetzt ein glücklicher, gesunder und verspielter kleiner Junge ist. Ich bin sicher, er hat im Himmel viel Spaß und viele neue Freunde.

8. Engel

Angele Dei, qui custos es mei,
me, tibi commissum pietate superna,
illumina, custodi, rege et guberna.
Amen.

Engel Gottes, mein Beschützer,
Gott hat dich gesandt, mich zu begleiten.
Erleuchte, beschütze, leite und führe mich.
Amen.

Katholisches Gebet Angele Dei

Engel sind Teil unseres täglichen Lebens. Sie geben uns Hoffnung. Sie treten für uns ein, wenn wir in Gefahr geraten. Engel erscheinen uns in unseren Träumen und trösten uns. Manche erscheinen in Menschenkörpern, andere mit Flügeln aus Licht. Eines aber ist auf jeden Fall klar: Engel sind echt. Sie sind Gottes unsichtbare Helfer hier auf der Erde. Von einem Engel besucht oder berührt zu werden, ist ein einmaliges Gefühl.

Ich erinnere mich noch daran, wie ich in meinem kleinen silbernen Subaru mit vier brandneuen Reifen auf der Autobahn unterwegs war. Auf einmal fing mein Wagen an zu schlingern; dann verlor ich völlig die Kontrolle über das Fahrzeug. Als das Auto nach links ausscherte, dachte ich: “Soll ich denn etwa jetzt schon sterben? Das kann nicht sein ... Engel, kommt mir zu Hilfe!" Dann nahm ich plötzlich alles wie in Zeitlupe wahr. Mein Auto wurde in die Luft gehoben und drehte sich langsam um 360°, während es drei Spuren fließenden Autobahnverkehrs überquerte. Es landete in Fahrtrichtung auf einem winzigen Grasstreifen neben der metallenen Leitplanke, die in der Mitte verläuft. Ich berührte die Leitplanke nicht einmal und auch keines der vorbeirasenden Autos. Als ich ausstieg, konnte ich kaum laufen, so sehr zitterten mir die Knie. Ich wusste, dass ich sehr leicht hätte sterben können. Was für ein Glück! Gott sei Dank war ich unverletzt geblieben. Außer dass mein rechter Hinterreifen keine Luft mehr hatte, war selbst das Auto unversehrt. Es war ein echtes Wunder, dass ich dieser enormen Gefahr entkommen war. Ich bin tief überzeugt, dass die Engel mich gerettet haben.

Unter den Engeln, die uns zu Hilfe kommen, befinden sich auch die uns nahestehenden Verstorbenen. Die Liebe überdauert selbst den Tod; sie reicht von der Erde bis in den Himmel. Elf Geschichten in diesem Kapitel erzählen von der Intervention der Engel auf der Erde. Sie kommen uns in Zeiten der Not zu Hilfe. Sie bringen denen, die Schmerz erfahren, Hoffnung und Heilung, denen, die leiden, Trost - und sie senden Botschaften der Liebe an diejenigen, die sie am meisten brauchen. Ich danke dem Himmel für Gottes Engel!

Im Himmel

Elissa Al-Chokhachy

Wer hat sich schon einmal Gedanken über den Himmel gemacht? Wer hat sich vorgestellt, wie der Himmel für die Kinder sein wird, die dorthin kommen? Ich selbst bin überzeugt, dass die Kinder Gottes, die diese Welt vor der Zeit wieder verlassen mussten, heute in ihrer neuen himmlischen Heimat die schönsten Aktivitäten mit anderen lieben Verstorbenen erleben können. Und was all die guten Seelen angeht, die nie die Gelegenheit hatten, eine Kindheit kennenzulernen: Auch diese schwelgen heute in ihrer heilen, gesunden und spirituellen Form voller Glück und Sicherheit in genau den wunderbaren Spielen der Kindheit, die sie bei uns nicht hatten. Ich habe zu viele berührende, lebensbejahende Berichte von Sterbenden und Hinterbliebenen gehört, als dass ich irgendetwas anderes glauben könnte.

Eine trauernde Mutter erzählte mir, dass sie ihre achtjährige Tochter im Traum gesehen hatte, die auf einem Pferd über eine Wiese galoppierte und ihr strahlend zuwinkte. Diese Vision war für die Mutter ein großer Trost gewesen, da sie wusste, wie sehr die Kleine Pferde liebte. Zwei andere Mütter sahen ihre verstorbenen Töchter im Traum auf einer Blumenwiese seilspringen und Fangen spielen. Eine andere Geschichte hörte ich von der Nachbarin eines Siebenjährigen, der an einem Gehirntumor starb. Vor seinem Tod wachte er kurz auf und sagte: “Bitte begrabt mich nicht im Anzug, Mom. Ein Engel hat mir verraten, dass ich spielen kann, dafür brauche ich doch Jeans und Turnschuhe.”

Eine freiwillige Pflegerin war nach vielen Jahren Hospizarbeit der Ansicht, dass es Kindern leichter fällt, sich von diesem Leben zu lösen. Sie beschrieb einen vielsagenden Moment mit einem kleinen Mädchen, das an den Folgen von AIDS starb. Nach Atem ringend hatte die Kleine gefragt: "Liege ich im Sterben?"

"Nein", antwortete die Pflegerin, die sie beruhigen wollte. Das Mädchen fuhr fort: "Falls aber doch, dann holt mir doch bitte mein Kommunionskleid. Ich werde bei meinem Großvater sein, und wir pflanzen zusammen Blumen in einem schönen Garten." Tränen stiegen der Pflegerin in die Augen, als das Mädchen eifrig den Garten beschrieb, den sie mit ihrem toten Großvater anlegen wollte. Kurz darauf verließ das Kind ruhig und friedlich diese Welt, um in die nächste hinüberzugehen.

Engel von der Intensivstation

Laurin Bellg

In unserem Krankenhaus mit dreihundert Betten kommen Unfallopfer aus allen möglichen Unfallarten auf die Intensivstation. In einer Winternacht wurde eine Familie nach einem besonders schlimmen Autounfall bei uns eingeliefert. Sie waren auf dem Rückweg von einer Abendveranstaltung an eine Stelle mit Blitzeis geraten und von der Straße geschlittert.

Bei dem Unfall hatte weder Geschwindigkeitsüberschreitung noch Alkohol eine Rolle gespielt, und alle waren vorschriftsmäßig angeschnallt gewesen. Es war einfach ein gemeiner Unfall, so unvorhersehbar wie das Blitzeis selbst. Die drei Kinder, zwei Jungen und ein Mädchen, kamen alle um. Der Vater, der den Wagen gefahren hatte, kam mit leichten Verletzungen auf die normale Station, aber die Mutter kam in kritischem Zustand auf unsere Intensivstation.

Unser Telemetriecenter zeichnet die Werte jedes Intensivpatienten auf, und die Videoüberwachung zeigt, was in jedem Raum vor sich geht. Die Telemetrietechnikerin ist verantwortlich für die Überwachung der Patientenwerte. Als die Mutter bei ihr eingeliefert wurde, bemerkte die Technikerin gegen ein Uhr nachts etwas Ungewöhnliches auf ihrem Monitor. Sie sah einen kleinen Jungen mit einer Baseballkappe neben der Krankenschwester, die gerade in dem Patientenzimmer beschäftigt war.

Die Telemetrietechnikerin meldete sich über die Sprechanlage bei der Schwester: "Da ist ein kleiner Junge bei euch im Zimmer." Überrascht sah die Schwester sich um und entgegnete: "Nein, hier ist niemand. Nur die Patientin und ich."

In dem Moment kam eine andere Schwester in den Telemetrieraum und sah den Jungen ebenfalls auf dem Monitor. Verwirrung kam auf. Die zweite Schwester lief rasch hinüber ins Patientenzimmer - weit und breit kein kleiner Junge. Die erste Schwester war ebenso ratlos wie die zweite. Nun versammelten sich alle drei vor dem Telemetriemonitor - und alle sahen den Jungen im Raum stehen.

Andere Kolleginnen und Kollegen gesellten sich zu ihnen; alle wollten diese rätselhafte Erscheinung sehen. Bis zum Schichtwechsel am nächsten Morgen tauchte der Kleine ein halbes Dutzend Mal auf dem Monitor auf und verschwand wieder. Wenn die zuständige Schwester zu einem anderen Patienten ging, folgte der Junge ihr und blieb an ihrer Seite.

Kurz nach dem Vorfall erfuhren die Schwestern von einem Atemtherapeuten, der in der Notaufnahme ausgeholfen hatte, dass die drei Kinder der Familie gleich nach der Einlieferung für tot erklärt worden waren. Einer der Jungen hatte bei dem Unfall eine Baseballkappe getragen. Natürlich fragten sich alle, ob es sich wohl um den Geist des Sohnes handelte, der bei der Schwester ausgeharrt hatte, die seine Mutter behandelte.

So wurde die Geschichte zu einem Faszinosum. Fünf Schwestern - einige davon höchst ungläubige Skeptikerinnen - konnten den Jungen deutlich auf dem Monitor erkennen, aber nirgends im Zimmer entdecken. Ich kenne eine von ihnen recht gut. Sie glaubt nur an das, was sie mit eigenen Augen sehen kann, eine sehr sachliche und nüchterne Frau, die nur für die Medizin und komplett gegen Gefühlsduselei ist. Ich kenne sie seit Jahren, und sie wäre die Erste, die uns allen versicherte, etwas Unsichtbares gebe es nicht. Und doch hatte sie den kleinen Jungen als eine der Ersten in dieser Nacht auf dem Monitor entdeckt.

In einer Umgebung, die so sehr von Sterben und Tod geprägt ist wie eine Intensivstation, sind unerklärliche Begebenheiten nichts Unbekanntes. Doch dieses Ereignis ist bis heute im Gedächtnis unseres Teams geblieben - und noch heute sprechen die Kolleginnen und Kollegen ehrfurchtsvoll davon. Es ist tröstlich zu wissen, dass dieses Kind, das nicht länger an seinen irdischen Körper gefesselt war, an der Seite seiner Mutter verharrte und auf seine Mutter wie eine Krankenschwester achtgab. Ein süßer kleiner Engel, der seiner Mutter in der Zeit der größten Not beistand.

Dr. med. Laurin Bellg arbeitet als Ärztin auf den Intensivstationen großer Kliniken im Mittleren Westen der USA. Über ihre Erfahrungen zu schreiben und davon zu erzählen, gehört ebenso zu ihrem Weg als leidenschaftliche Medizinerin wie die Pflege, die sie ihren Patientinnen und Patienten angedeihen lässt.

Nelken von Angel

Vinette Silvers

Der Himmel war blau und die Luft erfüllt vom Duft des frisch gemähten Rasens. Ich saß auf einem kleinen Hügel und besuchte meinen lieben Freund Angel. Auf seinem Grabstein stand der Name Alan Friedman, aber seine Freunde kannten ihn nur als Angel. Mit nur achtundzwanzig Jahren war ihm in einem sinnlosen Akt der Gewalt das Leben genommen worden. Das war nun fünf Jahre her. Ich würde ihn immer lieben, konnte mich aber dankenswerterweise auch in meinem eigenen Leben weiterentwickeln. Ich lernte einen wunderbaren Mann namens Gregg kennen und verliebte mich sehr in ihn. Kurz darauf heirateten wir. Ich wusste, dass sich Angel für Gregg und mich freute und erzählte ihm oft, was mich bewegte.

An diesem Tag hatte ich mit Angel etwas besprochen, was mir auf der Seele lastete. Seit ein paar Jahren versuchten Gregg und ich ein Baby zu bekommen. Leider hatte ich schon drei Fehlgeburten erleiden müssen. Ich bat Angel, bei Gott für uns zu sprechen. "Bitte, Angel, ich brauche deine Hilfe", sagte ich. "Du bist bei Gott, also kannst du ihn fragen, ob er uns hilft, Eltern zu werden? Du weißt doch, dass ich eine gute Mutter wäre. Und am liebsten, wenn das nicht unbescheiden ist, hätten wir Zwillinge." Ich hatte mein ganzes Leben schon davon geträumt, Zwillinge zu haben. Warum nicht gleich aufs Ganze gehen?

Ich fragte Angel: "Hörst du mich? Wenn ja, könntest du mir wohl ein Zeichen senden, dass du weißt, dass ich hier bin?" Ich wartete. Nichts geschah, und ich beschloss zu gehen. Doch als ich aufstand, bemerkte ich ein kleines rotes Auto, das auf einer Straße unter mir fuhr, die zwei Hügel teilte - den einen, auf dem ich saß, und den anderen, auf dem sich eine Gruppe zu einem Begräbnis versammelt hatte.

Der rote Wagen hielt an und parkte auf der Straße zwischen den zwei Hügeln. Ein blonder Mann Mitte Zwanzig stieg aus und öffnete die Heckklappe. Darunter kam ein riesiger Korb mit einem wunderschönen Blumenarrangement zu Vorschein. Ich erwartete, dass der Mann den Korb nehmen und ihn der Begräbnisversammlung bringen würde. Stattdessen zog er nur eine einzelne Blume aus dem Strauß, schloss die Heckklappe und begann, den Hügel in meine Richtung zu erklimmen. Ich konnte mir nicht vorstellen, was dieser Mann von mir wollte - und doch kam er direkt auf mich zu.

Er blieb vor mir stehen und streckte die rechte Hand aus. Darin lagen zwei rosa-weiß-gestreifte Nelken an einem Stiel. Er lächelte und sagte: "Gott schütze Sie." Ich war völlig verblüfft. Warum war er zu mir gekommen? Ich lief hier nur auf dem Friedhof in verschlissenen Jeans und einem bunten Kopftuch herum. Aber ich dankte ihm natürlich. Er verschwand so rasch, wie er gekommen war.

Einen Moment lang dachte ich über das, was geschehen war, nach. Sollten die zwei Nelken ein Zeichen für meine ersehnten Zwillinge sein? War ich gerade einem Engel begegnet? Den musste mir wohl Angel geschickt haben. Er hatte mich also gehört. Und mein Traum von Zwillingen würde wahr werden. Im Internet fand ich heraus, dass Nelken die Blumen für den Muttertag waren und die rosa Streifen für "Ich werde dich nie vergessen" stehen. Angel hätte kein passenderes Zeichen wählen können. Ich brach eine der Blüten ab und legte sie als Zeichen meines Danks auf Angels Grabstein. Die andere stellte ich in eine Wasserflasche, die ich im Auto hatte. Ich fuhr nach Hause und konnte es kaum erwarten, Gregg von meiner wunderbaren Begegnung zu berichten. Tief im Inneren wusste ich schon genau, dass unsere Babys unterwegs waren.

Zwei Monate später erfuhr ich, dass ich schwanger war - mit Zwillingen! Gott hatte mich erhört und uns gesegnet. Gregg und ich würden Kinder bekommen! Das erste Drittel der Schwangerschaft verlief perfekt. Wir waren alle drei gesund, und ich fühlte mich wie der größte Glückspilz auf Erden. Ich zeigte stolz meinen Bauch, ging täglich schwimmen und ernährte mich von Bio-Lebensmitteln. Ich hielt mich an alle ärztlichen Vorschriften. Beim Ultraschall kam heraus, dass wir zwei Mädchen bekamen. Eins für jede rosa Nelke. Wir waren so glücklich! Ich schrieb meinen ungeborenen Kindern jeden Tag in einem Babytagebuch. Ich erzählte ihnen von dem Leben, das Gregg und ich uns miteinander vorstellten, und zählte begeistert die Tage bis zu ihrer Geburt.

Leider kam diese viel zu früh. Nach nur neunzehn Wochen Schwangerschaft bekam ich erste Wehen und verbrachte den nächsten Monat im Krankenhaus. Die Ärzte versuchten, die Geburt meiner Kinder mit allen Mitteln so lange wie möglich hinauszuzögern, denn sie mussten ja noch viel stärker und größer werden, um als Frühgeburten überleben zu können. Doch wir verloren den Kampf, und unsere Mädchen kamen nach nur dreiundzwanzig Schwangerschaftswochen zur Welt.

Angelena Cecelia Silvers wurde am 3. September 2001 geboren, und ihre Schwester Isabella Cecelia Silvers folgte ihr zwei Tage später am 5. September. Jede von ihnen wog nur ein Pfund - beide waren unfassbar winzig und unfassbar schön. Den Mund und die Zehen hatten sie von ihrem Papa geerbt. Die folgenden Stunden waren herzzerreißend. Gleichzeitig die qualvollste und schönste Zeit meines Lebens, da ich fühlte, welch großer Segen es war, wenigstens einen Tag mit jeder meiner Töchter verbringen zu können, bevor sie in den Himmel kamen. Ich hielt sie im Arm und sagte ihnen, wie sehr wir sie beide liebten und dass das immer so bleiben würde.

Danach stand ich vor der schwierigen Herausforderung, ohne meine Babys weiterleben zu müssen. Ich musste einen Weg finden, mit dem überwältigenden Kummer und Schmerz fertigzuwerden. Zum Glück kam meine Mutter aus Milwaukee zu uns, um mir in dieser schweren Zeit beizustehen. Sie hielt mich im Arm, während ich weinte wie noch nie in meinem Leben.

Ein paar Tage nach meiner Rückkehr aus dem Krankenhaus lag ich im Bett und starrte durch die offene Tür in das Kinderzimmer, das voll ausstaffiert war mit jeder Menge Sachen. Wir hatten sehr viel bei der Babyparty geschenkt bekommen, die wir gegeben hatten, bevor ich ins Krankenhaus kam. Ich sah das Zimmer an, das Angelenas und Isabellas hätte werden sollen, und war am Boden zerstört. Ich war wütend und dachte, das weiß ich noch genau, wie ungerecht es war, dass nun nie mehr Kinder in diesem Zimmer wohnen würden. In dieser Minute schaltete sich der Deckenventilator im Kinderzimmer an und begann, sich ganz von selbst zu drehen! Außer meiner Mutter, die neben mir lag und mich tröstete, war niemand zu Hause. Ich stand auf und ging ins Kinderzimmer, um den Ventilator wieder auszuschalten. Und als ich das Zimmer betrat, ging die Beleuchtung am Ventilator an! Da spürte ich sie. *Ich spürte meine Töchter* und wusste ganz genau, dass sie hier bei mir waren.

Ich rief gleich Gregg an und berichtete aufgeregt, was passiert war. Er nahm an, es handele sich um einen Kurzschluss am Ventilator und sagte, er würde nachsehen, sobald er nach Hause kam. Meine Mutter ging auch von einem Elektrikdefekt aus. Doch zu unser aller Überraschung stellten sich der Ventilator und das Licht wieder von selbst an, diesmal als Gregg das Zimmer betrat. Ich musste lachen: Unsere Mädchen spielten ihrem Papa einen Streich.

Das war nur die erste von vielen sonderbaren Begebenheiten in unserem Haus. Von diesem Tag an begannen sich die Ventilatoren in allen Zimmern fast täglich von selbst zu drehen, und das Licht der Lampen wurde viel heller oder viel dunkler, besonders wenn es mir sehr schlecht ging. Es war so tröstlich, dass meine Töchter mich wissen ließen, dass sie bei uns waren. Niemand hätte mich von diesem Gedanken abbringen können.

Schließlich bestellte Gregg einen Elektriker. Der Elektriker überprüfte systematisch jede einzelne Steckdose und alle Kabel und Leitungen im Haus, um eine Erklärung für die Phänomene zu finden. Als die Inspektion beendet war, konnte er uns aber nur berichten, dass "alles normal und sicher" sei. Die einzige Möglichkeit, dass die Ventilatoren angingen, sei definitiv die, dass jemand auf den Knopf drückte. Gregg und ich wechselten nur einen wissenden Blick. Wir fühlen die Liebe und Unterstützung unserer Zwillinge bis heute in jedem Raum des Hauses.

Sieben Monate nach dem Verlust unserer Kinder gelang es uns mit der tatkräftigen Hilfe meiner Mutter, ein wunderschönes neugeborenes Mädchen zu adoptieren. Wir nannten sie Ella Angel – nach ihren beiden Schwestern. Seitdem ist sie das Licht unseres Lebens.

Als Ella Angel sprechen lernte, erzählte sie mir, dass ihre beiden Schwestern ihr vorsingen würden. Einmal begann sie *Old MacDonald* zu singen. Ich hatte Ella zwar jeden Abend vorgesungen, aber mein Repertoire bestand aus immer denselben drei Liedern, und alle drei hatte ich mir selbst ausgedacht. Auch niemand sonst hatte Ella *Old MacDonald* beigebracht. Als ich sie fragte, von wem sie das Lied kannte, antwortete sie ganz sachlich "Angelena und Ella Zabella." Auch andere Lieder, die ich ihr nicht beigebracht hatte, kannte Ella auf einmal. Es war wirklich schön und tröstlich für mich, dass meine drei Mädchen offenbar beieinander waren.

Ella Angel ist jetzt fünf Jahre alt. Ich habe sie kürzlich wieder nach den Liedern gefragt, die sie von ihren Schwestern gelernt hatte. Sie sagte mir, dass sie ihr manchmal früh am Morgen und manchmal spät am Abend etwas vorgesungen hatten. Jede Schwester hatte ihr eigenes Lied, Angelena *Rock-a-bye Baby* und Ella Zabella (Isabella) *Twinkle Twinkle Little Star*. Aber beide zusammen sangen *Old MacDonald*. Ella Angel sagte, manchmal könne sie heute noch immer ihre Schwestern im Himmel singen hören.

Vinette Cecelia Silvers widmet diese Geschichte ihrer schlauen kleinen Ella Angel, dem größten Gottesgeschenk mit dem liebevollsten Wesen und einem Herz aus Gold. Vinette dankt außerdem ihrem klugen, gut aussehenden und engagierten Ehemann Gregg. Mit ihm ist sie die glücklichste Frau auf Erden.

Schwester im Spiegel

Eileen Kearney

"Eileen, komm einmal zu mir. Ich möchte mit dir sprechen", sagte mein Vater.

"Okay, Dad." Ich war aufgeregt, als ich zu ihm in die Küche ging. Er wollte mir sicher sagen, dass unser neues Baby auf der Welt war. Warum sonst sollte er statt Mom nach der Schule auf mich warten?

"Setz dich mal hier hin." Ich kletterte auf den Küchenstuhl. Als ich saß, beugte sich mein dreiunddreißig Jahre alter Vater mit einem solch ernsten Gesichtsausdruck zu mir herunter, dass ich ganz verwirrt war. Er sollte doch froh sein! Ich war es. Mit sechs Jahren würde ich die Älteste von uns dreien sein: ich, meine dreijährige Schwester Cindy und das neue Baby.

"Hat Mom das Baby bekommen?", fragte ich. "Ist es ein Mädchen oder ein Junge?"

"Ja, hat sie. Ein Mädchen. Aber ich habe schlechte Neuigkeiten: Mom ist gesund, aber das Baby ist leider gestorben." Ich war verblüfft. Wieso starb denn ein brandneues Baby? Mein Vater erklärte es mir: "Das Baby konnte nicht richtig atmen. Die Ärzte konnten es nicht heilen, also ist es gestorben. Es ist jetzt bei Gott im Himmel. Manchmal braucht Er Babys mehr als wir."

"Aber warum, Dad?", wollte ich wissen.

"Die Babys im Himmel werden Engel und passen auf uns auf", antwortete mein Vater. Ich war sehr traurig und enttäuscht, aber ich konnte ja nicht gut mit Gott streiten, oder? Er weiß schließlich alles. Also musste unsere kleine Familie sich mit dem Schock arrangieren, die kleine Elizabeth so unerwartet zu verlieren. Wir versuchten, so gut wie möglich in die Normalität zurückzukehren.

Zehn Jahr später waren wir in eine andere Stadt umgezogen. Cindy war nun dreizehn und ich sechzehn. Als ich mir eines Tages in meinem Zimmer vor dem Spiegel die Haare kämmte, bemerkte ich aus dem Augenwinkel eine Bewegung. Ich wandte mich um und sah meine Schwester von hinten, wie sie stumm die Treppe hinaufging. Ihre langen hellbraunen Haare fielen in hübschen Wellen über den Rücken ihrer violetten Bluse. Als sie den oberen Treppenpfosten erreicht hatte, drehte ich mich wieder zum Spiegel um und dachte: "Ha, wenn Cindy sich an mich heranschleichen und mich erschrecken will, dann zeige ich es ihr. Ich werde mich einfach vorher schon umdrehen und *sie* erschrecken." Aber als ich mich genau im richtigen Moment blitzschnell umwandte und laut "Buuh!" rief, war niemand da ...

Ich lief hinunter und machte meiner Schwester Vorwürfe, mich so an der Nase herumzuführen. Doch mitten in meiner Aufregung bemerkte ich, dass sie gar keine violette Bluse trug. Tatsächlich besaß sie gar keine violette Bluse. Wer aber war dann das Mädchen gewesen, das von hinten Cindy so sehr geähnelt hatte und lautlos an meinem Zimmer vorübergestrichen war? Es muss unsere kleine Schwester Elizabeth gewesen sein! So wie mein Vater es mir vor zehn Jahren erklärt hatte: Elizabeth ist ein Engel und wacht über uns. Das ist bis heute ein herzerwärmender Gedanke für mich.

Eileen Kearney ist Bibliothekarin und lebt am Nordufer von Boston, wo sie auch ihre großartigen Kinder Amy und Brian aufgezogen hat. Sie arbeitet seit dreißig Jahren in der örtlichen Leihbücherei und freut sich schon aufs nächste Kapitel ihres Lebens: die Pensionierung!

Dankbarkeit

Elissa Al-Chokhachy

Trauernden Angehörigen Trost zu spenden, ist ein großer und wichtiger Teil der Hospizarbeit. Manchmal ist es sehr schwer, irgendetwas zu erreichen, besonders direkt nach dem Tod eines geliebten Menschen. Einer meiner schwersten Besuche in diesem Bereich war bei einer trauernden Mutter, deren Sohn gerade mit Mitte Dreißig an Darmkrebs verstorben war. Sein ganzes Leben lang hatte diese Mutter ihrem Sohn zu Hause die Pflege angedeihen lassen, die er brauchte, um mit seinen schweren Behinderungen nicht in einem Heim zu enden. Nun war ihr Sohn fort - und damit auch ihr Lebenszweck.

Ihr Mann stand stumm und hilflos daneben, während ich die schluchzende Mutter umarmte. Sie konnte gar nicht mehr aufhören zu weinen. Ich weiß nicht, wie lange ich sie so umfangen hielt, aber die ganze Zeit über betete ich aus ganzem Herzen zu Gott und der Heiligen Jungfrau, dieser Frau zu helfen und ihr Trost und Frieden zu gewähren. Schließlich beruhigte die Mutter sich ein wenig und ließ mich die notwendigen Dinge erledigen, wie etwa den Onkologen ihres Sohnes von dessen Tod zu benachrichtigen, beim Bestatter anzurufen und die Medikamente zu entsorgen. Ich ging nicht dort weg, bis alles erledigt war und der junge Mann im Leichenwagen auf dem Weg ins Bestattungsinstitut war.

Danach fuhr ich schweren Herzens und mit Tränen in den Augen nach Hause und betete weiter für diese Familie. Wenn die Angst und der Kummer überhandnehmen, kann ich manchmal nichts mehr tun außer zu beten. Kurz vor Mitternacht legte ich mich auf meine linke Seite unseres Doppelbettes und drehte mich auf die Seite zum Fenster hin. Ich war noch immer zu angespannt, um einzuschlafen, und dachte immer über die arme Mutter nach. Als ich mich wieder auf den Rücken rollte, konnte ich kaum glauben, was ich sah: Mitten in unserem Bett, direkt zwischen meinem schlafenden Mann und mir, war ein Engel. In unserem dunklen Schlafzimmer sah eine reine, weiß durchscheinende und weibliche Gestalt liebevoll auf mich herunter.

Obwohl dieser Engel nicht mit mir sprach, strahlte er doch eine unglaubliche Wärme, Liebe und Dankbarkeit aus. Ich hatte das starke Gefühl, dieses Wesen sei der Schutzengel des jungen Mannes, der gerade gestorben war - vielleicht der Geist seiner Großmutter -, und wollte mir für das Mitleid und die Zuneigung danken, die ich der Familie entgegengebracht hatte. Beim Herumrollen hatte ich mit meinem rechten Arm direkt durch meine himmlische Besucherin hindurchgefasst, aber ich verspürte keinerlei Furcht, nur den Frieden und die Liebe, die sie ausstrahlte.

In dem Moment rief meine jüngste Tochter Andrea aus ihrem Zimmer nach mir. Automatisch wandte ich den Kopf in Richtung der Rufe nach links. Als ich mich wieder der Engelsgestalt zuwandte, war sie verschwunden. Ganz sicher aber ist sie nicht vergessen. Ich werde ewig dankbar sein für das Mitgefühl und die Dankbarkeit, die mir in dieser Nacht durch Gottes Engel der Barmherzigkeit zuteilwurde, der einem schwierigen Abend einen denkwürdigen Ausgang verliehen hat.

Gottesbote

Rosa Viglas

Nach unser Hochzeit im Jahr 1970 wanderten mein Mann und ich von Griechenland nach Amerika aus. Ich war erst 17 Jahre alt und litt so weit von meinen Eltern und Geschwistern entfernt unter schrecklichem Heimweh. Doch wir hatten das Glück, zwei wunderbare Kinder zu bekommen. Von dem Augenblick an, als ich meinen Sohn Andrew zum ersten Mal in den Armen hielt, verschwand die fürchterliche Einsamkeit. Vier Jahre später kam meine süße kleine Alexia zur Welt. Wir waren reich mit Glück gesegnet. Ich dankte Gott jeden Tag für seine größte Gabe an mich - meine beiden Kinder.

Andrew wuchs so rasch heran. Er war ein wahrer Quell der Freude und Liebe für alle. Mein Sohn war ein guter Schüler, lernte zusätzlich Griechisch und besuchte die Sonntagsschule. Er war auch ein toller Sportler; besonders Baseball und Basketball gefielen ihm. Als er mit seinem Highschool-Team die Landesmeisterschaft im Baseball gewann, war das das absolute Highlight seines jungen Lebens. Andrew sah in jedem Menschen das Gute. Er beklagte sich nicht, verhielt sich reif und selbstsicher, war ein liebenswerter und freundlicher Junge. Er ging gut mit Menschen aller Altersgruppen um und half allen gern. Andrews Markenzeichen war sein strahlendes breites Lächeln, das er uns und seinen vielen Freunden gern und häufig zeigte.

Als Andrew seinen Bachelor-Abschluss am College machte, war die ganze Familie sehr stolz auf ihn. Besonders seine Schwester Alexia bewunderte und liebte ihren großen Bruder abgöttisch. Wenn Andrews Freunde zu Besuch waren, war immer das ganze Haus von

Lachen erfüllt. Ich fragte mich oft, wie ich wohl damit klarkommen sollte, wenn Andrew einmal von zu Hause weggehen würde. Doch das geschah dann ganz anders, als ich es mir vorgestellt hatte.

Am 18. Februar 1995 verließen mein zweiundzwanzig Jahre alter Sohn Andrew und sein Freund Jimmy nachts das Haus, um am nächsten Tag in Montreal Freunde zu einer Party zu treffen. Gegen 6.30 Uhr morgens kam ihr Wagen in Vermont bei St. George von der Straße ab und krachte in einen riesigen Zementblock. Sie waren zehn Meilen von der kanadischen Grenze entfernt. Jimmy saß am Steuer, und kein anderer Wagen war in den Unfall verwickelt. Beide jungen Männer kamen ums Leben.

Mein Mann tauchte in Begleitung zweier Polizisten um neun Uhr morgens mit dieser Nachricht an meiner Arbeitsstelle auf und brachte mir die Nachricht bei. Ich flippte völlig aus. Voll unter Schock und nicht willens, irgendetwas des Gehörten zu akzeptieren, konnte ich nichts mehr sehen, nichts mehr hören. Ich war vollkommen am Boden zerstört. Der Schmerz wog so schwer und ging so tief - mein Sohn, der nur Gutes in die Welt gebracht hatte, war plötzlich fort?! Ich musste unbedingt wissen, ob es ihm gut ging. Ich betete zu Gott und fragte immer wieder: "Ist Andrew glücklich?" Zwei Tage später erhielt ich die Antwort darauf.

Die ganze Familie war zum Bestattungsinstitut gefahren und hatte dort Andrew zum ersten Mal nach seinem Tod gesehen. Er sah sich gar nicht ähnlich - vor allem fiel uns auf, dass sein Haar in einen sonderbaren Seitenscheitel gekämmt worden war. Andrew hatte auf seine Frisur immer großen Wert gelegt, und ich bat den Bestatter, sie bitte so herzurichten, wie Andrew es bevorzugt hatte. Als wir nach Hause kamen, wartete Andrews Cousine schon auf uns. Sie war schwanger, und wir hatten sie gebeten, zu Hause zu bleiben, um ihrem ungeborenen Kind nicht noch mehr Stress zu bereiten. Doch zu unser aller Überraschung lächelte sie uns entspannt entgegen.

Sie erzählte uns, dass sie sich gerade aufs Sofa gelegt hatte und nach oben sah - als sie auf einmal ihr Cousin Andrew von oben breit angelächelt hatte. Er hatte gesagt: "Bitte wein doch nicht. Macht euch keine Sorgen. Alles ist in Ordnung. Sie haben mir nur die Frisur verwüstet." Diese Botschaft von Andrew zeigte mir, dass er die ganze Zeit bei uns gewesen war. Ich sah sie als Geschenk an, das uns die Kraft verlieh weiterzuleben.

Dank meines starken Glaubens an Gott verlor ich auch nie den Glauben an Andrews ewiges Leben im Himmel. Jeden Tag wartete ich darauf, dass mein Sohn mich wieder wissen lassen würde, dass es ihm gut ging. Da ich seiner Seele zur Erlösung verhelfen wollte, betete ich fast ständig und bemühte mich, anderen Menschen oft in Andrews Namen zu helfen. In jedem meiner Gebete bat ich Gott und die Heilige Jungfrau Maria um ein Zeichen von Andrew. Und Gott, der alle Kinder liebt, begann, meine Gebete zu erhören.

Als Andrews Schwester zwei Wochen nach dem Unfall an ihr College zurückkehrte, war sie noch immer von Trauer überwältigt. Ich machte mir Sorgen und fürchtete, nachdem man mir Andrew genommen hatte, würde nun als Nächstes meinem kleinen Mädchen etwas passieren. Eines Tages rief Alexia mich an und weinte bitterlich. Sie vermisste ihren Bruder schrecklich und sagte mir, sie würde alles dafür tun, ihn wiedersehen zu können. Ich versuchte sie zu beruhigen. Ich versprach ihr, dass sie Andrew in dieser Nacht im Traum begegnen würde. Sie fragte mich, wie ich da so sicher sein könne, und ich entgegnete, dass ich das einfach wisse. Und tatsächlich erschien Andrew seiner Schwester in dieser Nacht.

Im Traum erklärte Andrew Alexia, wie der Unfall geschehen war. Nachdem Andrew die meiste Zeit über gefahren war, hatten sie auf eine Cola angehalten, weil er müde war. Dann übernahm Jimmy das Steuer. Als sie von der Straße abkamen, waren sie beide eingeschlafen. Andrew sagte auch, dass er auf der Beerdigung direkt neben mir gestanden habe und dass er sehr gerührt gewesen war, wie viele Menschen ihm zu Ehren gekommen waren.

Bei der Nachricht von Andrews Tod hatte ich starke Schmerzen in der Brust bekommen; und dieser Herzschmerz dauerte vier Monate lang Tag und Nacht an. Ich gab mir die Schuld daran, was meinem Sohn geschehen war. Wäre ich nur länger aufgeblieben, dann hätte ich die beiden davon abhalten können, mitten in der Nacht loszufahren! Doch dann spürte ich eines Morgens bei der Arbeit ganz plötzlich, wie der Schmerz sich von meiner Brust löste und dafür eine Art Glücksgefühl einsetzte, was mir große Sorgen bereitete. Was war ich für eine Mutter, dass ich auch nur einen Funken Glück verspüren konnte, nachdem mein Sohn gestorben war? Doch bei meinen Gebeten an diesem Abend wurde mir klar, dass ich nach all der Zeit endlich hatte akzeptieren können, dass mein Andrew nun bei Gott war und dass ich damit fertigwerden würde. Ich flehte Gott an: "Ich verstehe, dass du jetzt meinen Sohn hast, aber sende mir doch bitte ein Zeichen. Ich flehe dich an, bitte lass mich meinen Andrew sehen." Ich war voller Hoffnung, dass ich endlich einen Traum von Andrew haben würde, an den ich mich ganz erinnern würde.

Und richtig: In dieser Nacht erschien mir Andrew im Traum. Er war gesund und frei von jeder Verletzung. Ich nahm ihn in den Arm und fragte, ob er bei dem furchtbaren Unfall Schmerzen erleiden musste. "Nur ganz kurz", entgegnete Andrew aufrichtig, "bevor ich gestorben bin." Als ich am nächsten Morgen aufwachte, war mein Herz voller Freude. Meine Gebete waren endlich erhört worden. Meinen Sohn so sehen zu können, hatte mir ein Gefühl tiefen inneren Friedens gebracht. Ich betete weiter um Gnade für seine Seele und hoffte, eines Tages besser verstehen zu können, was im nächsten Leben mit uns geschieht.

Sechs Monate nach Andrews Tod hatte ich einen wunderbaren Traum. Ich stand in einem Raum voller Menschen, als ich in einiger Entfernung Jesus Christus erkannte. Er hatte einen Bart und trug ein dunkelbraunes Gewand, so wie auf den vielen Abbildungen. Ich fragte mich, wie ich wohl zu ihm gelangen und ihn nach Andrew fragen konnte. Da stand er auf einmal direkt neben mir. Ich sah ihm direkt in die Augen und brach in Tränen aus. "Herr", flehte ich ihn an, "ich bitte dich, für meinen Sohn zu beten." Christus erkundigte sich nach seinem Namen, und ich erwiderte: "Andrew."

Er nickte und sah mich voller Freude und Liebe an. Telepathisch gab er mir zu verstehen: "Keine Sorge, Rosa. Alles kommt in Ordnung." Ich sah ihn noch kurz mit dem Priester der griechisch-orthodoxen Kirche sprechen, dann verschwand er. Morgens wachte ich froh und voller Stolz auf. Zum ersten Mal in meinem Leben war mir Jesus Christus im Traum erschienen. Diese Erscheinung verlieh mir neue Kraft und Hoffnung und stärkte meinen Glauben noch. Seitdem haben meine Träume nicht nur Jesus Christus, sondern auch viele Heilige wiederholt aufgesucht.

Meine Mutter und Geschwister, die ebenfalls sehr litten, hatten mich seit Monaten gebeten, sie in Griechenland zu besuchen. Ich flog nach Griechenland und suchte sofort das Kloster Metamorfosis Sotiros in der Nähe meiner Heimatstadt Agrinio auf, wo ich mit dem Priester und seiner Mutter ein langes Gespräch führte. Vater Athanasios Patis hatte es sich zum Ziel seines Lebens gemacht, so vielen Menschen wir irgend möglich zu helfen. Im Gedenken an meinen Sohn spendete ich dem Kloster eine große gerahmte Ikone des heiligen Andreas. Andrews Vater, seine Schwester und seine Freunde hatten alle Träume von Andrew, während ich dort war. Andrew ließ sie wissen, dass er glücklich war und es nicht bedauerte, so jung gestorben zu sein.

Am 18. Februar 1996 hielt unsere Familie anlässlich des ersten Todestages unseres Sohnes zwei Trauerfeiern ab - eine in den USA und eine in Griechenland. Während er für Andrew und Jimmy betete, erschien Vater Athanasios Patis im Kloster an diesem Abend die Gestalt eines jungen Mannes. Der Priester fragte den Engel, wer er war. Dieser antwortete: "Andrew." Er war gekommen, um dem Priester und seiner Familie für alles zu danken, was man für ihn getan hatte. All unsere Gebete hatten seiner Seele geholfen, sich zu erheben. Als der Priester fragte, ob er zufrieden oder ob er traurig sei, nicht mehr auf der Erde zu leben, entgegnete Andrew: "Das Leben geht im Himmel weiter."

Jede Mutter, die ein Kind verliert, fragt sich, wo es jetzt ist und ob es glücklich ist. Andrew beantwortet uns diese Frage auf jedem seiner Besuche bei Angehörigen, Freunden oder Priestern. Mittlerweile erscheint dem Priester in Griechenland auch Jimmy. Vor dem Tod meines Sohnes war mein Glaube schon stark, aber jetzt ist er noch stärker geworden. Ich glaube an Wunder, und ich weiß, dass Gott uns alle testet. Mithilfe seines Sohnes Jesus Christus, der Heiligen Jungfrau Maria und aller Heiligen beantwortet Gott die quälenden Fragen, die sich nach einem Todesfall ergeben - wenn wir nur bereit sind, unsere Herzen zu öffnen und zuzuhören.

Andrew hilft uns. Immer wenn wir oder einer seiner Freunde ihn im Gebet um Hilfe bitten, sendet Gott ihn als seinen himmlischen Boten, um die Gebete zu erhören. Das erfüllt mein Herz mit Frieden und Freude. Gott hat mir Andrew fast dreiundzwanzig wundervolle Jahre lang überlassen. Obwohl es immer noch Tage gibt, an denen ich ihn so vermisse, dass ich mich in den Schlaf weinen muss, erscheint mir Andrew mittlerweile doch auf mannigfaltige Weise. Ich weiß, dass mein Sohn glücklich ist. Ich weiß, dass er weiterlebt und es ihm gut geht, und ich möchte diese Gewissheit mit allen Menschen teilen. Ich habe Gott versprochen, dass ich alles für ihn tun würde, wenn ich mich nur vergewissern könnte, dass Andrew glücklich ist. Gott hat meine Gebete erhört. Von Andrew zu erzählen, ist meine Art, mein Versprechen an Gott zu halten.

Rosa Viglas ist stolze Mutter und Großmutter. Sie stammt aus Griechenland. Die Botschaften, die Andrew ihr durch ihren griechischen Priester mitteilt, sagen Rosa immer wieder, dass Andrew immer bei ihr ist. Rosa freut sich darauf, ihren Sohn eines Tages wiederzusehen.

Die schaukelnde Wiege

Ami und Matthew Romero

Dass ich schwanger wurde, war ein wahres Wunder. Ich hatte seit über vier Jahren gegen eine vermutete Unfruchtbarkeit angekämpft, und den Ärzten zufolge war meine Chance auf ein eigenes Kind sehr gering. Als ich von der Schwangerschaft erfuhr, ahnten mein Mann Matthew und ich noch nicht, welch langer Weg des Glaubens, der Verzweiflung und Erleuchtung mit diesem Kind, das nun in mir heranwuchs, beginnen würde.

Der 19. Januar 1998 liegt uns noch immer wie ein Stein im Magen. Ich hatte in der neunundzwanzigsten Schwangerschaftswoche eine Ultraschalluntersuchung, eine reine Routinesache. Doch das Ergebnis war kein gutes: Unsere Tochter hatte eine Lippenspalte und ihr fehlten Hirnventrikel. Schon vor dem Ultraschall hatten mich häufiger schlechte Träume geplagt; jetzt sah ich meine unguten Ahnungen bestätigt. Matthew, der wusste, wie schwer das alles für mich war, bat im Gebet um spirituelle Führung für uns beide.

Der Arzt beraumte eine Untersuchung drei Tage später an. Dann sollte eine genauere Diagnose erfolgen. In der Nacht vor meiner Fruchtwasseruntersuchung erwachte mein Ehemann aus tiefem Schlaf, weil er spürte, dass uns jemand aus der Nähe beobachtete. Als er sich auf den Rücken drehte, sah er ganz deutlich einen hochgewachsenen Engel über mir stehen. Der Engel hatte kurze dunkle Locken und riesengroße Flügel. Er trug ein langes weißes Gewand und strahlte Ruhe und Sanftheit aus. Matthew sagt, der Engel habe ihn so überrascht angesehen, als habe er nicht damit gerechnet, dass ihn jemand sehen könne, aber er blieb stumm. Als sich Matthew langsam im Bett aufrichtete, hielt der Engel die ganze Zeit

Augenkontakt. Dann trat er drei Schritte zurück, und die Erscheinung begann zu schwinden. Erst wurde sie transparent, dann verschwand sie ganz. Mein Mann hatte das starke Gefühl, dass der Schutzengel unseres Babys uns aufgesucht hatte, um uns beizustehen. Am nächsten Morgen ergab die Fruchtwasseruntersuchung, dass unsere Tochter ein zusätzliches dreizehntes Chromosom hatte. Trisomie 13 ist, wie wir bald erfuhren, ein tödlich verlaufendes Syndrom. Unser kleines Mädchen war zum Tode verurteilt.

Die nächsten sechs Wochen gingen wie in einem Nebel vorbei. Wir hatten so viele Vorbereitungen für das Leben unserer Tochter getroffen, nun mussten wir auf einmal ihr Sterben vorbereiten. Ihre Bestattung zu planen, während sie doch spürbar in mir lebendig war, verursachte uns unbeschreiblichen Kummer und Schmerz. Man hatte uns gesagt, sie würde die Geburt nicht überleben und falls doch schon kurz darauf versterben. Mattison Marie kam einen Monat zu früh auf die Welt. Und zu unserer Überraschung überlebte sie nicht nur ihre Geburt, sondern wir konnten sie sogar mit nach Hause nehmen.

Mattison starb am 22. März, dem Tag, auf den ihr Entbindungstermin berechnet worden war. Sie lebte sechsundzwanzig Tage lang. Diese sechsundzwanzig Tage waren die längsten und kürzesten Tage unseres Lebens. Sie stellten unseren Glauben schwer auf den Prüfstand. Wir beteten zu Gott, dass er uns die Kraft verleihen möge, seinen Plan der Dinge zu akzeptieren. Mein Mann Matthew stammte aus Pueblo in Colorado und war in einer streng katholischen Familie aufgewachsen. Sein Vater war Hispanoamerikaner, seine Großmutter mütterlicherseits eine Cherokee, die fließend Apache sprach. Sie war eine Kräuterheilerin, die für alles ein Mittel hatte. Matthews Familie reiste jedes Jahr nach New Mexico zur Santuario Church bei Española, wo sich schon viele Wunderheilungen ereignet haben. Die spirituellen und kulturellen Glaubensgrundsätze seiner Familie halfen Matthew, in dem Wissen Versöhnung zu finden, dass Mattison uns nach ihrem Tod noch "besuchen" und über uns wachen könne. Ich hingegen kam aus St. Joseph, Missouri.

Ich war im methodistischen Glauben erzogen worden, der besagt, dass ein Mensch nach dem Tod entweder in den Himmel oder in die Hölle kommt. Ich hatte Probleme mit der Annahme, dass unsere Tochter noch immer bei uns sein könne.

Doch auf wundersame Weise machte Gott uns Mattisons Nähe in der Nacht nach ihrem Tod bewusst. Wir waren eben vom Gottesdienst im Bestattungsinstitut nach Hause gekommen. Ich war noch lange mit meiner Schwester Meredith wach geblieben. Ich hatte sie gefragt, ob sie glaube, dass Mattison noch da war. Den ganzen Tag lang hatten alle um mich herum mir versichert, wie sehr sie Mattis Anwesenheit fühlen konnten; nur ich schien völlig ausgeschlossen von dieser Wahrnehmung. Meredith hatte geantwortet: "Ich denke, du wirst sie spüren, wenn du es am wenigsten erwartest."

Als schließlich alle zu Bett gegangen waren, saß ich mit unserem Labrador Lazer noch im Wohnzimmer und sah mir Fotos von Matti an. Lazer hatte sich Mattison sehr verbunden gefühlt und sie immer beschützen wollen. Zwei Tage vor ihrem Tod hatte Lazer sein Futter verweigert und war danach noch sehr lange trauernd durchs Haus geschlichen. Ich vermisste meine kleine Tochter so sehr, dass ich zu beten begann: "Bitte sende mir ein Zeichen, Gott, dass Mattison im Himmel und bei dir in Sicherheit ist." Lazer hob den Kopf und schaute auf Mattisons leere Wiege. Zu meinem Erstaunen begann die Wiege, hin und her zu schaukeln! Ich war wie gelähmt und hätte gern meinen schlafenden Mann geweckt, um mir bestätigen zu lassen, dass ich nicht verrückt geworden war. Aber aus Angst, den Moment zu stören, blieb ich ganz still sitzen und sah zu. Nach etwa fünf Minuten hörte die Wiege wieder auf zu schaukeln. Die hölzerne Wiege hatte uns eine Hospizarbeiterin empfohlen, die sagte, Mattison würde sich in einer kleinen Wiege sicherer fühlen als im Bettchen.

Am nächsten Morgen berichtete ich aufgeregt meinem Mann, was geschehen war.

Matthew schien überhaupt nicht überrascht. Er sagte mir ganz nonchalant, dass er Mattis Präsenz die ganze Zeit über schon gespürt habe. Immer, wenn sie in seiner Nähe war, überwältigte ihn dasselbe warme und heimelige Gefühl, als wenn er nach einer langen Reise endlich wieder nach Hause käme. Dann musste er immer lächeln.

Eine Stunde vor Mattis Beerdigung begann die Wiege wieder zu schaukeln. Wir machten uns gerade für den Kirchgang fertig, als Meredith uns rief, weil sie die schaukelnde Wiege beobachtete. Diesmal wurden Matthew, Meredith, ihr Mann Tom und ich alle gemeinsam Zeugen dieses Wunders. Die Wiege schaukelte gute drei Minuten lang. Wir vier überprüften den Raum sehr genau, um eine logische Erklärung für das Phänomen auszuschließen. Kein Luftstrom kam aus den Heizungsschächten. Der Ventilator war ausgestellt und alle Türen, die Durchzug hätten verursachen können, waren geschlossen. Wir waren überzeugt, dass Mattison bei uns war! Nach dieser Erfahrung beschloss ich, die Wiege noch einen Monat länger stehen zu lassen, in der Hoffnung, sie wieder schaukeln zu sehen. Leider geschah das nicht mehr. Am Ende des Monats nahm mein Mann die Wiege auseinander und stellte sie in die Garage.

Als wir zwei Jahre später auf die Geburt von Mattisons Schwester TobiAnn warteten, holte Matthew die Wiege wieder hervor und machte sie für unser neues Baby bereit. Wir wollten die Wiege im Schlafzimmer aufstellen. Als wir uns am selben Abend bettfertig machten, bemerkte ich, wie Matthew verwundert die Augen aufriss. Ich wandte mich um und sah, dass die Wiege wieder zu schaukeln begonnen hatte! Wieder sahen wir im Zimmer nach und vergewisserten uns, dass weder der Ventilator noch ein Luftzug oder der Hund der Grund dafür waren. Dann setzten wir uns zusammen aufs Bett und schauten beglückt zu, wie die Wiege noch minutenlang weiterschaukelte. Unglaublich – Mattison war wieder bei uns!

Matti zeigte sich kurz nach der Geburt ihrer kleinen Schwester noch einmal und half uns. Zwölf Stunden, nachdem TobiAnn auf die Welt gekommen war, wurde sie mit dem Rettungshubschrauber in die Kinderklinik in Denver, Colorado, geflogen. Sie hatte eine lebensbedrohliche Atemwegsinfektion, deren Grund sich keiner der Ärzte erklären konnte. TobiAnn sprach nicht auf die Antibiotika an, die sie bekam. Ich begann mich mit der furchtbaren Vision eines weiteren Begräbnisses zu quälen. Auch Matthew hatte mit dem Gedanken zu kämpfen, wie es sein würde, noch ein Baby zu Grabe zu tragen. Niemand wusste, ob TobiAnn überleben würde.

Vier Tage später betete mein Mann in der Klinikkapelle für das Leben unserer Tochter. Er sagte Gott, dass wir TobiAnn seiner Obhut und seinem Willen übergeben wollten. Wenn TobiAnn leben dürfe, so betete Matthew, möge Gott "die Hände der Ärzte führen", die sie behandelten. Er betete auch zu Mattison und bat sie, über TobiAnn zu wachen und ihr Kraft zu geben. Tags darauf ging es TobiAnn deutlich besser. Eine Woche später wurde sie als gesund aus dem Krankenhaus entlassen.

Eine Woche später legte ich TobiAnn zu Hause in der Wiege schlafen, bevor auch Matthew und ich zu Bett gingen. TobiAnn war quengelig, und wir konnten sie kaum beruhigen.

Dann begann die Wiege, sich plötzlich zu bewegen. Diesmal aber schien sie eher seitlich zu schwanken, anstatt vor- und zurück zu schaukeln - es sah fast aus, als wiege jemand TobiAnn in den Armen. Diese Bewegung beruhigte sie sofort. Seit dieser Nacht hat die Wiege kein einziges Mal mehr von allein zu schaukeln begonnen. Wir lassen sie bei uns im Zimmer stehen - als Erinnerung an unseren kleinen Schutzengel. Wenn auch zwei Jahre vergangen sind, seit Mattison in unser Leben trat, betrauern wir sie tief im Herzen immer noch sehr. Und doch haben wir neben der Trauer wieder Raum gefunden, um zu leben, zu lieben und zu lachen.

Matthew träumt noch gelegentlich von Mattison. Sie erscheint ihm immer völlig gesund und geheilt, ohne Lippenspalte, mit weit geöffneten Augen und in bester Laune. Meist spielt sie mit ihrem Schutzengel, den Matthew schon einmal gesehen hat, als er über mich wachte. Der Engel wiegt Matti auf den Knien und spielt mit ihr im Park an einem See, in dem auch viele Tierkinder wie Entenküken und Lämmer spielen.

Mattison hat mich vieles gelehrt. Ich sehe und fühle in meinem Leben weit mehr als vorher. Manchmal läuft ein Wasserhahn, obwohl ihn niemand aufgedreht hat. Dann wieder höre ich ein Musikspielzeug im Kinderzimmer spielen, obwohl wir uns alle im Nebenzimmer aufhalten. Oder ich muss leise lächeln, wenn meine Weihnachtsbeleuchtung im Fenster wie von selbst aufleuchtet. Und wenn ich plötzlich den vertrauten Babyduft von Matti in der Nase habe, ist das ein großer Segen. Manchmal scheint es, als ob TobiAnn knapp an meinem Gesicht vorbeilächelt, als stünde dort jemand hinter mir, der sie zum Lachen bringt.

Matthew und ich sind sehr dankbar für die ungeheure Gabe unserer Mattison Marie. Sie kam zu uns und hinterließ ein Vermächtnis, das wir niemals vergessen werden. Als Erinnerung daran haben wir als Zweitnamen für TobiAnn "Esperanza" gewählt - das spanische Wort für Hoffnung. Ohne Hoffnung hätten wir niemals den Mut aufgebracht, TobiAnn zu bekommen. Wenn sie unsere Matti auch nie ersetzen kann, können wir mit ihr doch viele Träume wahr machen, die wir uns für unser Kind gewünscht haben.

Die Sozialarbeiterin Ami Gorsky-Romero und der staatlich geprüfte Pfleger Matthew Romero leben mit ihrer Familie in Pueblo, Colorado. Als Vizepräsidentin des Sangre de Cristo Hospiz-Familiendienstes veranstaltet Ami Trauergruppen wie die Shattered Dreams für Eltern verstorbener Kinder oder Hopeful Dreams für diejenigen, die nach einem Kindesverlust wieder schwanger sind. Dank Mattison ließ Matthew sich zum Pfleger ausbilden und arbeitet jetzt für einen häuslichen Pflegedienst.

Besuch von den Engeln

Elissa Al-Chokhachy

Raphael war ein Sechsjähriger mit Krebsdiagnose, der zur Chemotherapie ins Krankenhaus eingewiesen worden war. Er sprach gut auf die Behandlung an, und alles sprach für eine positive Entwicklung. Zwei Wochen nach Beginn der Chemotherapie wachte Raphael im Krankenhaus auf und erzählte seiner Tante, die über Nacht bei ihm geblieben war, dass die Engel ihn besucht hatten. Und die Engel hatten ihm gesagt, sie würden ihn heim zu Jesus bringen.

Verwirrt berichtete die Tante das der Mutter des Jungen, als diese im Krankenhaus eintraf. Die Familie war nicht sehr religiös und nur selten in die Kirche gegangen. Wenige Stunden später bekam Raphael hohes Fieber und starb einen Tag später unerwartet an einem septischen Schock. Niemand hatte diesen plötzlichen frühen Tod vorhergesehen.

Diese Erfahrung erinnerte die Kinderärztin, die Raphael behandelt hatte, daran, dass wir nicht immer wissen, mit wem wir wie in Verbindung stehen und dass Gott jeden von uns liebt. Wie tröstlich für die Familie dieses Kindes zu wissen, dass ihr kleiner Raphael nun in der Obhut von Gottes Engeln und Jesus Christus ist!

Kleiner Cherub

Andie Hight

Kurz nach unserer Hochzeit zogen mein Mann und ich in ein verschrobenes Städtchen in Maine, wo wir ein altes Haus am Meer mieteten. Wenn es draußen schneite, sah es immer aus, als lebten wir im Innern einer Schneekugel. Die Kombination aus kalten Winternächten und glühenden Kaminfeuern ließ uns schon sehr bald ein Baby erwarten. Im sechsten Schwangerschaftsmonat erschien mir dann eine wunderbare Vision. Noch hatte ich keine Ahnung, welch großen Trost mir diese Erscheinung eines Tages spenden würde.

Ich hatte mich schon früh zu Bett begeben, als ein winzig kleines Licht an der Decke zu schimmern begann. Ich konnte mir nicht erklären, wie dort ein Licht brennen konnte, wenn die Lampen doch überall im Zimmer aus waren. Zuerst hielt ich es für eine Spiegelung vom Flur. Aber es wurde rasch größer und heller und nahm schließlich die Form kleiner Zehen an - winzige Zehen leuchteten dort an der Decke! Ungläubig schüttelte ich den Kopf und hoffte, dass ich gleich wieder klar sehen könnte. Doch den Zehen folgten pummelige kleine Waden und Babybeinchen, so als würde dort an der Decke ein Kind geboren. Nach kurzer Zeit schwebte in diesem sonderbaren Licht ein ganzer schimmernder Baby-Cherub und streckte vertrauensvoll die Ärmchen nach mir aus. Er war halb durchsichtig, doch ich konnte all seine Züge klar erkennen. Er war vielleicht vier bis sechs Monte alt und sah entzückend aus.

Eine Pause entstand. Es war eine der Situationen, in denen sich alles um einen herum wie in Zeitlupe abzuspielen scheint. Innerhalb der nächsten fünf Sekunden stellte ich mir in rascher Folge zahlreiche

Fragen: War das ein Engel? War es der Geist meines Babys? Oder der Geist eines anderen Babys? Noch während ich all die Möglichkeiten gleichzeitig erwog, überwältigte mich ein Reflex, und ich ließ einen markerschütternden Schrei ertönen. Mein Mann kam die Treppe hinaufgerannt, um nach mir zu sehen, doch als er eintrat, war die leuchtende Babyerscheinung bereits wieder verschwunden. Mir war jetzt klar, dass nichts Schlimmes passiert und alles in Ordnung war. Ich hatte das Gefühl, dass der kleine Baby-Cherub mich kannte und lieb hatte. Es war ein ganz und gar erstaunlicher Moment.

Kurz darauf kam unser Sohn zur Welt, ein kerngesunder kleiner Junge und unser beider ganzes Glück. Zwei Jahre später war ich wieder schwanger, doch diesmal lief alles ganz anders ab. Ich hatte Schmierblutungen, und mein Bauch war viel kleiner als erwartet. Eines Morgens, wieder im sechsten Schwangerschaftsmonat, wachte ich auf und erschrak - ich fühlte mich nicht mehr schwanger. Ich sagte meinem Mann, ich würde mich rasch untersuchen lassen, obwohl wir erst eine Woche zuvor noch die Herztöne des Kindes hatten abhören lassen.

Die Miene des Arztes wurde ernst, als er sein Stethoskop auf meinen Bach drückte. Dann sagte er das, was jede schwangere Frau zu hören fürchtet: "Ich kann keinen Herzschlag hören." Der Ultraschall bestätigte unsere schlimmsten Befürchtungen. Mein Kind war gestorben. Um mich zu trösten, erklärte mir der Arzt, dass es eher ein Glück war, dass unser Sohn zu diesem Zeitpunkt verstorben war. Hätte er überlebt, wäre er stark entstellt und behindert zur Welt gekommen und hätte in seinem kurzen Leben furchtbar gelitten. Ich kann kaum in Worte fassen, welche überwältigende Trauer und Schmerzen mir der Verlust dieses Kindes bescherten.

Es war eine schlimme Erfahrung. Was mir in dieser Zeit am meisten half, war die Erinnerung an den reizenden Babyengel, der mir Jahre zuvor nachts erschienen war. An ihm hatte ich erkannt, wie der Geist meines Babys im Himmel aussehen würde. Nicht entstellt und verkrüppelt stellte ich ihn mir jetzt vor, sondern als wunderschönen kleinen Cherub - und das war eine große Hilfe. Der schimmernde Cherub war ein Segen für mich, denn durch ihn habe ich wieder zum Leben zurückgefunden.

Andie Hight, Ehefrau und Mutter, lebt im kalifornischen Oakland und beendet gerade ihr erstes Buch "Whispered Wisdom", in dem sie ihre Erfahrungen mit der spirituellen Welt verarbeitet. Andie moderiert ihre eigene Radiosendung "Wisdom Radio".

Isabellas Kuss

Angela Amoroso und Drew Skinner

Mein Mann Drew und ich hatten beschlossen, den Tag zu feiern, auf den der erste Geburtstag unserer kleinen Tochter hätte fallen sollen. Drei Monate zu früh geboren, war Isabella in meinen Armen und mit ihrem Vater an ihrer Seite am Labor Day zu Hause am plötzlichen Kindstod gestorben. Sie war sechsundneunzig Tage alt geworden. Als dieser bedeutende Meilenstein näherrückte, wussten Drew und ich, dass wir den Ehrentag unserer Tochter nicht ignorieren durften. Also luden wir einige Freunde und Verwandte ein, die auch im September Geburtstag hatten. Es war eine ganz besondere Feier; sogar Drew und mein Vater hatten selbst in diesem Monat Geburtstag. Meine Freundin Katy backte einen riesengroßen Kuchen, und wir luden einige von Isabellas Altersgenossinnen und ihre Eltern ein. Es wurde ein großartiger Abend. Wir sangen zusammen und erzählten uns Geschichten von Isabella. Ich berichtete von den Erfolgen der Wohlfahrtsorganisation "Isabellas Giraffenclub", die ich in ihrem Namen gegründet hatte und die Frühchen und ihre Familien unterstützt. Und meine Freundinnen überraschten mich sogar mit einem Geburtstagsgeschenk für Isabella.

Hurrikan Katrina und seine katastrophalen Folgen hatten uns alle entsetzt. Meine Freundin Lori hatte im Fernsehen einen Bericht von einer Kinder-Intensivstation in Louisiana gesehen, die vor einer ungewöhnlichen Kulisse gedreht worden war. Hinter der Reporterin hatte eine 1,20 Meter große Giraffe auf die Babys dort herabgeblickt wie die in unserem Wohnzimmer, die wir von Isabellas Trauerfeier zurückbehalten hatten. Lori hatte das Gefühl, dass Isabella ihr durch diese Giraffe etwas mitteilen wollte wie: “Schau dir diese Babys an. Siehst du sie? Du musst ihnen helfen!”

Die vierzig Frühchen waren nach dem Hurrikan auf gefährlichen Wegen in eine andere Klinik evakuiert worden. Die Schwestern hatten jedes dieser winzigen Babys auf dem Arm getragen und mit Kanus in Sicherheit gebracht. Lori hatte sie in Baton Rouge ausfindig gemacht. Sie und ihr Team engagierter freiwilliger Helferinnen hatten dann Survival-Pakete für die Frühgeborenen gepackt: orangefarbene Leinentaschen mit einer Erstausstattung, Windeln, einem Isabella-Lesezeichen und je einer weichen, warmen und handgearbeiteten Giraffendecke. Einen Prototyp dieser Pakete schenkte Lori mir und Drew zu Isabellas erstem Geburtstag. In diesem Moment war unser Haus erfüllt von mehr Liebe, als ich es je beschreiben könnte.

Isabellas Asche bewahren wir in ihrem Kinderzimmer in einem roten Herz aus Holz auf, das ihr Dad extra für sie gebaut hat. Als es Zeit für den Kuchen wurde, schlug ich vor: “Lass uns das Kind holen.” Drew hatte Bedenken, dass man das als unpassend oder vielleicht sogar morbide missverstehen könnte. “Unsinn”, entschied ich resolut. “Das sind unsere Freunde.” Also holte Drew Isabellas Herz-Urne aus ihrem Zimmer und hielt sie neben dem Kuchen hoch, während die anderen “Happy Birthday” für alle September-Geburtstagskinder im Raum sangen.

Als die Kerzen ausgepustet waren, machte auch meine Freundin Carla noch ein Foto mit ihrer Digitalkamera. Als sie es sich ansah, schnappte sie hörbar nach Luft. “Was ist das?”, fragte sie und deutete auf eine leuchtend helle Lichtkugel, die direkt neben dem Lächeln meines Mannes zu sehen war. Wir standen verblüfft daneben. Dann lud Drew sich das Foto auf den Computer hoch und vergrößerte die Ansicht um die Lichtkugel herum. Zu unser aller Überraschung ließ sich im Innern der Lichtkugel das Profil eines kleinen Gesichts ausmachen. Unglaublich! Wissenschaftler, die sich beruflich mit diesen fotografischen Lichtkugeln befassen, nennen sie Orb oder Geist-Emanation. Mein Mann und ich bezeichnen dieses Bild gern als “Isabellas Kuss”. Wir sind überglücklich, dass unser kleiner Engel tatsächlich bei ihrer ersten Geburtstagsfeier dabei war!

Zunächst haben wir noch geglaubt, unsere Lichtkugel auf dem Geburtstagsfoto sei eine wunderbare Ausnahme. Inzwischen haben wir aber erfahren, dass es Tausende von Menschen gibt, die dieses Phänomen täglich auf Fotografien untersuchen. Auch auf älteren Aufnahmen aus der Zeit nach Isabellas Tod haben wir inzwischen solche leuchtenden Lichtkugeln entdeckt. Wir hatten ihnen vorher einfach noch nie Bedeutung geschenkt. Seitdem haben wir beide Hunderte Fotos gemacht, und tatsächlich werden wir auch mit Hunderten solcher Erscheinungen belohnt. Durch Isabella und ihren ganz besonderen Geburtstagskuss haben wir gelernt zu glauben, dass wir alle von Engeln umgeben sind!

Angela Amoroso und Drew Skinner, Erfolgsautoren, Komponisten und begnadete Redner, gründeten 2004 "Isabellas Giraffenclub" und brachten so Hunderttausende US-Dollar für das UCSD Medical Center auf. Als Elternkontaktpersonen für das Ärztebüro San Diego helfen sie auch bei der Ausbildung von Rettungskräften und Pflegern. Ihre Präsentation "Sudden Love" ist eine beständige Erinnerung an das Zusammenleben mit ihrem Engel Isabella.

Inspiration eines Engels

Elissa Al-Chokhachy

Ich kann mich noch genau an den Tag erinnern, an dem ich Vail begegnete, einem lieben kleinen Jungen von vierzehn Monaten, der an einer seltenen und unheilbaren neurologischen Störung litt. Mit kaum zu beschreibender Intensität strahlte dieses Kind reine Liebe und pures Licht aus. Als seine persönliche Nachtschwester hatte ich das Privileg, Vails Eltern dabei zu unterstützen, ihm vier Monate lang sechzig Stunden in der Woche liebevolle Pflege zu Hause angedeihen zu lassen. Jedes Mal, wenn ich zur Arbeit kam, dachte ich, sobald ich Vail sah: "Oh mein Gott, er ist ein Engel!" Der Junge verfügte über eine tiefe innere Weisheit und fast greifbares uraltes Wissen. Seine allwissenden Augen strahlten Heilkraft und Frieden aus. Und obwohl Vail nie auch nur ein Wort sprechen konnte, wusste er, dass ich seine Engelsnatur erkannt hatte. Nur das zählte.

Mich um Vail kümmern und ihn liebhaben zu dürfen, war mir eine wahre Ehre. Ich fühlte mich allein durch seine Anwesenheit gesegnet, und seine Eltern gehören zu den besten Lehrmeistern, die ich je erlebt habe. Sie lehrten mich die wahre Bedeutung von bedingungsloser Liebe. Jeden wachen Moment verbrachten sie damit, ihrem Kind das schönste Leben zu bereiten, das es nur haben konnte. Sie sangen oder lasen Vail vor, lagen neben ihm, streichelten ihn und liebten ihn einfach über alle Maßen. Ich wunderte mich, wie vollkommen und hingebungsvoll Menschen jemanden lieben konnten in dem Wissen, dass das Objekt ihrer Liebe schon einen Moment später tot sein konnte. Ich war voller Bewunderung. Und so wie ihnen blieb mir gar nichts anderes übrig, als dieses Kind jeden Tag nur noch immer mehr zu lieben. Es war fast unmöglich, ihm keinen Kuss auf seine süßen Pausbacken zu drücken. Und obwohl seine Augen meinen Blick niemals fest erwidern konnten, zogen sie mich doch in ihren Bann und führten mein Herz in spirituelle Tiefen, die es zuvor nicht gekannt hatte.

Nachts wenn seine Eltern schliefen, saß ich oft mit Papier und Stift an Vails Bett. Es kam mir fast vor, als könne ich ihn leise mit mir sprechen hören. Und schon bald verfasste ich Gedichte an seine Eltern - Gedichte von ihrem Sohn. Eines dieser Gedichte wurde später zum "Wiegenlied der Eltern: Hoffnung für Trauernde", das am Ende dieses Buches abgedruckt ist.

Vail war es auch, der mich zu meinem ersten Bilderbuch für Kinder inspirierte: *The Angel With the Golden Glow*. Eine Familie auf dem Weg vom Verlust zur Heilung. Kurz nachdem Vail gestorben war, wachte ich plötzlich aus tiefem Schlaf auf. Noch mit geschlossenen Augen sah ich Vail vor mir, in goldenes Licht getaucht. Bild für Bild entfaltete sich vor mir die Geschichte, die später zum Kinderbuch wurde. Ich bekomme noch immer eine Gänsehaut, wenn ich an diese ganz besonderen Eindrücke vor meinem inneren Auge denke. Am nächsten Morgen wurde ich noch einmal geweckt und empfing den Rest der Geschichte. Tränen liefen mir über die Wangen, während ich Vails freudige Wiedervereinigung mit seinem besten Freund im Himmel verarbeitete. Natürlich hatte ich schon vorher einmal von inspirierenden Quellen für kreative Schaffenskraft gehört, aber dieses intensive Erlebnis übertraf alles. Es ist kaum mit Worten zu beschreiben. Sorgsam schrieb ich jedes Bild und jeden Eindruck nieder, den ich empfing, wohl wissend, wie wichtig das war. Innerhalb von nur drei Wochen hatte ich meine Geschichte, die Illustratorin, die Grafikerin und den Verlag für mein Buch gefunden, ohne mich auch nur anstrengen zu müssen. Welch magische Reise!

Schon ein paar Wochen später begann ich, jeden Morgen mit einer neuen Geschichte aufzuwachen. Diesmal ging es um eine Neunjährige und ihren tödlich erkrankten Großvater. Ich weiß noch, dass ich dachte: “Ich brauche doch keine neue Geschichte, Gott. Ich habe schon deine wunderschöne Engelsgeschichte!” Doch die Vision kehrte jeden Morgen wieder, bis ich die Geschichte schließlich niederschrieb. Danach kehrten die Bilder nicht mehr wieder. Rückblickend bin ich ganz sicher, dass Vail mir geholfen hat, auch diese Geschichte zu schreiben, die zu meinem zweiten Kinderbilderbuch wurde: *How Can I Help, Papa?* Ein Kind auf dem Weg vom Verlust zur Heilung.

Obwohl ich meine Idee zu *Miraculous Moments* seit fast zwanzig Jahren in meinem Herzen trug, hatte ich noch nie daran gedacht, Wiegenlieder oder gar zwei Bilderbücher zu schreiben, um anderen bei ihrem Trauerprozess zu helfen. Ich glaube, dass diese Teil von Gottes und von Vails Plan waren. Bis heute helfen diese Werke der Hoffnung aus Vails geistiger Quelle vielen trauernden Hinterbliebenen sehr. Ich bin froh über den Segen, dass ein Engel mich auf diese Weise berührt hat. Danke, Vail, für das, was du bist, und für die zahlreichen Gaben der Heilung, die du bringst. Du bleibst mein Engel und meine Inspiration. Ich werde dir ewig dankbar sein.

9. Nahtoderfahrungen

Es gibt keinen Tod.
Nur einen Wechsel der Welten.

Häuptling Seattle

Nahtoderfahrungen erleben Menschen, die fast gestorben wären, aber wiederbelebt und ins Leben zurückgeholt wurden. Ähnliche Erfahrungen können aber auch Schwerkranke machen, die sich auf der Schwelle zum Tod befinden. Obwohl jede Nahtoderfahrung einzigartig und persönlich ist, gibt es doch Gemeinsamkeiten. Einen Blick auf das Leben im Jenseits geworfen zu haben, verändert für die meisten Menschen ihren Blick auf ihre Existenz vollkommen. Sie verlieren jeden Zweifel am Weiterleben nach dem Tod.

Viele beschreiben, wie sie über dem eigenen Körper schwebten und zusehen konnten, was dort unten mit ihm geschah. Es gibt erstaunlich detaillierte Berichte von Wiederbelebten, die ganz genau wissen, welche Medikamente oder Instrumente wann zum Einsatz kamen und worüber Rettungskräfte, Ärzte oder Pfleger dabei gesprochen haben.

Andere, die dem Tod nahe waren, haben "das Licht" gesehen, die überwältigende Liebe Gottes gespürt oder sie haben mit Engeln, spirituellen Wesen oder geistig mit nahestehenden Menschen gesprochen. Manchen wurde eine Grenze gezeigt, etwa ein Fluss oder eine Brücke, die einmal überquert keine Rückkehr mehr möglich macht. Andere erzählen, sie konnten wählen, ob sie bleiben wollten, anderen wurde gesagt, sie sollten zurückkehren, da ihre Aufgabe auf der Erde noch nicht beendet sei. Wieder andere sehen einen Panorama-Rückblick auf ihr eigenes Leben, in dem sie jeden Gedanken, jedes Wort und jede Tat ihres Lebens noch einmal erleben und gleichzeitig den Einfluss dieser Gedanken und Taten auf andere verstehen. Dann gibt es noch die, denen gezeigt wird, was sie auf der Erde noch zu erledigen haben.

Das noch immer unerklärte Phänomen der Nahtoderfahrung berührt Betroffene so tief, dass sie ihr Leben verändern. Den Menschen wird zur Gewissheit, wie ihr Bewusstsein den körperlichen Tod überlebt. Im Jenseits existieren keine körperlichen Grenzen, keine Schmerzen, kein Kampf ... jede Furcht vergeht. So erfahren die Betroffenen eine besondere Hinwendung zu Mitgefühl und bedingungsloser Liebe.

Über den Regenbogen gehen

Theresa Burke Melnikas

Mein Mann Dennis und ich hatten vier wunderbare Töchter. Unsere dritte Tochter Allison starb vier Tage, nachdem bei ihr ein Gehirntumor diagnostiziert worden war. Sie war erst drei Jahre, drei Monate und dreizehn Tage alt. Und doch war unsere blonde, blauäugige kleine Alli von tiefem Glauben erfüllt. Mit drei Jahren malte sie ein Bild von einem Regenbogen und erklärte mir, einmal würde sie da hinübergehen.

Alli hielt unseren Pfarrer Father Keyes für Gott. "Da ist Gott", rief sie aufgeregt, wenn sie ihn vor der Messe entdeckte. Später verstand sie dann, dass Father Keyes nicht selbst Gott war - sondern nur mit ihm verwandt. Als Alli ins Krankenhaus kam, fragte sie den Geistlichen dort, wo Gott sei. Dann teilte sie ihm ganz sachlich mit, dass sie nach Hause ginge und dort Gott treffen würde. Meine kleine Tochter *ging nach Hause* - dabei hatten weder Ärzte noch Schwestern irgendwelche Pläne zu ihrer Entlassung mit uns oder ihr besprochen.

In der Nacht, bevor Alli starb, träumte ich von einem Engel, der die Arme liebevoll um ein kleines Kind legte. Hinter diesem Engel stand hell der Mond - das ganze Traumbild sah aus, als zeige es auf einer riesigen Monduhr auf 4 Uhr. Als ich früh am Morgen am Krankenhaus parkte, piepte mein Pager und zeigte "911" an. Ich wusste gleich, es ging um Alli, und rannte los. Im Fahrstuhl traf ich auf das Team von der Neurochirurgie, das gerade zu meiner Tochter gerufen worden war. Zusammen eilten wir in die Pädiatrie, wo Dennis Alli im Arm hielt. Wegen einer akuten Gehirnblutung ging es ihr minütlich schlechter. Sie kam eiligst unter das CT und dann direkt auf die Kinderintensivstation.

Auf der neuen Station streichelte Alli erst Dennis' Wangen. Dann drückte sie ihn sanft weg und streckte die Arme nach mir aus. Sie flüsterte "Ich liebe dich" und "A steht für Allison". Dennis und ich sangen ihr Lieblingslied "You Are My Sunshine" - diesmal aber baten wir Gott darum, unseren Sonnenschein zu sich zu nehmen. Wir sagten Alli, sie dürfe nun über den Regenbogen gehen. Alles sei gut, Gott würde dort schon auf sie warten und sie sei dort in Sicherheit.

In der Nacht kam frühmorgens der Mond hinter den Wolken hervor und schien hell. Alli starb um Punkt 4 Uhr, so wie der Engel es mir vorausgesagt hatte. Draußen schneite es, doch mit dem Sonnenaufgang erschien ein eindrucksvoller doppelter Regenbogen, der den ganzen Tag am Himmel blieb. Er wurde sogar in den Fernsehnachrichten erwähnt. Dennis und ich wussten genau, dass unsere kleine Tochter auf diesem Regenbogen zu Gott gegangen war.

Ich habe seitdem zahlreiche Zeichen von Alli erhalten. Manchmal hören wir ein helles Kinderlachen oder sehen einen Schatten am Fenster, doch wenn wir nachsehen, ist niemand da. Danach duftet es im Raum noch lange intensiv nach Alli. Dieses Lachen, ihr Duft und die Erinnerung an ihre Miene trösten mich immer sehr. Außerdem finde ich überall winzige weiße Daunenfedern; im Auto, im Haus und auch draußen beim Spaziergang im Schnee. Die Federn scheinen aus dem Nichts zu kommen, und zwar immer dann, wenn ich meine Tochter besonders brauche. Allis Unterstützung ist eine unglaubliche Hilfe, die mich jedes Mal, wenn ich sie spüre, bis ins Innerste mit Wärme und Liebe erfüllt.

Im Jahr nach Allis Tod bekamen mein Mann und ich unsere vierte Tochter. Im sechsten Monat meiner Schwangerschaft wurde ich schwer krank. Deshalb kam Julia Allyse über drei Monate zu früh nach nur sechsundzwanzig Wochen zur Welt. Die Ärzte glaubten nicht, dass eine von uns überleben würde. In dieser Zeit hatte ich eine sehr intensive Traumerfahrung mit Alli. Sie erschien mir gesund, lebensfroh und wunderschön. Es kam mir vor, als säße sie im Gras und lehne sich zu mir herüber, als wolle sie mir ein Geheimnis verraten. Als sie mich an der Schulter berührte, fiel ihr Haar nach vorn und sie sagte zu mir: "Geh nach Hause, Momma, ich komme hier allein klar." Ich weiß noch, dass der Himmel in einem intensiven Blau und die Bäume in brillantem Grün erstrahlten. Als ich im Krankenhaus zu mir kam, brachte eine Krankenschwester Allis Gebetszettel zu uns herein. Wie durch ein Wunder sprach mein neugeborenes Baby sofort darauf an. Julias Zustand verbesserte sich in kürzester Zeit, und wir beiden überlebten die Krise.

Ein Jahr darauf kam mein lieber Mann Dennis bei einem Motorradunfall ums Leben. Irgendwie habe ich einen Weg finden können weiterzuleben.

Trotz meiner zwei großen Verluste weiß ich, dass Allison noch ebenso bei mir ist wie ihr Vater. Ich glaube fest daran, dass Gott die beiden damit vor den größeren Schrecken der Krankheit und des Kummers bewahrt hat. Nun wachen sie gemeinsam über meine drei Mädchen und mich. Immer wenn wir etwas verloren haben oder suchen, bitten wir die beiden einfach um Hilfe, und es taucht auf der Stelle auf. Wenn ich Dennis ein Problem vortrage, scheint es mir danach schon wesentlich kleiner geworden. Die Federn, die Alli für uns streut und die mir immer wieder bestätigen, wie gut sie "allein klarkommt", halten uns in Verbindung.

Auch wenn Allison nur vier kurze Tage zwischen ihrer Diagnose und ihrem Tod geblieben sind, ist ihre Geschichte doch ein Monument des Überlebens. Die Verbindung zwischen uns ist stark, konkret und real; als ich schon im Sterben lag, hat Alli mir den Weg zurück gezeigt. Sie hat mir bewiesen, dass es ihr gut geht. Ja, Allison geht es gut. Das weiß ich jetzt ganz genau. Sie ist meine Heldin, und ich spüre jeden Tag ihre Nähe.

Theresa Burke ist Ehefrau und Mutter und arbeitet in Kliniken als Ausbilderin für Schwestern und Pfleger der Kinderintensivstationen. Terry hat das große Glück, in ihrem Mann Andy und ihren Töchtern Jennifer, Jillian und Julia eine ebenso große Stütze zu haben wie in ihren beiden Engeln Alli und Dennis.

Das Licht, das ewig leuchtet

Joan Meese

An dem Wochenende, an dem Michael an Leukämie starb, hatte ich Dienst im Hospiz. Der Sechzehnjährige hatte einen Rund-um-die-Uhr-Pflegeservice zu Hause, ohne den seine Eltern die häusliche Pflege nicht hätten durchhalten können. Er bekam durch einen Zugang regelmäßig angepasste Mengen an Morphium, um die ständig schlimmer werdenden Schmerzen zu betäuben.

Michael hatte Angst vor dem Tod. Und seine Mutter war nicht bereit, ihn loszulassen. Als mein Pager um 7 Uhr morgens piepte, organisierte ich gerade die Patientenvisiten. Ich rief die Schwester zurück, die bei Michael zu Hause war, und sie berichtete, er sei früher am Morgen gestorben.

"Warum haben Sie mich nicht benachrichtigt?", unterbrach ich sie sofort. "Aber das ist ja gerade das Aufregende", fuhr sie atemlos fort: "Er ist gestorben, und dann ist er wieder zu uns zurückgekommen. Das glauben Sie nicht!" Sie ergänzte noch, dass Michael trotz der erlaubten Höchstdosis Morphium starke Schmerzen hatte. Ich versprach, sofort zu kommen.

Als ich bei Michael zu Hause klingelte, ließ mich sein Onkel Harry herein. "Sie glauben nicht, was heute hier passiert ist!", rief er und fuhr aufgeregt fort: "Michael ist vor ein paar Stunden gestorben. Er hat einfach aufgehört zu atmen und seine Mutter ist völlig hysterisch geworden. Sie ließ ihn nicht aus ihren Armen, schrie und bat ihn weinend, uns nicht zu verlassen. Wir waren natürlich alle ganz fertig. Aber dann fing Michael auf einmal wieder an zu atmen. Er sah zu seiner Mutter auf und sagte: "Mom, das war *wunderschön*! Im Vergleich zu dem Licht, das ich gesehen habe, ist das Licht hier drin ganz schwach. Es war so hell und so schön!" Er deutete auf die Deckenlampe. "Mindestens hundertmal, nein tausendmal heller als die Lampe! Es war alles ganz friedlich, und ich hatte keine Schmerzen mehr. Ich hatte keine Angst. Ich habe darum gebeten, noch einmal zu euch zurückgehen zu dürfen. Ich wollte dir sagen, dass ich ab jetzt das Licht sein werde, das ewig auf euch leuchten wird."

Michaels Mutter, die ihren Sohn bis dahin krampfhaft umklammert hatte, ließ ihn jetzt los und setzte sich ruhig auf den Stuhl an seinem Bett. Sie nahm vorsichtig seine Hand und sah ihm in die Augen. Dann sagte sie leise: "Michael, ich liebe dich. Es ist in Ordnung, wenn du gehst."

Harry war zu jedem einzelnen Zeugen der Szene gegangen und hatte sich noch einmal beschreiben lassen, was der Betreffende gesehen hatte. Alle beschrieben die Situation identisch. Sie verwendeten dieselben Worte, und allen war die plötzliche Ruhe und Schönheit auf Michaels Miene aufgefallen. In seinen Augen lagen Friede und Versöhnung, als er sprach. Dann veränderte sich die Atmosphäre im Raum, als Michael das Gesicht verzog. Sein ganzer Körper verkrampfte sich, denn plötzlich kehrten die unerträglichen Schmerzen zurück.

Während er mich ins Haus begleitete, wandte sich Harry an mich: "Jetzt sind Sie gefragt. Die Schwester hat Sie angerufen, weil wir Hilfe brauchen wegen seiner Schmerzen." Die Schwester kam dazu und bestätigte in ihrem breiten irischen Akzent: "Ja, Joan, genau so wie Harry es schildert, ist es passiert."

Dann gingen wir zu dritt zu Michael ins Zimmer. Er litt fürchterliche Schmerzen. Ich rief seinen Arzt an und erhöhte die Morphiumdosis nach Anweisung. Ich sprach leise mit Michael und seinen Eltern, wollte sie beruhigen und gleichzeitig wissen lassen, dass ihnen nur noch kurze Zeit miteinander blieb.

Da meldete sich mein Pager wieder. Es ging um eine andere Schmerzkrise, eine weitere Familie in der Nachbarschaft war verzweifelt. Ich wusste, dass ich schnell handeln musste, war aber nicht ganz sicher, was zu tun war. Innerlich sprach ich ein rasches Gebet: "Herr, lass mich die richtige Entscheidung treffen." Ich ging in Michaels Zimmer zurück und schlug vor, gemeinsam zu beten. Michaels Mutter hielt Michaels rechte Hand. Er schüttelte sie ab, ergriff meine dafür und stimmte heiser zu: "Okay." Über mich hielten dann alle im Raum Michael an den Händen und sprachen das Vaterunser. Die überwältigende Liebe zu diesem Jungen, die in diesem Moment spürbar wurde, muss einfach bis zum Himmelstor vorgedrungen sein. Danach fragte ich Michael, ob ich kurz weggehen dürfe; ich sei sehr bald wieder da. Michael und seine Eltern waren nun einverstanden, dass ich ging. Sie wussten, dass sie sich auf mich verlassen konnten.

Als ich beim nächsten Patienten klingelte, ging mein Pager wieder. Ich wusste tief in meinem Herzen, dass der Herr Michael nun zu sich geholt hatte. Ich rief zurück, und meine Vermutung wurde bestätigt. Zum Glück war die neue Schmerzkrise rasch bewältigt, so dass ich zu Michaels Eltern zurückfahren konnte.

Unerwartet war seine Mutter nun völlig ruhig, und tiefer Friede schien das ganze Haus zu erfüllen. Michael ruhte in Frieden. Keine Schmerzen mehr. Ich nahm seine still weinenden Eltern in den Arm und sagte ihnen, was für ein tapferer Junge ihr Sohn war. Ich war sehr froh, dass ich an dieser außerordentlichen Erfahrung hatte teilhaben dürfen. Ich sprach allen Familienangehörigen mein Beileid aus, dann verabschiedete ich mich zum letzten Mal.

Obwohl ich auch bei anderen Familien schon ähnliche Momente hatte erleben dürfen, war ich doch tief bewegt durch Michaels großes Opfer. Er hatte einen Ort voller Frieden, Glück und Schmerzlosigkeit freiwillig wieder verlassen und war in die unerträglichen früheren Schmerzen zurückgekehrt, nur um seiner Mutter etwas von ihrer Last zu nehmen. Sie sollte wissen, dass er immer das Licht an ihrer Seite bleiben würde – das wahrhaft große Geschenk eines bemerkenswerten jungen Mannes.

Die Hospizschwester Joan Meese hat schon von ihren Eltern gelernt, dass der Tod und das Sterben im eigenen Zuhause zutiefst natürliche Vorgänge sind. Jedes Kapitel in Joans Leben, auch die Hochzeit mit ihrem Mann Jim, wurden von Gott gelenkt – einer größeren Macht, als wir alle es sind.

Auf Guernsey ins Licht

Renee L. Collas

Ohrenbetäubender Lärm dröhnte uns in den Ohren, noch hinter dunklen Wolken verborgen. Mein kleiner Bruder Richard und ich sahen uns an. "Was ist das?", fragte er. Wir rannten los und stellten uns ans Dachfenster, von dem aus wir unser blaues Schieferdach sehen konnten, dahinter die roten Kaminschlote unserer Nachbarn, gewundene schmale Straßen zwischen winterbraunen Hecken und den felsigen Strand der kleinen britischen Kanalinsel Guernsey. Plötzlich tauchten aus den Wolken am Himmel Kreuze auf, eingestanzt in lange schwarze Tragflächen. Deutsche Tiefflieger ließen dicht über unseren Dächern alles erzittern, was sich darunter befand. Die Piloten suchten nach einer kleinen Landepiste in etwa vier Meilen Entfernung. Es war Frühling 1940, und die Flieger brachten uns Tod, Geschützfeuer, Hunger, Konzentrationslager, Deportationen - das Böse. Dennoch wurde meine Familie den ganzen Krieg hindurch von Engeln beschützt. Meine Eltern und wir Jungen bauten wie unsere Nachbarn Gemüse an, hielten Kühe, Hühner und Kaninchen und halfen einander, wo wir nur konnten.

Nur wenig ist bekannt über das Leid der sehr jungen und alten Menschen auf den Kanalinseln während der fünf Weltkriegsjahre. All unsere Männer im wehrfähigen Alter waren als Soldaten nach England gegangen. Zudem waren alle Schulkinder sowie ihre Lehrer dorthin evakuiert worden. Die Inseln lagen nah genug an Nordfrankreich - nur zehn Seemeilen entfernt von der anderen Kanalseite -, dass Hitler auf der Stelle ihre Besetzung anordnete, sobald seine Panzer Paris überrollt hatten. Das nationalsozialistische

Regime hatte uns eingeholt, und was folgte, war ein Kampf um das Leben der Menschen auf Guernsey.

Für mich persönlich begann auch der Kampf um mein Leben als Asthmatiker mit chronischer Lungenentzündung. Furchtbare Hustenkrämpfe zerrten unbarmherzig an meinen Lungenflügeln. Es gab keine Medikamente, da alle Frachtschiffe und Boote von England aufgehalten worden waren und nicht bis zu uns durchdringen konnten. Wer dennoch versuchte, durch die feindliche Blockade zu dringen, zu fischen, zu segeln oder zu schwimmen, lief Gefahr, von Landminen an der Küste in die Luft gejagt zu werden. Betonbunker verbargen hinter ihren breiten Augenschlitzen die Flakgeschütze, deren langgezogene Schnauzen durch graugrünes Tarnzeug ragten. Unablässig heulten die Luftangriffssirenen.

Hustend, pfeifend und keuchend schlug ich mich so lange tapfer herum, bis ich endgültig keine Luft mehr bekam. Dann fiel ich kraftlos in mein weiches Bett zurück. Mein fünfjähriger Körper hatte genug. Nicht zum ersten Mal fiel ich in ein Koma und folgte meinem himmlischen Engel in eine andere Dimension. Zuerst beobachtete ich von der Zimmerdecke aus stumm meinen reglosen Körper im Bett. Ich war traurig, als ich meine Mutter und den Arzt am Fußende des Bettes sah und meine Mutter in Tränen aufgelöst ungläubig den Kopf schüttelte. Der Arzt hielt mich für tot. Und doch brachte meine Mutter ein Feldbett ins Zimmer, auf dem sie an meiner Seite Wache hielt, denn sie wusste, dass ich irgendwann wieder aus dem Koma erwachen würde.

In diesen Jahren wollte ich nicht in meinem kranken Körper sein. Ich legte meine Hand stattdessen vertrauensvoll in die seidenweiche Hand meiner himmlischen Begleiterin, die ein langes weißes Seidengewand trug. Um fliegen zu lernen, brauchte ich mehrere Tage. Zuerst hatte ich noch Angst, aber meine liebe Engelsbegleiterin hatte Geduld mit mir. Sie gab mir immer wieder die richtigen Anweisungen, und schließlich hatte ich es! Es gelang mir, mich ganz zu entspannen, loszulassen und meinen Geist vollständig von Gedanken zu leeren, so dass ich mich automatisch voll und ganz auf mein neues Vorhaben konzentrierte. Begeistert schwang ich mich mit meinem Engel in den Himmel und schwebte im Wind, bis ich einen Zustand purer Ekstase erreicht hatte. Eine kühle Brise strich mir lindernd übers Gesicht und den ganzen Körper.

Wir flogen zusammen über grüne Felder, Täler, Hügel, die Schweizer Berge und sogar über die Rocky Mountains. Wir flogen das Paradise Valley hinauf, mittlerweile bekannt unter dem Namen Highway 89S, und betrachteten die Wohnwagen und vereinzelten Farmhäuser unter uns, bis wir die Stadt Livingston erreichten, wo sich die Menschen drängten. Ausgetrocknete Flussbetten erschienen wie Narben im Erdgewebe dort, wo der Yellowstone River vor langer Zeit einmal die Richtung gewechselt hatte.

Da meine Begleiterin meinen Widerstand spürte, ins irdische Leben zurückzukehren, führte sie mir Ereignisse vor, die ich später erleben würde. Sie zeigte mir Menschen, mit denen ich zusammenkommen würde, und viele bedeutsame Vorhaben, die ich noch vollenden musste. Gemeinsam reisten wir an viele Orte, in denen ich in meinem Leben wohnen sollte. Nachdem ich das gesehen hatte, wusste ich, warum ich noch nicht sterben konnte. Ich musste wieder auf die Erde, und so glitt ich in meinen kranken kleinen Körper zurück. Doch besuchte ich meinen Engel noch viele Male, wenn die Schmerzen unerträglich wurden.

Schließlich aber konnte ich mich einige Jahre später liebevoll von meiner himmlischen Begleiterin verabschieden und wieder ganz in meinen Körper zurückkehren. Nach einem langen, tiefen Schlaf erwachte ich ohne die grausamen Krämpfe und ohne Kopfschmerzen und hörte am 8. Mai 1945 Premierminister Churchill im Radio verkünden: "Meine lieben Kanalinseln sind wieder frei." Britische Schiffe befreiten die Inseln von rund 40.000 Deutschen Besatzern; stattdessen kamen die Amerikaner und schenkten uns Süßigkeiten. Unsere Soldaten kamen nach Hause, und im September konnten die Inseleltern schließlich auch ihre heimgekehrten Schulkinder wieder in die Arme schließen.

Als ich wieder ganz gesund war, begann ich zu üben, wie ich durch den Lichttunnel willentlich zur anderen Seite gelangen konnte. Durch das seltene Geschenk meines Engels bin ich nun in der Lage, andere spirituell zu unterweisen und darüber zu schreiben, was wir Menschen wirklich sind - Wesen des Lichts.

Renee L. Collas ist Gründer und Geschäftsführer der Saint Germain's Children Foundation, einer kleinen gemeinnützigen Wohlfahrtsorganisation in Winthrop, Massachusetts, für bedürftige Familien und Kinder in den USA und in Kolumbien.

Eine zweite Chance

Robin Frank

Mein freundlicher, liebenswerter Vater starb an einem schweren Herzinfarkt, als ich erst zehn Jahre alt war. Sein Herz hatte Jahre zuvor bleibenden Schaden von einer unbehandelten Streptokokkeninfektion mit Halsentzündung zurückbehalten, als Antibiotika für das Militär nicht erhältlich waren. Er hatte ärztliche Anweisung, sich nicht zu überanstrengen, aber mein Vater konnte auch stur sein und mochte sich nicht immer an diesen ärztlichen Rat halten. An dem kalten Januartag, als ihn der Herzinfarkt ereilte, war er gerade draußen beim Schneeschaufeln. Meine Mutter wurde mit vierunddreißig Jahren zur Witwe, und mein Leben änderte sich von Grund auf.

Zwei Jahre später heiratete meine Mutter zu Weihnachten einen Freund von Dad und fuhr mit ihm auf Hochzeitsreise. Mein neunjähriger Bruder und ich blieben in der Obhut meiner Großmutter, während sie verreist waren. Meine Großmutter hatte im Wohnzimmer drei große wilde Weihnachtssterne aufgestellt, und mein kleiner Bruder forderte mich mit einer Wette heraus, den Finger in einen ihrer milchigen Blütenstempel zu stecken. Im Alter von zwölf Jahren war ich alt genug zu wissen, dass diese Wolfsmilchgewächse giftig waren. Und doch war ich so leichtsinnig, lässig durchs Wohnzimmer zu schlendern und den Finger gleich in alle drei Pflanzen zu stecken. Nach kaum einer halben Stunde hatte ich rasende Kopfschmerzen. Ich erzählte meiner Oma von den Kopfschmerzen, und sie bettete mich aufs Sofa und legte mir kühle Umschläge auf die Stirn. Dann stand sie auf, um ein Fieberthermometer zu holen.

Meine nächste Erinnerung ist, dass ich über meinem Körper schwebte. Als ich mich da unten liegen sah und beobachtete, wie ein Arzt mich untersuchte, dachte ich noch: "Warum regt sich Oma denn nicht mehr darüber auf, dass ich hier oben über meinem Körper schwebe?" Auf einmal wurde ich mit dem Kopf zuerst in einen schmalen Lichtstrahl hineingezogen, der mich röhrenförmig umgab. Am Ende konnte ich bereits warmes helles Licht erkennen. Ich bewegte mich einige Sekunden lang durch den stillen Tunnel auf dieses helle Licht zu.

Am Ende des Tunnels kam ich in einen weiten Raum, in dem Wärme, Sanftheit und eine leuchtende Helligkeit herrschten. Ich sah keine Menschen, nur undeutliche weiße Umrisse. Dann sprach eine starke und mächtige Masse aus Energie auf telepathischem Weg zu mir: "Deine Zeit ist noch nicht gekommen. Du musst umkehren."

Als Nächstes erinnere ich mich daran, dass ich in meinem Bett aufwachte, wo es sich plötzlich ziemlich kalt anfühlte, und dass ich recht enttäuscht war, dass ich hierher hatte zurückgehen müssen. Da ich nicht genau wusste, ob ich vielleicht nur geträumt hatte, erzählte ich meiner Großmutter nie von meinem Erlebnis. Die Kopfschmerzen waren weg, und Oma war unglaublich froh, dass es mir besser ging. Ich erzählte auch später nie jemandem, dass ich während der Hochzeitsreise meiner Mutter beinahe gestorben wäre. Doch fürchtete ich den Tod danach nicht mehr und fand den Gedanken an ein Leben nach dem Tod immer sehr glaubwürdig.

Viele Jahre später, als ich über dreißig war und selbst Kinder hatte, half ich meiner Mutter bei der Pflege meines Stiefvaters, der Krebs im Endstadium hatte. Eine Woche nach seinem Tod erlitt meine Mutter einen Herzinfarkt, der einen vierfachen Bypass zur Folge hatte. Danach zog sie bei uns ein, um sich etwas zu erholen, und erlitt in dieser Zeit einen schweren Rückfall. Ich hatte furchtbare Angst, sie auch zu verlieren. Sich um meine kranke Mutter und um meine eigene Familie zu kümmern, war anstrengend. Ich war die meiste Zeit über so erschöpft, dass ich abends weinend zu Bett ging.

Nach einem besonders schwierigen Abend mit Mom wachte ich mitten in der Nacht mit dem Gefühl auf, dass jemand an meinem Bett steht. Ich dachte, eines der Kinder sei hereingekommen. Stattdessen sah ich meinen Vater und meinen Stiefvater Seite an Seite an meinem Fußende stehen. Sie lächelten und sagten mir, dass es Mom bald wieder gut gehen würde. "Ihre Zeit ist noch nicht gekommen", beruhigten sie mich. "Deine Mutter wird noch viele Jahre mit dir und deiner Familie verbringen." Ich hörte ihnen begierig zu, starrte die Gestalten aber trotzdem noch ungläubig an. Ich schloss mehrmals die Augen und öffnete sie wieder, um zu überprüfen, ob sie wirklich da waren. Aber sie verschwanden nicht. Schließlich fiel ich todmüde in einen tiefen Schlaf und wachte am nächsten Morgen seit langer Zeit zum ersten Mal entspannt und gut erholt auf.

Ich fühlte mich zutiefst erleichtert und konnte endlich wieder frei atmen. Ich wusste einfach, dass meine beiden Väter mir die Wahrheit gesagt hatten; ich spürte es im ganzen Körper. Nicht nur ich hatte eine zweite Chance zu leben bekommen, sondern auch meine Mutter. Heute, zehn Jahre später, geht es ihr immer noch gut. Meine Väter haben Recht behalten. Moms Zeit war einfach noch nicht gekommen. Ich bin sehr dankbar für ihren Beistand und weiß jeden neuen Tag, den ich mit meiner Mutter erleben darf, sehr zu schätzen.

Robin Frank, Mutter zweier erwachsener Kinder, ist seit zweiunddreißig Jahren mit ihrem Ehemann verheiratet, der gleichzeitig ihr bester Freund ist. Sie ist Sozialarbeiterin im Ruhestand und verbringt ihre Zeit gern mit Gärtnern, Wandern und auf Reisen mit ihrem Mann. Am liebsten ist sie mit ihrer Familie zusammen – besonders mit ihrer Mutter.

Hinein ins Licht

Mary J. Wasielak Skaggs

Wie ist es, wenn sich das Leben von einem Moment auf den nächsten in jeder Hinsicht vollkommen verändert? Am Abend des 28. Dezembers 2002 fand ich genau das heraus. Ich war Studentin der Fordham University und hatte gerade Semesterferien. Hinter mir lag ein entspannter Tag mit Freunden auf einem 12-Stunden-Rockkonzert in Worcester, Massachusetts. Das Konzert hatte in einem alten Theatergebäude stattgefunden, das nun für alle möglichen Veranstaltungen genutzt wurde. Ich saß hinten im Zuschauerraum in einem der bequemen alten Sessel und trank Bier aus einem Plastikbecher. Der Barkeeper hatte das Bier aus der Flasche in den Becher gegossen, damit bei den Zuschauern kein zerbrechliches Glas in Umlauf kam.

Auf einmal überkam mich ein eigenartiges Gefühl ... und etwas trieb mich dazu aufzustehen. Ich griff rasch nach dem Arm eines Bekannten, der neben mir stand, und schaffte noch ein paar Schritte, bevor ich zusammenbrach. Es fühlte sich an, als könnten meine Beine mein Körpergewicht nicht mehr tragen. Was danach geschah, habe ich nur noch sehr verschwommen in Erinnerung.

Laut meinen Freunden wurde ich zu den Theatertoiletten gebracht und dort auf den Boden gelegt. Zuerst begann die rechte Hälfte meines Körpers zu zucken, bald wurde mein ganzer Körper von Krampfanfällen geschüttelt. Rettungssanitäter kamen, legten mich auf eine Trage und fuhren dann mit mir in einem Krankenwagen zum Memorial Hospital der University of Massachusetts. Ich kann mich vage daran erinnern, dass man mir Valium gab, um meinen krampfenden Körper zu entspannen.

Als ich im Krankenhaus ankam, hatte meine Atmung bereits vollständig ausgesetzt. Schon im Krankenwagen hatte ich eine Beatmungsmaske gebraucht. Meine Kleidung war mir vom Körper geschnitten worden, um Platz für die Elektroden und Zugänge zu schaffen, die man brauchte, um meinen kritischen Zustand überwachen zu können. Alle weiteren Erinnerungen, die ich an diese Nacht habe, waren meine ganz persönliche Erfahrung und haben mein Leben für immer verändert.

Ich war an einem stillen Ort. Dabei hatte ich das Gefühl, über meinem Körper zu schweben, als ob ein Teil von mir sich erhoben hatte. Ich war mir bewusst, dass mein sterblicher Körper unter mir in einem Krankenhausbett lag, aber meine Seele, mein Geist, der einzige Teil von mir, der in diesem Moment am Leben war, hatte sich darüber erhoben. Ich fühlte mich völlig ruhig. Nicht einfach nur entspannt, sondern vollkommen versöhnt und friedlich. Wo ich war, gab es keine Schmerzen und kein Leid. Es gab auch keine Geräusche und keine Worte - einfach nur Ruhe. Eine Ruhe und ein Frieden, der weit über Worte hinausging, eine Gefühlserfahrung, wie ich sie noch nie auf dieser Erde gemacht hatte.

Vor mir sah ich ein prachtvolles, allumfassendes helles Licht. Es war heller als jedes Licht, das mir je zuvor begegnet war. Es war, als starre man direkt in die Sonne, allerdings war dieses Licht von einem leuchtend reinen Weiß, ohne auch nur einen Schatten von Gelb oder einer anderen Farbe. Außerdem musste ich die Augen nicht vor dieser Lichtquelle schützen oder zukneifen, sondern sog das Licht gleichsam in mich auf. Dieses Licht füllte mein gesamtes Sichtfeld aus. Ich war ausgeglichen und entspannt; all meine Gefühle und mein Geist waren vollkommen im Reinen.

Dann erschien mein Großvater vor mir. Wie konnte das sein? Mein polnischer *Dziadziu* war doch vor einem Jahr gestorben. Und doch stand er nun vor mir in seinem dunklen Anzug, in dem wir ihn auch begraben hatten. Auf dem Gesicht meines Großvaters malte sich ebenfalls vollkommene Ruhe ab. Er zeigte keine Emotionen, sondern strahlte einen stummen Frieden aus. Er war eine so starke und ruhige Erscheinung, wie er es auch im irdischen Leben gewesen war. Ich war erleichtert, ihn zu sehen. Aus irgendeinem Grund erschrak ich gar nicht darüber, dass mein Dziadziu plötzlich bei mir war.

Auf seinem Arm saß Speckles, mein weißes Kaninchen mit den schwarzen Flecken, das fünf Jahre zuvor am Ostersonntag gestorben war. Zum letzten Mal hatte ich Speckles kurz vor seinem Tod gesehen, als er große Schmerzen gelitten hatte. Nun sah er auf dem Arm meines Dziadziu wieder ganz lebendig aus, und sein Fell glänzte weich und gesund. Mein Kaninchen war von demselben tiefen Frieden erfüllt wie mein Großvater. Eine unglaubliche Erfahrung!

Niemand sagte ein Wort. Der Augenblick verlangte auch nicht nach Sprache. Wir sahen uns nur in die Augen, so als ob Dziadziu und Speckles darauf warteten, ob ich näher käme. Vielleicht dauerte es nur eine Sekunde, vielleicht viele Stunden - an diesem Ort stand die Zeit still. Aber die gesamte Erfahrung war wunderschön, ich kann es nicht anders beschreiben. Ich hatte nie zuvor so etwas gespürt und habe es seitdem auch nicht wieder gespürt. Schließlich aber tauchte ich langsam wieder aus der Stille auf.

Ich erwachte von einem nervtötenden Geräusch aus einem Apparat links von mir. Schrittweise orientierte ich mich in meiner Umgebung. Ich hatte einen Schlauch im Hals und konnte kaum schlucken. Mir wurde bewusst, dass der Lärm von links hinter meiner Schulter aus einem Beatmungsgerät kam. Er war in Wirklichkeit viel lauter, als man es im Fernsehen oder im Kino immer hört. An meinem ganzen Körper waren Schläuche und Kabel befestigt. Ich konnte nicht sprechen, da der Schlauch im Hals mir das unmöglich machte.

Nur wenige Minuten, nachdem ich zu mir gekommen war, entfernte eine Schwester meinen Beatmungsschlauch, nachdem sie sich vergewissert hatte, dass ich selbstständig atmen konnte. Eine andere Schwester rief meine Mutter an, die Stationsschwester im Saint Francis Hospital war. Sie war unendlich erleichtert, dass es mir gut ging. Man behielt mich noch einige Stunden auf der Intensivstation, bis sich mein Puls stabilisiert hatte. Währenddessen lag ich in meinem Krankenhausbett und versuchte, meine Erfahrung irgendwie zu verarbeiten. Die Schwester sagte mir, ich hätte einen Krampfanfall gehabt. Aber warum nur? Ich war eine gesunde Zweiundzwanzigjährige ohne vorherige gesundheitliche Probleme. Man sagte mir, dass ich viele Stunden lang hatte beatmet werden müssen und auf nichts reagiert hatte, bevor ich in den frühen Morgenstunden schließlich von selbst aufgewacht war. Trotz alledem fühlte ich mich noch immer innerlich ruhig - etwas erschrocken zwar, aber ruhig. Nur langsam begriff ich das wahre Ausmaß der Situation ... ich wäre beinahe gestorben!

Nach dem Schichtwechsel des Pflegepersonals wurde ich nach dieser ebenso denkwürdigen wie schrecklichen Nacht schließlich aus dem Krankenhaus entlassen. Eine meiner Freundinnen war so nett, mich nach Hause zu fahren. Ich war unendlich müde. Mein Körper fühlte sich an, als hätte ich soeben einen Marathonlauf vollendet, aber ich wollte unbedingt wach bleiben. Ich musste mir doch erklären, was geschehen war. Wir wechselten nur wenig Worte auf dieser Fahrt nach Connecticut. Zu viele Gedanken schwirrten mir durch den Kopf, als dass ich ein echtes Gespräch hätte führen können.

Als wir in unsere Auffahrt einbogen, kam meine Mom schon mit ausgebreiteten Armen herausgerannt und ich bekam die wohl heftigste Umarmung meines Lebens. Durch unsere Tränen hindurch waren meine Mutter und ich voller Freude, Liebe und Dankbarkeit, dass ich das Ganze überlebt hatte.

Wir gingen zu dritt ins Haus und ich legte mich aufs Sofa. Mom rückte mit einem Stuhl ganz dicht an mich heran, und meine Freundin setzte sich auf der anderen Seite des Sofas neben mich. Ich wollte mein Erlebnis aus dieser Nacht nur allzu gern mit jemandem teilen! Erst stellte Mom mir Fragen, aber dann hörte sie ganz still zu, als ich beschrieb, wie ich ihrem verstorbenen Vater und unserem Hauskaninchen Speckles begegnet war.

Mom und ich versicherten uns gegenseitig, wie viel uns Dziadziu bedeutet hatte. Er war in unseren Herzen und Erinnerungen sehr lebendig. Wir waren beide überzeugt, dass, wenn jemand diese Welt verlässt, ein Teil von ihm oder ihr in den Erinnerungen und im Leben anderer weiterexistiert. Wir sprachen auch über Dziadzius besondere Zuneigung für meine Mutter und für mich. Da mein Großvater einer von sechs Brüdern gewesen war und keine Schwestern gehabt hatte, war er immer besonders stolz auf seine einzige Tochter, nämlich meine Mutter, und auf seine einzige Enkelin, nämlich mich, gewesen. Später am Abend, als mein Vater von seinem Skiausflug nach Vermont zurückkam, wo wir ihn telefonisch nicht hatten erreichen können, erzählte ich auch ihm von meinem Erlebnis. Dad war überwältigt; er umarmte mich fest und sagte mir immer wieder, wie lieb er mich hatte.

Während der nächsten Tage und Wochen stürzten mich die Ereignisse des 28. Dezember 2002 nicht mehr so in Verwirrung. Stattdessen nahm ich sie an. Als ich versuchte, wieder in den Tritt meiner praktischen Arbeit für meinen Master-Abschluss in Sozialarbeit zurückzufinden, musste ich immer wieder medizinische Tests und Kontrolluntersuchungen über mich ergehen lassen. Alle Testergebnisse sagten dasselbe: normal, keine erkennbare Abweichung. Die Ärzte vermuteten, ich sei wohl ohne mein Wissen an eine Club-Droge geraten, auf die ich in der Notaufnahme nicht getestet worden war. Wir werden es nie genau wissen.

Mit der Zeit konnte ich das, was ich jetzt als meine Nahtoderfahrung bezeichne, immer besser verarbeiten. Diese Nacht hat mir zu einer weit intensiveren Lebenserfahrung verholfen, als ich sie vorher kannte. Ich erzählte meinen Dozenten am Fordham College von meiner Erfahrung in den Semesterferien und sagte, ich wolle auch andere daran teilhaben lassen. Mein Praktikumsbetreuer nahm meine Gedanken und Gefühle sehr ernst. Er hat auch über Nahtoderfahrungen geforscht und ermutigte mich, meine Geschichte öffentlich zu machen. Je mehr Menschen ich von meinen Erfahrungen berichtete, desto überraschter war ich, dass mich absolut niemand schief ansah, wenn ich offen über mein Sterben sprach. Ich erhielt stattdessen mehr Trost und Unterstützung, als ich es je geahnt hätte.

Diese erstaunliche Erfahrung war ein echter Katalysator für meine persönliche Entwicklung. Mittlerweile berate ich meine Kollegen zur Vermittlung des Themas Missbrauch von Club-Drogen. Ich freue mich auch sehr darüber, mit Jugendlichen arbeiten zu können, die in der Vergangenheit Erfahrungen mit Drogenmissbrauch gemacht haben. Ich unterrichte sie gern über die Risiken solcher Verhaltensweisen.

Wenn ich heute an die kritischste Nacht meines Lebens zurückdenke, muss ich manchmal weinen. Allerdings aus unterschiedlichen Gründen: Ich weine, wenn ich an all meine Leistungen nach dieser Zeit denke, die ich sonst niemals erbracht hätte. Ich weine, weil ich weiß, wie hart es für meine Familie gewesen wäre, wenn ich gestorben wäre. Und ich weine Freudentränen, weil ich *heute am Leben* bin!

Mein Leben hat sich von Grund auf verändert. Ich lebe jetzt für jeden neuen Tag und weiß jeden Moment zu schätzen, der mir vergönnt ist. Ich bin denen, die mich gerettet haben, auf ewig dankbar. Ebenso dankbar bin ich Dziadziu und Speckles, die mich bewacht haben. Es ist unglaublich schön zu wissen, dass sie glücklich und gesund sind und dass sie auf mich achtgeben. Dank meines Großvaters, meines Kaninchens und meiner Nahtoderfahrung weiß ich nun ohne jeden Zweifel, dass meine Seele weiterleben wird.

Mary J. Wasielak Skaggs lebt mit ihrem Mann und ihrem Sohn in Oldham County, Kentucky. Sie ist staatlich geprüfte Sozialarbeiterin an einer psychiatrischen Klinik in Louisville, Kentucky. Mary ist dankbar für den Segen ihrer Schutzengel.

Morgan und Jesus

Marlene Leeds

Meine Nichte Morgan ist ein liebes Kind. Eine meiner schönsten Erinnerungen stammt aus der Zeit, als sie vier Jahre alt war und ich auf sie aufpasste. Eben noch ganz vertieft ins Spiel mit ihren Puppen sah sie mich plötzlich an und fragte: "Tante Marlene, kennst du Jesus?"

"Ja, ich kenne Jesus", antwortete ich lächelnd. "Kennst du ihn denn?"

Morgan antwortete ernst: "Oh ja. Weißt du, ich habe ihn einmal besucht."

Ich war überrascht. "Du hast Jesus Christus besucht?"

"Als ich klein war und ganz krank, weißt du noch? Da habe ich ihn besucht", erklärte sie.

"Hat er denn mit dir gesprochen?"

"Natürlich", versicherte sie mir bestimmt. "Er ist auf mich zugelaufen. Er hat gelacht und mich in den Arm genommen. Dann hat er mich geküsst und mir übers Haar gestreichelt. Und dann hat er zu mir gesagt: ‚Ich hab dich sehr lieb, Morgan, aber ich schicke dich zu deiner Mutter zurück, weil sie dich braucht.'" Nachdenklich fuhr sie fort: "Ich muss Jesus auch liebhaben, weil er mich zu meiner Mom zurückgelassen hat."

Seit ihrer Geburt hatte Morgan bereits mehrere Nierenoperationen überstehen müssen. Ich hatte mich immer schon gefragt, ob sie während einer der Operationen vielleicht einen Blick ins Jenseits geworfen hatte. Und tatsächlich war sie nicht nur im Jenseits gewesen, sondern ich glaube fest daran, dass meine Nichte einmal bei Jesus Christus war.

Marlene Leeds lebt nach vierunddreißig Dienstjahren als Flugbegleiterin im Ruhestand. Verheiratet ist sie mit Bob, einem Piloten im Ruhestand. Beide reisen gern und lesen gern und sind vernarrt in ihr kleines Hündchen Tucker. Marlene hat große Freude an ihrer ehrenamtlichen Arbeit im Hospiz-Wohnheim in Knoxville.

Rettung durch das Licht

Owl Medicine Woman

Als ich klein war, fuhr meine Familie im Sommer immer in ein kleines Ferienhaus am Strand. Die meisten dieser Sommer verbrachte ich einfach nur damit, im Meer zu schwimmen. Ich war ein wahres Wasserbaby und konnte von morgens bis abends im Wasser bleiben. Das Meer war mein Spielplatz. Ein guter Freund meines Vaters arbeitete bei der Gummifabrik Converse und brachte uns robuste Flöße aus Gummi und Leinen mit. So ein Floß war widerstandsfähig und bequem wie eine echte Matratze. Meine Schwestern und ich kicherten uns durch manchen Urlaubstag, indem wir uns übereinander auf solch ein Gummifloß warfen und damit auf den riesigen Wellen ritten. Je größer die Wellen, desto mehr Spaß machte es. Doch lernte ich auch früh schon, die unendliche Kraft und Macht des Ozeans zu respektieren und gut auf mich achtzugeben. Eine Situation schließlich, aus der ich nur knapp entkam, änderte meine Einstellung und letztlich mein ganzes Leben.

Ich hatte mich auf einem der Flöße sorglos in der Sonne treiben lassen. Die rhythmische Bewegung der Wellen beruhigte und entspannte mich. Ohne es auch nur zu bemerken, kam ich dabei weit vom Strand ab und trieb aufs offene Meer hinaus. Erst von fern rufende Stimmen brachten mich in die Gegenwart zurück. Da bemerkte ich zu meiner Überraschung, dass der Strand in großer, kaum noch erkennbarer Entfernung lag.

Ich versuchte, mit den Händen zurückzupaddeln, aber egal was ich tat, das Floß bewegte sich keinen Zentimeter auf den Strand zu. Ich beschloss also zu schwimmen und mich dabei an dem Seil, das am Floß hing, festzuhalten. Doch kaum war ich im Wasser, spürte ich den starken Sog der Unterströmung und verfing mich sofort in dem Seil. Immer wieder wurde ich in den Wellen hin und her geworfen, das Wasser war eiskalt. Ich war gefangen! Panik überkam mich, und strampelnd gelang es mir, mich von dem Seil zu befreien. Aber das Meer machte mich unbarmherzig weiter zu seinem Spielball. Ich verlor in der Unterströmung jede Orientierung und ging unter. Alles wurde pechschwarz. Ich dachte, ich müsste sterben. Doch machte ich noch einen letzten Versuch, mich zu retten. Das Letzte, woran ich mich erinnern kann, ist der harte Meeresboden, an den mein Kopf stieß.

Dann erschien mitten in den schwarzen Wassermassen ein Tunnel aus leuchtend weißem Licht und kam immer näher. Der kegelförmige Tunnel öffnete sich zur unendlichen Helligkeit und Weite des Himmels hin, und ein Gefühl von Ruhe und Ewigkeit führte mich unbeirrt an die Wasseroberfläche zurück. Ich finde kaum die richtigen Worte, um das weite, weiße, allumfassende Licht zu beschreiben, das da auf mich zukam. Ich habe keine Ahnung, wie ich zurück an den Strand kam oder wie ich in all der Zeit Luft bekommen habe. Ich weiß nur, dass dieses unglaubliche Licht mich wie in Zeitlupe aus den Tiefen des Meeres hinaufhob bis weit über die Wasseroberfläche. Von oben betrachtete ich die Szene unter mir am Strand: Menschen scharten sich um meinen Körper; meine Mutter, die zu der Zeit im achten Monat schwanger war, schrie hysterisch im Hintergrund. Es fiel mir sehr schwer, die Ruhe und den Frieden des Lichts zu verlassen und in meinen Körper zurückzukehren, wo mich Panik, Schreck und Kummer umgaben.

Später erzählte man mir, dass ich auf dem Floß hinausgetrieben war und mir ein fremder Mann das Leben gerettet hatte. Doch ich weiß genau, dass es das Licht war, das mich gerettet hat. Es hatte mich aus dem Strudel der Tiefe befreit und zur Wasseroberfläche getragen, so dass der Mann mich überhaupt erst entdecken konnte. Ich war in einem Wimpernschlag von dem schwarzen Schrecken des wütenden Meeres in das warme Licht Gottes eingetaucht. Der

Kontrast hätte stärker nicht sein können, und doch existierten beide zur selben Zeit am selben physischen Ort.

Auch nach diesem beängstigenden Erlebnis habe ich keine Furcht vor dem Meer. Vor allem aber habe ich keine Furcht mehr vor dem Tod. Ich habe Respekt vor der rätselhaften dunklen Macht des Meeres, doch ich weiß gut, dass das Licht noch stärker ist. Ich denke noch immer mit Hochachtung daran zurück, und oft steigen mir Tränen in die Augen. Diese Erfahrung hat den Lauf meines ganzen Lebens verändert. Ich weiß nun mit Sicherheit, dass es in diesem unendlichen Universum viel mehr gibt, als wir uns je vorstellen können. Ich bin dankbar für alles, mit dem Gott mich gesegnet hat. Und bis das Licht eines Tages zurückkommt, um mich heimzuholen, werde ich jede Gelegenheit nutzen, voll und ganz bei meinen Lieben hier auf der Erde zu sein.

Was Owl Medicine Woman erfahren durfte, war eine große Gabe für sie. Sie hat sie an ein Leben der heilenden praktischen Hilfe in ganz New England herangeführt. Die Verbindung ihrer Seele mit dem Licht hat es Owl Medicine Woman ermöglicht, in finsteren Zeiten ein Signal des Lichts für die Seelen anderer Menschen zu sein.

Nachwort

> Das Leben ist ewig, die Liebe unsterblich
> und der Tod nur ein Horizont;
> ein Horizont aber ist nichts
> als die Grenze unseres Sehens.
>
> Rossiter Worthington Raymond

Auf diesen Seiten hatte ich das Glück, die tief empfundenen Erfahrungen zahlreicher Eltern, Großeltern, Angehörigen und Freunde sowie vieler in Pflegeberufen beschäftigter Menschen sammeln zu dürfen. Sie haben bereitwillig ihre Erlebnisse von Liebe, Verlust, Hoffnung und Glauben für uns festgehalten. Mögen ihre Worte helfen, die Herzen der Leidenden zu heilen, und möge ihre Reise uns allen den Weg weisen. Ich hoffe, diese Geschichten werden allen die Hoffnung und Gewissheit bringen, dass die Liebe und das Leben ewig währen und dass die Seelen unserer Kinder wahrhaftig weiterleben.

Ich wünschte, ich hätte auch eine Antwort für all diejenigen Familien, die sich fragen, warum ihre Kinder diese Erde viel früher als geplant verlassen mussten. Ich weiß aber genau, dass diese Kinder, wie kurz sie auch immer hier bei uns waren, unser Leben verändert haben. Sie haben sich unauslöschlich in unsere Herzen, Köpfe und Seelen eingeprägt. Und ich weiß, dass wir eines Tages wieder vereint sein werden.

Abschließend möchte ich ein Gedicht weitergeben, das ich geschrieben habe, als ich ein ganz besonderes kleines Kind mit einer tödlichen neurologischen Störung gepflegt habe. Die Worte flogen mir nur so zu, als ich nachts neben seinem Bett wachte. Ich hatte den Eindruck, dass seine Seele in der Dunkelheit direkt zu mir spräche. Auf jeden Fall waren die Worte der Liebe, die ich damals empfing, eine Botschaft der Hoffnung für seine Eltern.

Ein paar Wochen später wachte ich eines Morgens mit einer Melodie im Kopf auf, die ich noch nie zuvor gehört hatte. Sofort stand ich auf und summte sie ins Mikrofon eines Aufnahmegerätes, damit ich sie nicht wieder vergaß. Später am Tag versuchte ich, die Melodie mit den Worten, die ich niedergeschrieben hatte, zu kombinieren. Und siehe da: Sie passte perfekt. Schließlich und endlich wurde daraus ein von Harfenmusik begleitetes Stück, das ich "Wiegenlied der Eltern: Hoffnung für Trauernde" nannte. Mögen seine Worte allen, die ein Kind oder einen jungen Menschen verloren haben, Hoffnung und Trost bescheren. Mögen dieses Buch und dieses Wiegenlied uns allen helfen, dass Friede in unsere Herzen einzieht.

Wiegenlied der Eltern: Hoffnung für Trauernde

Mutter und Vater, hier bin ich. Ich bleibe immer euer Kind.
Ich liebe euch mit ganzem Herzen und bis in alle Ewigkeit.
Werdet ihr mich weiter lieben, auch wenn ich woanders bin?
Etwas hat nach mir gerufen, das noch größer ist als wir.
Wenn ihr mich sehr vermisst, dann weiß ich, weint ihr oft.
Seid gewiss, ich bleibe bei euch, an eurer Seite stets.

Wenn ihr still an mich denkt, dann spreche ich mit euch.
Fragt mich, was euch bewegt. Mit ganzem Herzen lauscht.
Schaut auf die kleinen Zeichen, denn damit sag ich euch:
"Danke, dass ihr meine Eltern seid, danke, dass ihr mich liebt."
Ich will euch glücklich machen; will, dass ihr wieder lacht
und wisst, dass ich euch ewig in Liebe verbunden bin.

Leider kann ich niemals das tun, was ihr mir wünscht.
Gott hatte andere Pläne. Auch ihr werdet es sehen.
Ich kam auf diese Erde als Kind und Lehrmeister.
Ich konnte euch viel lehren, solang' ich bei euch war.
Ihr schätzt jetzt jeden Tag und neuen Augenblick
viel mehr als noch zuvor, jedes Lächeln, jeden Schritt.

All das, was niemals sein wird, macht euch nun nichts mehr aus.
Denn wahre Liebe kennt keine Bedingungen.
Wenn ihr dies gut beherzigt, es anderen weitergebt,
erkennt ihr, dass weiser noch und stärker ihr jetzt seid.

Gemeinsam wollen wir mein Werk vollenden hier:
Liebe, Freude und Weisheit für besondere Menschen wie euch.

Ich bin auf ewig bei euch in der Erinnerung.
Vergesst die Liebe nie, nie euren Beistand für mich.
Dank, meine lieben Eltern, dass ich auf dieser Welt
bei euch doch bleiben durfte, solang' es möglich war.
Wenn ich dann wieder fort bin, erinnert euch und sucht
nach mir auf jedem Weg, im Wald, im Wind und auch im Haus.

Euer Engel will ich sein, der euch beschützt,
euch beisteht in schwerer Zeit.
Ruft ihr nur meinen Namen, dann bin ich für euch da.
Liebe ist, was ich bin und war und immer bleib'.
Wenn ihr euch zart berührt fühlt und spürt, ich bin euch nah,
wisst ihr, dass meine Liebe euch bleibt und niemals stirbt.

Über die Autorin

Elissa Al-Chokhachy ist zertifizierte Hospizschwester und Palliativpflegerin. Seit über zwei Jahrzehnten arbeitet sie mit Sterbenden und Trauernden. Ihr wurde die US-Auszeichnung Redcross Healthcare Hero und der Ehemaligenpreis des Boston College für herausragende Leistungen in der Pflege verliehen. Als ausgebildete Thanatologin ist sie auch die Autorin mehrerer Ratgeber, die Betroffenen Hilfe zum Umgang mit Verlust und Trauer bieten.

232 Seiten, broschiert
ISBN 978-3-89845-430-8
€ [D] 14,95

Trutz Hardo

Ich hab schon mal gelebt

Kinder beweisen ihre Wiedergeburt

Kinder haben oft erstaunliche Erinnerungen an ihre früheren Leben und so berichten sie oftmals erstaunliche Details – Details, die sie gar nicht wissen könnten, hätten sie diese nicht selbst erlebt.
Entdecken Sie in diesem Buch eine Fülle an Berichten, in denen Kinder uns an ihren Erinnerungen an frühere Leben teilhaben lassen. Die Geschichten der Kinder und deren Überprüfung durch bekannte Wissenschaftler beweisen, dass Kinder etwas wissen, das viele Erwachsene längst vergessen haben: Wir leben nicht nur einmal.

288 Seiten, broschiert
ISBN 978-3-89845-342-4
€ [D] 14,90

Ingeborg Bergner

Das Diamantkind

Jedes Kind ist eine große Seele

Dieses Buch ist eine Weghilfe, um das spirituelle Wesen der Kinder zu verstehen. Es nimmt Sie mit auf eine Reise in die inneren Welten und führt Sie zu Plätzen, die der Verstand nicht besuchen kann. Es ist ein Ort der Begegnung, wo der suchende Erwachsene auf kindliche Spiritualität trifft, die Sprache der Kinder verstehen lernt und ihr einzigartiges Wesen erkennt.
Als schillerndes Diamantfeuer beleuchten die neuen Kinder unsere Schattenseiten und zeigen uns, was es bedeutet, die Verstandeswelt mit ihren materiellen Wünschen und ihren Illusionen zu verlassen, um frei zu werden durch inneres Erwachen – Diamantkinder sind im wahrsten Sinne des Wortes die Toröffner für ein neues Zeitalter.

160 Seiten, 4-fbg., Flexocover
ISBN 978-3-89845-432-2
€ [D] 14,95

Bernadette Saphira Huber

Mein Engel beschützt mich

Fantasievolle Gebete für Kinder

Ein fantasievolles Gebetbuch für Kinder
Die kleine Luna erzählt, wie sie Hilfe bei ihrem Engel und Gott findet und warum es ihr viel Freude macht zu beten. Kinder erfahren in diesem wunderbaren Gebetbuch, wie viel sie mit einem offenen, vertrauenden Herzen bewirken können und wie beschützt sie von ihrem immer anwesenden Schutzengel sind. Bernadette Saphira Huber hat einzigartig poetische Gebete für Kinder und wunderschöne Illustrationen entstehen lassen, mit denen jedem Kind Beten Spaß macht!

128 Seiten, gebunden
ISBN 978-3-89845-365-3
€ [D] 12,95

Elisabeth Kübler-Ross

Über den Tod und das Leben danach

»Ich glaube, es ist jetzt Zeit, dass die Leute wissen, dass der Tod gar nicht existiert, wenigstens nicht so, wie wir uns das vorstellen.«

Die Schweizer Ärztin Dr. Elisabeth Kübler-Ross wurde für ihre wissenschaftlichen Arbeiten von mehreren Universitäten mit einem Ehrendoktortitel ausgezeichnet. Die Sterbeforschung hat durch ihre Bücher an besonderer Aktualität gewonnen, wie auch in der Sterbehilfe durch ihre eindringlichen Appelle neue Akzente gesetzt wurden.

»Sterben ist nur ein Umziehen in ein schöneres Haus.«

24 Seiten, gebunden
ISBN 978-3-89845-333-2
€ [D] 8,95

Elisabeth Kübler-Ross

Worte an ein sterbendes Kind

Dougys Fragen über den Tod und das Leben danach

Was ist Leben? Was ist Tod? Und warum müssen Kinder sterben? Diese Fragen stellte der neunjährige, an Krebs erkrankte Dougy der berühmten Sterbeforscherin Elisabeth Kübler-Ross. In kindgerechter Sprache als Brief verfasst, mit farbigen Filzstiften geschrieben und liebevoll von Elisabeth Kübler-Ross illustriert, richtet sich ihre Antwort gerade an diejenigen, die noch nicht so lange gelebt haben, um den Sinn des Lebensendes anderer – oder wie bei Dougy sogar das eigene frühe Sterben – zu verstehen. Ein ergreifender Brief, der es allen Verlassenen, insbesondere Kindern, ermöglicht, diese allerwichtigsten Lebensfragen besser zu verstehen und dadurch den Schmerz zu lindern.

64 S. mit vielen Farbfotografien, gebunden
ISBN 978-3-923781-66-9
€ [D] 13,90

Elisabeth Kübler-Ross

Jedes Ende ist ein strahlender Beginn

Dr. Gottfried Siebel ist katholischer Theologe und hat sich jahrelang der aktiven Sterbebegleitung gewidmet, wobei ihm die Bücher der Ärztin Elisabeth Kübler-Ross eine wichtige Stütze waren. Es war seine Idee, Schmetterlinge zu fotografieren und diese den aussagekräftigsten Sätzen der bekannten Sterbeforscherin gegenüberzustellen, ist doch das Verwandlungsmotiv von der Raupe zum Schmetterling eine Parallele zu unserer eigenen Verwandlung. Ein wunderbares Geschenkbuch, welches zu begeistern weiß.

216 Seiten, broschiert
ISBN 978-3-89845-099-7
€ [D] 12,90

Sylvia Barbanell

Ich lebe im jenseitigen Kinderreich

Gespräche mit Kinderseelen

Dieser Klassiker beweist anhand zahlreicher überzeugender Fälle, dass verstorbene Kinder im Jenseits weiterleben und dort zur vollen Größe heranwachsen. Kinder »sterben« daher im eigentlichen Sinne nicht, sie leben in einer höheren Welt weiter. Aus diesem Kinderreich besuchen sie oft die auf der Erde Zurückgebliebenen und überbringen ihnen auf unterschiedlichste Weise überzeugende Identitätsbeweise und liebevolle Botschaften. Diese hier zusammengestellten Zeugnisse solcher Begegnungen trauernder Eltern und ihrer Kinder spenden Trost und erweitern unser Wissen über höhere Wahrheiten und das jenseitige Kinderreich.

168 Seiten, 2-fbg., broschiert
ISBN 978-3-89845-260-1
€ [D] 11,90

Lena

Wir Kristallkinder

Liebe, Vertrauen und Wahrheit

Lena ist das erste Kristallkind, das seine Geschichte niedergeschrieben hat. Sie schreibt über das wahre Wesen der Kristallkinder, ihr Denken und Fühlen, ihre Schwierigkeiten, auf der Erde zu leben, und ihre Erinnerung an den Kristallplaneten.
Präzise Antworten auf offene Fragen sowie wertvolle Hinweise zu grundlegenden Besonderheiten dieser Kinder vervollständigen dieses bemerkenswerte Buch und lassen in uns die Erkenntnis reifen, dass wir im Umgang mit diesen manchmal wundersamen, aber immer auch wundervollen Kindern viel über uns selbst lernen können ...

240 Seiten, broschiert
ISBN 978-3-89845-419-3
€ [D] 16,95

Elsa Barker

Vom Leben im Jenseits

Botschaften der Zuversicht

Mit diesem ungewöhnlichen Buch erhalten wir einen überraschenden Einblick ins Jenseits. Elsa Barker übermittelt uns die Botschaften ihres verstorbenen Freundes, die dieser ihr aus der jenseitigen Welt sendet. Er schildert das Leben in den Astralsphären, seine oft heiteren Begegnungen mit Menschenseelen, mit Engeln und Elementarwesen. Die authentischen Geschichten vermitteln Einblicke in die lichten Sphären des Himmels. Wir lernen die jenseitige Welt aus erster Hand kennen. Dieses Verstehen des Jenseits nimmt uns die Angst vor dem Tod.

268 Seiten, broschiert
ISBN 978-3-923781-03-4
€ [D] 14,90

Anthony Borgia

Das Leben in der unsichtbaren Welt

Durch die Berichte von Raymond Moody und Elisabeth Kübler-Ross durften wir bereits einen kurzen Blick hinter den Schleier werfen. Hier liefert ein englisches Medium tatsächlich exakte und umfassende Beschreibungen der jenseitigen Welt und der Geschehnisse, die uns dort erwarten, wie den Übergang in die geistige Welt, das Leben dort oder die verschiedenen Ebenen der höheren Dimensionen.
Dieses Buch ist ein Meilenstein in der Beschreibung der jenseitigen Welten. Die hier beschriebenen, beispiellosen Erfahrungen animieren jeden dazu, sein irdisches Leben in Zukunft aus einer gänzlich anderen Perspektive wahrzunehmen.

208 Seiten, broschiert
ISBN 978-3-89845-343-1
€ [D] 14,90

Edelgard Friedrich

Waren wir verabredet?

Wie Kinder ihre Eltern wählen

Die Beziehung zwischen Eltern und Kindern wird leichter, wenn sie erkennen, dass sie sich bereits aus früheren Leben kennen und der Begegnung vor der Geburt zugestimmt haben – mit dem Ziel, dass beide dabei in ihrer Entwicklung vorankommen mögen.
Die Psychoanalytikerin Edelgard Friedrich fächert an zahlreichen Fallbeispielen problematische Eltern-Kind-Beziehungen auf und lässt den Leser die Konflikte in einem neuen Licht sehen. Die Frage »Waren wir verabredet?« werden Betroffene nach der Lektüre dieses Buches daher sicherlich mit »zum Glück« beantworten.

176 Seiten, broschiert
ISBN 978-3-89845-412-4
€ [D] 12,65

Kurt Tepperwein

Nichts geschieht umsonst

Die Sprache des Lebens verstehen

Alles, was uns begegnet, und alles, was uns widerfährt, sind Botschaften des Lebens, die uns etwas Wichtiges mitzuteilen haben. Das Leben spricht ständig zu uns, allerdings müssen wir die Sprache des Lebens erst erlernen. Wenn Sie diese Sprache beherrschen, ist es Ihnen sogar möglich, die Botschaften des Lebens gezielt abzufragen. Sie können alle Erfahrungen und die verschiedensten Arten von Hinweisen optimal für sich nutzen, um ein erfolgreiches, erfülltes und gesundes Leben zu führen. Ein Buch, das sich mit allen Alltagsthemen auseinandersetzt und keine Fragen offenlässt.